골프 입문 & 스윙의 정석

원골프 매뉴얼 ①
골프 입문 & 스윙의 정석

지은이 이근택 외
펴낸이 양동헌
펴낸곳 골프아카데미
　　　　출판등록 제307-2012-7호
　　　　02832, 서울 성북구 동소문로13가길 27
　　　　전화 02-927-2345　팩스 02-927-3199

초판 1쇄 발행 2012년 3월 10일
초판 6쇄 발행 2018년 1월 25일

ISBN 978-89-968266-3-7 / 13690

ⓒ 이근택, 2012

이 책은 신저작권법에 의해 보호받는 저작물이므로
무단으로 전재하거나 복제할 수 없습니다.

* 잘못 만들어진 책은 구입한 곳에서 바꾸어 드립니다.

www.iacademybook.com

골프 입문 & 스윙의 정석

이근택 외 공저

머리말

골프에 입문하여 골퍼를 양성해 오는 동안 생각해 온 것이 있다. 어떻게 하면 좀 더 쉽게, 재미있게, 정확한 골프를 즐길 수 있을까? 하는 생각이 그것이다.
그 생각과 노하우를 담은 이 골프 매뉴얼을 통해 골프에 입문하는 비기너에서 프로 골퍼까지 쉽게 플레이하고 재미있게 즐길 것을 바란다.

골프 문화가 대중화되면서 아마추어 골퍼들이 검증되지 않은 지식과 잘못된 연습 방법으로 비효율적인 연습 시간을 보내며 스트레스 받는 것을 많이 봐 왔고, 또 프로 골퍼에게 레슨비를 지불하며 열심히 운동을 해 보지만 기대만큼 실력이 향상되지 않는 경우도 비일비재하다.

골프는 입문 과정이 평생을 좌우할 정도로 기초가 중요하다. 특히 어떤 지도자를 만나느냐에 따라 골퍼의 실력과 골프를 즐길 수 있는 마인드가 달라진다. 그 이유는 지도자마다 레슨 방법이 각양각색이라서 그것을 이해하지 못해 중도 포기하는 골퍼도 있고, 너무도 쉽고 재미있게 배워 최고의 운동을 즐기는 골퍼도 있기 때문이다.

요즘 많은 골퍼들은 단기간 눈에 보이는 성장을 원하는 한편, 레슨 시간과 비용이 부담스러워 제대로 된 레슨을 받지 못한다. 또한 아마 골퍼는 눈높이에 따라 지도 방법이 달라져야 할 필요성이 있다. 이러한 상황에서, 이 책은 스윙의 정석을 이해시키며 좋은 정보를 전해 주는 전도사가 될 것이며, 골퍼 양성 과정에 꼭 필요한, 쉽고 재미있으며 단기간 습득할 수 있는 매뉴얼이 될 수 있다고 본다.
아마 골퍼는 본인의 운동 신경과 능력을 과소평가나 과대평가하여 실제 본인의 수준을 정확히 파악하지 못하고 연습장에서 불필요한 시간만 보내는 골퍼가 되지 않았으면 하는 것이 필자의 바람이다.

PREFACE

대부분 골퍼는 초보 시절 약 3개월 정도 레슨을 받은 뒤에는 정확한 레슨 없이 오직 혼자만의 피나는 연습으로 완벽해지길 기대한다. 그리고 중급 이상의 골퍼는 자신의 스윙을 누구보다 정확히 인지하고 있어 기량 향상 방법을 스스로 선택해 나간다. 만일 올바른 스윙과 체계화된 연습 방법을 바탕으로 한 레슨을 받는다면 좀 더 효과적이고 능률적인 실력 향상이 이루어지리라 생각한다.
한 번 몸에 익혀진 잘못된 자세로 교정 없는 골프를 한다면, 운동을 즐기기보다는 흥미가 저하되고 스트레스로 인해 몸과 마음이 지쳐 버리고 말 것이다.

요즘은 인터넷의 발달로 골프에 관한 지식과 정보가 무수히 많아 도움이 되는 정보와 그렇지 않은 정보를 가려내기가 쉽지 않다. 골프 레슨에 관한 책 역시 초보 골퍼가 자신에게 맞는 것을 선별하기에는 어려움이 따르리라 생각한다.
이 책은 어느 누가 보아도 쉽게 이해할 수 있도록 골프 전공학과 교수진과 실전 티칭 경험이 풍부한 티칭 프로들로 구성된 13명의 저자들이 6여 년 동안 열정적으로 토론하며 심혈을 기울여 만들었다. 따라서 이 책을 통해 '골프'라는 매력적인 스포츠에 쉽게 입문하여 평생을 즐길 수 있는 골퍼가 되길 바란다.
끝으로 이 책의 출판을 위해 장소를 제공해 주신 여러 골프장 대표님들과, 함께해 준 모델 여러분들께 진심으로 감사드린다.

― 저자

차례

머리말 · 4

제1부 골프 입문 기본 상식

1 골프란 어떤 스포츠인가 · 12
    골프의 역사 · 12
    골프장 개념도 & 명칭 · 13
    파(Par) · 14

2 골프 입문하기 · 15
    골프가 어려운 이유 · 15
    누구에게 얼마나 배워야 하나 · 16
    골프 연습 방법 · 19

3 원 골프 스윙의 개념 · 22
    원 골프 스윙이란? · 22
    원 골프 스윙의 목적 · 22
    6개의 원으로 이루어진 원 골프 · 25

4 운동 전 몸 풀기 · 27

5 원 골프 스윙의 기본 · 30
    골프 준비물 · 30
    그립 · 32
    그립 체크 포인트 · 34
    어드레스 · 35

6 12단계 원 골프 스윙 만들기 · 39
    1단계 : 임팩트—어깨의 원 만들기 · 40
    2단계 : 손목의 움직임—손목의 원 시작 · 43
    3단계 : 코킹과 손목 턴—손목의 원과 어깨 원의 시작 · 46

퍼팅(임팩트)	49
그립	49
어드레스	50
스윙	53

4단계 : 하프 코킹 손목 턴―손목의 원과 어깨와 팔 원의 시작 · 54
5단계 : 체중의 이동―백스윙 그리고 팔, 손목, 허리 원의 시작 · 58

골프 장비	61
골프 클럽 세트	61
클럽의 구조 및 명칭	62

6단계 : 어깨의 턴―완전한 어깨의 원 · 66

퍼팅(스윙) · 70

7단계 : 허리의 움직임―백스윙 그리고 팔, 손목, 허리의 원 · 72

치핑 1, 2, 3 단계	75
그립	76
어드레스	76
어드레스 체크 포인트	80

8단계 : 손목의 턴―백스윙 그리고 팔, 손목, 허리의 원 · 83
9단계 : 허리의 턴―스윙 그리고 팔, 손목, 허리의 원 · 86
10단계 : 스윙의 타법(드라이버) · 89
11단계 : 하프 임팩트 · 98
12단계 : 첫라운드 · 100

7 생애 첫라운드 · 101
라운드 준비물	101
골프장 에티켓 & 준비 사항	104
골프 룰	109

골프 용어 · 113

제2부 스윙의 정석

1 그립 122
- 왼손 잡기 123
- 그립 형태에 따른 종류 125
- 그립의 압력 126
- 그립 체크 포인트 128

2 어드레스 129
- 스탠스의 폭 130
- 적절한 체중의 분배 131
- 스탠스에서 발의 모양 132
- 스탠스의 방향 133
- 볼의 위치 135
- 척추의 각(프런트) 136
- 손의 위치(프런트) 138
- 오른쪽 팔꿈치의 모양(프런트) 139
- 척추의 각(백) 140
- 손목의 각(백) 141
- 손의 위치(백) 142
- 팔의 모양(백) 143
- 체중의 위치(백) 144
- 무릎의 굽힘(백) 145
- 가장 많은 어드레스의 오류 146
- 어드레스 체크 포인트 147

3 얼라이먼트 148
- 얼라이먼트 순서 148
- 실전에서의 얼라이먼트 148
- 얼라이먼트를 점검하는 방법 149
- 얼라이먼트 체크 포인트 150

4 스윙 151
- 원 골프 스윙 151
- 스윙 시 원을 만드는 목적 152
- 여섯 개의 원으로 이루어진 원 골프 152
- 각 원의 장단점과 쓰임 154
- 원의 조합과 샷 157

5 백스윙 161

- 백스윙 시 3개의 원 162
- 백스윙 시 원의 궤도 163
- 백스윙 시 체중의 움직임―프런트 170
- 백스윙 시 체중의 움직임―백 172
- 백스윙 시 허리의 움직임 173
- 백스윙 시 축 174
- 백스윙 시 클럽 헤드의 빠르기 175
- 백스윙 시 필요한 3개의 원 만들기 176
- 하프 백 체크 포인트 183

6 톱 184

- 톱에서 어깨의 턴 185
- 톱에서 손목의 코킹 185
- 톱에서 왼팔의 위치와 모양 186
- 톱에서 오른팔의 접힘 186
- 톱에서 체중의 위치 187
- 톱에서 허리의 위치 187
- 톱에서 척추의 각 188
- 톱에서 샤프트의 방향 188
- 가장 많은 톱의 오류 189
- 톱 체크 포인트 190

7 다운스윙 191

- 다운스윙 시 3개의 원 192
- 다운스윙 시 원의 궤도 194
- 다운스윙 시 체중의 움직임 197
- 다운스윙 시 어깨의 움직임 200
- 다운스윙 시 축 201
- 다운스윙 시 클럽 헤드의 빠르기 203
- 다운 시 필요한 3개의 원 만들기 204
- 딥 다운 체크 포인트 217
- 임팩트 체크 포인트 218
- 팔로우 체크 포인트 219

8 피니시 · 220
　피니시에서 양팔의 모양 · 220
　피니시에서 체중의 위치 · 221
　피니시에서 허리의 위치 · 221
　피니시에서 척추의 각 · 221
　피니시에서 샤프트의 방향 · 222
　피니시 체크 포인트 · 223

9 풀 스윙 · 224
　풀 스윙 : 프런트 · 224
　풀 스윙 : 백 · 225
　풀 스윙의 정리 · 226

10 체형에 따른 원 골프 스윙 · 227
　백스윙에 따른 스윙의 종류 · 228
　다운스윙에 따른 스윙의 종류 · 236

제1부
골프 입문 기본 상식

1 골프란 어떤 스포츠인가

골프는 약 4.3cm 정도의 조그마한 볼을 14개의 클럽을 이용해서 10.8cm의 작은 홀에 넣은 게임이다. 능선과 계곡, 물을 건너고, 추위와 더위, 바람 등 험난한 환경을 이겨내며 18개의 홀에 볼을 모두 넣으면 끝나는 경기이다. 여기서 가장 적은 타수로 경기를 마친 사람이 승리자가 된다.

그래서 어떤 이는 오르막과 내리막이 있는 산을 오르는 등산가와 비교하기도 하고, 우여곡절을 겪으며 살아가는 우리의 인생과도 비교하기도 하는 것이다.

골프의 역사

첫째 설
로마시대 시저(BC100~44) 때 스코틀랜드 성을 정복한 병사들이 숙영지에서 휴식을 취하던 중 구부러진 막대기로 새털로 된 공을 만들어 치며 즐기던 놀이가 오늘날 스코틀랜드에 남아 골프가 됐다는 설이다.

둘째 설
13세기 무렵, 네덜란드에서 인기 있던 코르(chole)라는 경기가 당시 교역이 활발했던 스코틀랜드에서 골프(golf)로 발전됐다는 설이다. 코르는 '롱 노이즈'라는 나무 스틱으로 코르크로 둥글게 만들어 볼을 치며 승부를 겨루던 경기라는 설이다.

셋째 설
스코틀랜드의 양치기 어린소년들이 양떼들을 키우면서 나무 스틱으로 돌멩이를 쳐서 토끼 구멍에 넣으며 시간을 보냈던 것이 골프의 시초가 됐다는 설이다.
영국에서 골프의 기원은 불확실하지만 분명한 사실은 골프가 스코틀랜드 지방에서 많은 귀족들이 즐기고 따라서 꾸준히 발전돼 왔다는 것이다.

넷째 설
중국에서는 골프와 비슷한 놀이를 '츠이완'이라 불렀는데, 이미 943년에 간행된 남당(南唐)의 사서(史書)에 이 사실이 기록되어 있다는 설이다.

다섯째 설
골프(Golf)의 고전적 이름은 독어로 'colf'로 시작되었고 중세까지만 해도 'Club'을 의미했다고 한다. 골프는 'spel metten colve'라는 말로 잘 알려져 있는데, 이 의미는 '클럽을 사용하는 게임'이므로 근거 있는 설이다.

골프장 개념도 & 명칭

'골프 코스'는 골프가 이루어지는 필드를 말하는데, 각각의 필드는 '홀'을 1개 가지고 있고, 총 18홀로 이루어진다. 18홀 중 1~9번 홀을 클럽 하우스에서 나와 1번 홀에서 시작한다는 의미로 '아웃 코스 out course', 10~18번 홀을 마지막 18번 홀을 마치고 클럽 하우스로 들어간다는 의미에서 '인 코스 in course'라고 부른다.

티잉 그라운드 : 티 샷을 위해 편편하고 관리가 잘된 곳
워터 해저드 : 물이 있는 장애물
크로스 벙크 : 페어웨이 중간에 있는 모래 벙커 장애물

페어웨이 : 티 그라운드와 그린 사이의 잔디가 짧게 잘 깎인 지역
러프 : 페어웨이 이외의 지역인 풀이 무성히 자라 있는 곳
사이드 벙커 : 그린 주변에 있는 모래 벙커

그린 : 깃대와 홀컵이 있는 곳으로, 잔디가 짧게 깎이고 잘 다듬어진 지역
홀 : 그린에 만들어 놓은 구멍을 말함. 깃대가 꽂혀 있으며, 18개의 단위 코스를 의미하기도 함

파 Par

파(Par)는 한 홀에서 기준 타수로 볼을 홀에 넣는 것이다. 예를 들어 파4 홀에서는 볼을 4타 만에 홀에 넣으면 파라고 하고, 파5 홀에서는 볼을 5타 만에 홀에 넣으면 파라고 한다.

일반적인 정규 골프장의 한 라운드는 파3 4홀, 파4 10홀, 파5 4홀로 이루어져 있다. 따라서 (파3×4홀=파12) + (파4×10홀=파40) + (파5×4홀=파20) = 72로, 총 18홀은 파72가 된다. 그래서 정규 코스의 한 라운드는 파72를 기본으로 보는 것이다. 요즈음은 파73이나 파71도 만들어 어려움과 재미를 더하기도 한다.

홀의 길이

파	홀수	남자 길이	여자 길이
파3	4개	250야드 이하	210야드 이하
파4	10개	251~470야드	211~400야드
파5	4개	471야드 이상	401~575야드
파72	총 길이	아마 : 6,000~6,500야드 내외 프로 : 7,000~7,500야드 내외	아마 : 5,000~5,500야드 내외 프로 : 6,000~6,500야드 내외

타수의 명칭

한 홀에서 정규 타수로 홀 인하면 파라고 한다. 파5에서 정규 타수보다 한 타 적은 4타로 홀 인했다면 언더 파인 버디(-1), 6타로 홀 인했다면 오버 파인 보기(+1)라고 부른다.

언더 파		오버 파	
0	정규 타수 : 파		
-1	버디	+1	보기
-2	이글, 파3일 경우 홀인원	+2	더블 보기
-3	알바트로스	+3	트리플 보기
		+4	쿼드루플 보기
		+5	더블 파

파3에서 +3타면 더블 파라고 하며 파4에서 +4를 해도 더블 파라도 한다.

2 골프 입문하기

골프가 어려운 이유

골프는 얼핏 보기에는 참 쉬워 보인다. 하지만 시작해 보면 너무도 어렵다는 것을 실감하게 된다. 골프가 왜 이렇게 어려운 것일까? 근본적인 이유를 알고 시작하면 골프를 보다 쉽게 배울 수 있다. 적을 알면 백전백승이라는 말처럼.

기구를 써서 하는 운동이다
맨몸으로 하는 운동보다 기구를 사용하는 운동이 더 어렵다. 기구를 사용하지 않은 운동은 운동의 재미를 위해 어려움을 더하고 팀을 이루게 된다.
- 기구를 사용하지 않는 운동 : 축구·배구·농구·핸드볼·럭비 등
- 기구를 사용하는 운동 : 테니스·배드민턴·탁구·당구 등
- 기구를 많이 사용하는 운동 : 골프

사용하는 기구의 수가 많다
사용하는 기구가 많을수록 그에 필요한 기술적인 요소가 추가되므로 더 어려워진다.
- 1개 사용 : 테니스·배드민턴·탁구·당구·야구 등등
- 14개 사용 : 골프

경기장의 규모가 크다
경기장의 규모가 클수록 어려움은 더 커진다.
- 탁구·당구·테니스·배드민턴·농구·축구·배구 등의 경기장은 1평에서 1,000평 규모
- 골프는 약 30만 평 규모

경기장이 제각각이다
경기장이 규격화되어 있지 않고 바닥 또한 규격화되어 있지 않으면 게임이 다양한 상황에 처하게 된다.

다른 운동은 바닥이 평평하고 크기와 규격이 정해져 있다. 하지만 골프장은 각 홀의 구조나 크기, 바닥이 모두 다 다르다.

날씨의 영향을 받는다

볼이 작다

홀이 작다

기구의 크기가 작다

이렇게 확연한 차이로 다른 운동보다 수십, 수백 배 어렵게 느껴지는 것이다. 하지만 골프는 환경과 기구의 개수로 인한 어려움만큼이나 자연에 대한 도전 정신과 극복 과정이 재미를 준다.

골프를 한 번 맛보면 평생 빠져드는 매력이 있다. 그러므로 골프를 처음 배울 때 정확한 기본기를 익혀서 골프의 심오한 맛을 제대로 느껴 보자.

누구에게 얼마나 배워야 하나?

골프는 누구에게 얼마만큼 배우느냐에 따라 실력이 결정된다. 보통 수영·테니스·배드민턴·볼링 등은 적어도 1년 정도 레슨을 받아야 운동의 묘미를 느끼게 되고, 그 위에 경력이 쌓이면서 제대로 즐길 수가 있게 되는데, 골프는 그 이상의 기간을 필요로 한다.

레슨 기간

입문 초기에는 약 2년 정도 레슨을 받는 것이 도움이 된다. 골프는 어려운 운동인 만큼 좋은 레슨을 받아야 즐거움도 더 커지고 그 위에 경력이 쌓이면서 골프의 심오한 매력을 제대로 느낄 수 있게 된다. 골프 입문자 중에는 마음이 급한 나머지 1~3개월 동안 대충 자세만 잡고 라운드에만 치중하는 분들이 종종 있다. 그렇게 되면 잠깐은 즐거울 수 있지만 골프를 해 나가는 동안 스트레스를 받게 되고, 교정을 하기 위해 많은 경비를 지출하게 되는 일이 발생한다. 시간과 돈을 낭비하며 스트레스 받는 노동이 되어 버릴 수 있다는 점을 명심하고 레슨에 집중하는 기간이 필수적이다.

지도자의 종류

우리나라에는 가장 오래된 골프협회인 한국프로골프협회와 한국여자프로골프협회 외에 약 15개의 골프협회가 있다. 지도자의 자격은 각 골프협회마다 협회 정관에 의해 통과된 골퍼에게 부여한다. 지도자의 종류는 크게 대회에 출전하여 상금을 획득함으로써 생활을 유지하는 투어 프로와, 아마 골퍼를 레슨하여 생활을 유지하는 티칭 프로로 나뉜다.

지도자의 자질

지도자가 유명하고 실력과 자질이 훌륭하다면 최고의 지도자라 할 수 있지만, 유명세나 레슨비가 높다고 자질이 뛰어난 것만도 아니며, 골프를 잘한다고 해서 좋은 지도자가 된다는 법도 없다. 골프는 민감한 운동이라 지도자의 자질에 의해 실력이 좌우된다. 지도자의 자질이 좋지 않으면 아무리 오래 레슨을 받아도 실력 향상은커녕 힘만 소모하게

투어 프로 대회에 출전하여 상금을 획득함으로써 생활을 유지하는 프로 골퍼

티칭 프로 아마 골퍼를 레슨하여 생활을 유지하는 프로 골퍼

된다. 그것은 교육생이 잘못 해서가 아니라 지도자가 잘못 가르치기 때문이다. 지금 귀하가 배우고 있는 지도자가 좋은 지도자인지 좋지 않은 지도자인지를 알아보는 기준을 살펴보자.

만약 현재의 지도자가 좋지 않은 지도자의 전형이라면 과감히 거절하고 좋은 지도자를 찾는 결단이 필요하다. 골프 입문에서 가장 중요한 것은 좋은 지도자를 만나는 것이다. 좋은 지도자를 만나기 위해 시간과 열정을 아끼지 말아야 골프를 영원히 사랑할 수 있게 된다.

〈 좋은 지도자의 전형 〉

- 항상 연구하는 지도자
- 항상 교육생들에게 관심을 갖는 지도자
- 항상 골프에 관한 책을 보는 지도자
- 항상 웃는 지도자
- 레슨 시간을 엄수하는 지도자
- 교육생에게 예의를 갖추는 지도자
- 교육생의 접대에 공손히 거절하는 지도자
- 교육생들에게 어떠한 것도 추천하지 않는 지도자
- 교육생들과 불미스런 일을 만들지 않는 지도자
- 성실한 지도자
- 장점을 칭찬해 주는 지도자
- 레슨 일지를 기록하는 지도자
- 한 달 동안 너무 많은 것을 가르치지 않는 지도자
- 교육생을 자기의 얼굴로 생각하는 지도자
- 학생을 이끄는 지도자
- 체형·연령·성별에 따른 적합한 스윙을 가르치는 지도자
- 전달·이해·숙달에 능한 지도자
- 가르치는 보람을 느끼는 지도자
- 눈높이를 맞추어 가르치는 지도자
- 항상 반성하는 지도자
- 자신의 레슨 프로그램으로 레슨하는 지도자

※ 좋은 지도자를 찾고자 할 때에는 골프 선배들에게 부탁하여 추천 받는 것이 가장 바람직하다.

〈 좋지 않은 지도자의 전형 〉

- 검증 없이 남 따라 가르치는 지도자
- 학생들에게 끌려 다니는 지도자
- 레슨 일지를 적지 않는 지도자
- 한 달 동안 너무 많은 것을 가르치는 지도자
- 교육생을 자기의 얼굴로 생각하지 않는 지도자
- 레슨비 이외에 교육생에게 뭔가를 바라는 지도자
- 교육생과 불미스런 일을 만드는 지도자
- 근무 시간만 때우려는 지도자
- 필요 없는 말을 많이 하는 지도자
- 좋지 않은 자세로 레슨하는 지도자
- 지저분한 지도자
- 자신의 나쁜 스윙을 가르치는 지도자
- 대인관계가 원만하지 않은 지도자
- 연습장을 자신의 것으로 생각하지 않는 지도자
- 교육생을 답답해하는 지도자
- 어렵게 가르치는 지도자
- 재미없게 가르치는 지도자
- 교육생을 구박하는 지도자
- 레슨이 공평치 않은 지도자
- 교육생 탓으로 돌리는 지도자
- 하나의 정석으로 모든 교육생을 가르치는 지도자
- 교육생의 눈높이를 생각하지 않는 지도자
- 감으로만 가르치는 지도자
- 몸으로 보여 주고 따라하라는 지도자
- 이렇게, 저렇게 하라고만 하는 지도자
- 확실치 않은 이론을 가르치는 지도자
- 스윙의 순서대로만 가르치는 지도자
- 레슨 계획 없이 가르치는 지도자

어떻게 배워야 하나?

골프를 확실하고 빠르게 정확히 배우는 4대 요소는 ① 교육생의 골프에 대한 열정, ② 지도자의 자질, ③ 교육생의 레슨 서약에 따른 약속 이행, ④ 효과적인 연습 방법이다.

우선 배우고자 하는 교육생의 마음은 당연히 강할 것이며, 두 번째로 중요한 좋은 지도자를 만났다고 하더라도 레슨을 받는 교육생이 어떠한 레슨 지침으로 약속을 지키며 레슨을 받아 가느냐에 따라 쉽고 빠르게 골프를 배울 수 있게 된다.

교육생 레슨 서약

1. 나는 나의 지도자 이외의 레슨은 정중히 거절한다.
2. 나는 나의 지도자가 가르쳐 준 것만을 열심히 연습한다.
3. 나는 나의 지도자가 있을 때 주 2~3회는 필히 레슨을 받는다.
4. 나는 예전의 레슨의 방법과 지식에 연연해 하지 않는다.
5. 나는 궁금한 내용이 있으면 바로 질문하여 해결한다.
6. 나는 너무 빨리 나아지려고 성급히 생각하지 않는다.
7. 나는 연습 도중 아픈 곳이 생기면 즉시 지도자에게 이야기한다.
8. 나는 지도자를 믿고 따른다.

골프 연습 방법

적은 시간으로 최대의 레슨 효과를 거둘 수 있는 연습 방법은 어떤 것일까?

레슨 횟수

레슨은 중·상급 골퍼의 구질이나 임팩트 등의 자세 교정 레슨은 습관과 경력의 정도에 따라 주 1회에서 주 3일 레슨이 적절하며, 왕초보자는 주 2~4회가 적절하다. 그렇게 하면 ① 교육생의 컨디션이 좋을 때 레슨을 받으므로 집중력이 좋아져서 최대의 효과를 발휘하며, ② 경제적인 면에서 레슨비 부담이 줄고, ③ 능력에 따라 별도로 1~3회 정도를 혼자 복습할 수 있으므로 이상적인 레슨과 연습이라고 할 수 있다.

주 연습 횟수

골프 연습은 중·상급 골퍼는 라운드 빈도에 따라 주 1~3회가 적절하며, 왕초보 골퍼는 라운드가 없으므로 골퍼의 시간에 따라 주 2~6회가 적절하다 볼 수 있다. 레슨 만큼이나 혼자 연습하는 것도 매우 중요하다. 그 이유는 ① 레슨 내용을 상기하여 자세를 숙달하고, ② 프로가 없을 때도 혼자 할 수 있는 능력을 배양하기 위해서다. 실제 라운드를 나가면 티칭 프로와 함께할 수 없으므로 자신만의 느낌을 가져야 한다.

연습 시간

연습을 조금씩 매일 하는 것이 가장 좋은 이유는 머리와 몸에 확실하게 습관을 들이기 위해서다.

- 1주일에 4일 이상 연습 : 60~70분 정도
- 2일 정도 연습 : 90분 정도
- 주 1회 연습이 가능한 골퍼 : 120분 정도

연습 방법

일일 연습 방법은 크게 3가지로 나뉘는데, 골퍼의 시간, 경력과 교정의 정도에 따라 적절히 사용하면 최소의 시간으로 최대의 효과를 볼 수 있다.(특히 한 가지 연습에 있어서 약 2~5분 이내의 시간이 든다.)

간격 연습

간격을 두고 하는 방법이다. 한 가지를 길게 하는 것보다 짧게 나누어서 몇 회를 반복하면 휴식 후 다시 연습을 시작할 때(예 : 연습 10분 – 휴식 2분 – 연습 10분 – 휴식 2분 – 연습 10분 = 3세트) 레슨 과정을 여러 번 생각할 수 있어 습득이 빨라지는 장점이 있다. 골퍼의 시간 사정에 따라 하루 3~10세트를 반복한다.

예) 간격 연습

연습 10분 → 휴식·스트레칭 → 연습 10분 → 휴식·스트레칭 → 연습 10분 → 휴식·스트레칭 → 연습 10분 → 휴식·스트레칭 → 연습 10분

집중 연습

집중 연습이란 하나의 클럽을 집중적으로 연습하는 것이다. 자세를 만들거나 교정 또는 숙달시킬 때 주로 사용하는 연습법인데, 이 집중 연습도 간격 연습으로 해야 교정이 빨라진다.

한두 가지 클럽으로 연습(드라이버 · 우드 · 롱 아이언 · 아이언 · 피칭 · 치핑 · 퍼팅), 대상 : 자세 교정을 하는 중 · 상급자(예 : 월 - 드라이버와 피칭, 수 - 우드와 퍼팅과 아이언, 금 - 롱 아이언과 치핑 등 + 간격 연습 = 10분씩 6세트). 처음 시작하는 왕초보자(예 : 7번 아이언 + 간격 연습 = 10분씩 6세트)

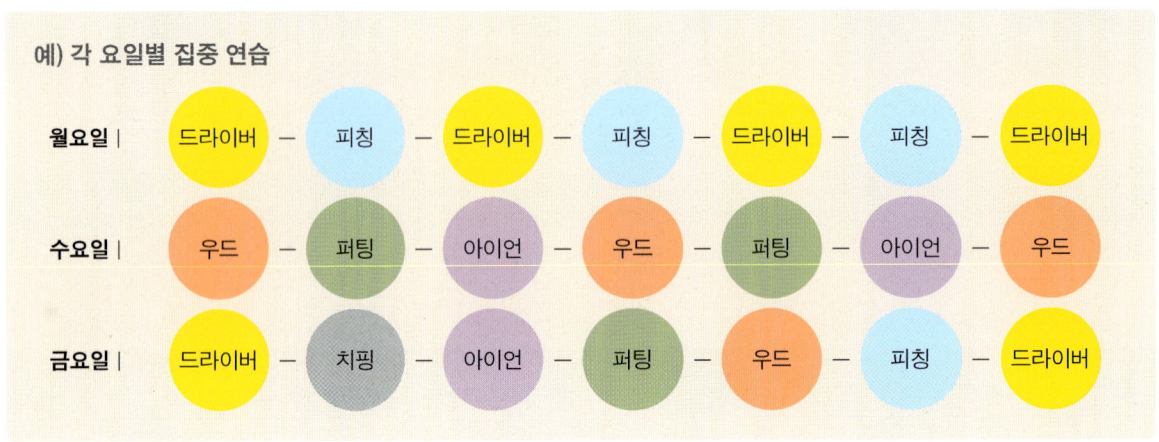

예) 각 요일별 집중 연습

월요일	드라이버 — 피칭 — 드라이버 — 피칭 — 드라이버 — 피칭 — 드라이버
수요일	우드 — 퍼팅 — 아이언 — 우드 — 퍼팅 — 아이언 — 우드
금요일	드라이버 — 치핑 — 아이언 — 퍼팅 — 우드 — 피칭 — 드라이버

순회 운동

순회 운동이란 여러 가지 클럽을 순회하며 하는 것이다. 더 숙지하고 자세를 유지하고자 사용하는 방법으로, 순회하면서 자연스레 간격 운동이 되므로 집중력과 숙지력이 향상되며, 체력 소모가 적은 클럽과 큰 클럽을 조화시키면 휴식 없이 연속적인 연습이 가능하다.

여러 클럽의 다양한 연습(드라이버 · 우드 · 롱 아이언 · 아이언 · 피칭 · 치핑 · 퍼팅), 대상 : 자세 교정 또는 자신의 감을 익히는 중 · 상급자(예 : 피칭 — 미들 아이언 — 드라이버 — 퍼팅 — 롱 아이언 — 숏 아이언 — 우드 — 치핑 — 우드 티 샷 = 1세트(한 가지당 2분 × 종류(9가지) = 18분 × 4세트), 왕초보자(예 : 7번 아이언 — 퍼팅 — 7번 아이언 — 치핑 = 1세트(한 가지당 2분 × 종류(4가지) = 8분 × 10세트)

예) 순회 운동 1세트

피칭 — 아이언 — 드라이버 — 퍼팅 — 아이언
퍼팅 — 드라이버 — 치핑 — 우드 — 숏 아이언

어디서 배울까?

우리나라 골프 연습장은 드라이빙 레인지와 실내 골프 연습장으로 나뉘어져 있다.

골프에 입문하는 단계와 스윙을 교정하기 위해서는 골프 연습장이 필수적이며, 연습장마다 장단점이 있으므로 자신에게 맞는 연습장을 선택한다.

골프 연습장

〈 드라이빙 레인지 〉
- 구질을 바로 확인할 수 있다.
- 라운드 적응에 도움이 된다.
- 거리가 있어 자세를 확인하려는 심리가 작용하므로 교정이 어려워진다.
- 더위·추위·바람 등 기후의 영향을 받는다.
- 실내 연습장보다 이용료가 비싸다.
- 연습장이 적어 접근성이 떨어진다.

〈 실내 골프 연습장 〉
- 구질을 확인할 수 없다.
- 라운드 적응이 느리다.
- 거리가 짧아 구질을 확인할 필요가 없으므로 교정이 쉬워진다.
- 기후의 영향을 받지 않는다.
- 드라이빙 레인지에 비해 사용료가 저렴하다.
- 연습장이 많아 접근성이 좋다.

드라이빙 레인지
실외 골프 연습장. 짧게는 50야드, 길게는 300야드 정도의 길이로, 보통은 100야드 정도가 가장 많다.

실내 골프 연습장
길이는 보통 2~5야드 정도가 대부분이며, 동네마다 1~3곳 정도가 운영되고 있어 접근성이 좋다.

3 원 골프 스윙의 개념

원 골프 스윙이란?

골프에 있어서 스윙이란 무엇일까?
한마디로 말하면 원 골프 스윙은 '각 골퍼들의 몸에 무리 없이 가장 쉽게 볼을 칠 수 있는 자세'를 말한다. 결국 골퍼들의 성별, 연령대, 체격, 체력 등이 저마다 다르므로 "스윙이 이것이다"라고 말하기는 쉽지 않다. 그래서 스윙의 자세에서 어느 정도의 모양은 있지만 고정된 수치는 없으며, 골퍼마다 몸에 맞는 스윙이 존재한다는 뜻이 된다. 따라서 원 골프 스윙은 '과학적 이론을 기본 근거로 하여 우리 몸의 근육 운동학에 접목시켜 6개의 원을 하나로 만들어 몸에 무리 없이 최대한의 파워와 정확성을 갖게 하는 내추럴 스윙'이라고 정의할 수 있다.

원 골프 스윙의 목적

원 골프 스윙의 목적은 클럽 헤드에 원심력을 발생시키는 데 있다. 그 예로 줄에 돌을 매달아 손으로 빙빙 돌려 보면 ① 돌에 원심력이 발생된다는 사실과, ② 원심력을 발생시키는 축과 동력이 손이라는 사실을

원심력의 발생

알 수 있다. 또한 회전하는 돌의 속도와 운동 방향 등 전체를 컨트롤하는 것도 손이라는 것을 알 수 있다. 이것을 원 골프 스윙에 적용해 보면, 여러 개의 원을 하나로 만들어 최대의 원심력을 발생시키는 축과 동력인 손이 우리의 몸통에 해당되고, 돌에 연결된 줄은 팔과 클럽, 그리고 돌은 클럽 헤드에 해당된다는 것을 알 수 있다. 결국 스윙은 손이나 팔로 하는 것이 아니라 우리 몸에서 가장 힘이 센 부분으로 동력을 발생시켜 클럽 헤드의 속도를 나게 하고 방향을 컨트롤하는 것이다.

골프는 비거리와 정확성이 중요한 운동이다. 몸통의 원(회전 : 주동력)만으로는 비거리가 모자라므로 팔의 원과 손목의 원(회전 : 보조 동력)을 만들어 동시에 임팩트하면 정확성은 떨어지지만 그만큼 비거리를 향상시킬 수 있으므로 몸과 팔의 원을 다 사용하게 된다. 그러므로 스윙 중 몸을 쓰지 않고 팔만으로 스윙하려 들면 비거리와 방향, 일관성이 모두 떨어진다. 그러나 우리 몸 각각의 관절을 이용하여 원심력을 더 높이는 작용을 할 때 필요한 팔의 쓰임은 필수적이지만 몸에 의한 보조적인 역할이라는 것을 기억해야 한다.

골프 스윙을 다른 운동에 비교해 보자. 야구 · 테니스 · 원반 던지기 · 공 던지기 · 축구 등 모든 운동이 짧게 보낼 때는 몸을 쓰지 않지만 멀리 보낼 때는 몸의 동력을 이용하여 거리를 내게 된다. 그래서 원 골프 스윙은 몸을 중심으로 한 회전 운동이라고 할 수 있는데 거리와 정확성을 위해 몸과 팔의 적절한 조화(타이밍)와 몸을 통제하는 마음의 컨트롤이 잘되어야만 거리를 낼 수 있고 항상 원하는 곳으로 볼을 날려 보낼 수가 있다.

또한 테니스를 통해 운동 중 한 개의 관절을 이용한 원이라고 하더라도 원의 크기에 따라 스피드가 달라져 볼의 거리와 빠르기가 달라진다는 것을 알 수 있다.

축구(다리, 무릎, 발목의 원)

야구(손목, 팔꿈치, 어깨의 원)

테니스(손목, 팔꿈치, 어깨, 허리의 원)

야구(손목, 팔꿈치의 원)

야구(손목, 팔꿈치, 어깨의 원)

야구(손목, 팔꿈치, 어깨, 허리의 원)

구기 운동에서의 원의 역할

원 골프 스윙은 과학적 이론을 근육운동학에 접목하여 6개의 원을 하나로 만들어 몸에 무리 없이 최대한의 파워와 정확성을 갖게 하는 내추럴 스윙이다. 이해를 돕기 위해 일련의 구기 운동들을 살펴보면, 모든 운동이 그렇듯이 다들 원을 그리며 볼을 임팩트하고 있음을 알 수 있다. 결국 구기 운동은 손, 팔, 발, 다리, 나아가서는 몸으로 원을 그리며 볼을 임팩트하는 것이다.

모든 운동은 우리 몸의 관절과 근육을 이용한 원 운동에 의해 운동 능력이 수행되는데, 특히 거리를 내기 위해 임팩트에서 ① 원을 많이 그리며 임팩트 ② 원을 크게 그려야 한다는 사실을 알 수가 있다. 테니스의 경우를 보면, 운동 중 한 개의 관절을 이용한 원이라 하더라도 원의 크기에 따라 스피드가 달라져 볼의 거리와 빠르기가 달라진다는 것을 알 수 있다. 모든 운동이 그러하듯 짧게 볼을 보내고 싶을 때는 손목이나 팔을, 좀 더 멀리 볼을 보내고 싶을 때는 손목과 팔 그리고 상체를, 더 멀리 보내고 싶을 때는 손목과 팔, 상체와 하체 등 온몸을 사용하게 된다는 것을 우리는 모두 알고 있다. 그래서 골프도 다른 구기 운동과 마찬가지로 몸을 어느 정도 사용하느냐에 따라 볼을 짧게 또는 멀리 보낼 수 있다.

6개의 원으로 이루어진 원 골프

운동 중 원의 개수가 많을수록, 원의 크기를 크게 할수록 헤드 스피드는 빨라져 원하는 거리를 보낼 수 있다.

이 운동의 법칙을 운동 중 가장 멀리 보내야 하는 골프에 적용해 보면 골프 스윙 중 원을 최대한 많게 그리고 원을 크게 그리며 스윙해야만 골프를 즐길 수 있다는 것을 짐작할 수 있다.

원 골프는 백스윙 시 3개의 원과 다운스윙 시 3개의 원으로 총 6개의 원을 하나의 스윙을 만드는 구성 요소로 이루어져 있다.

백스윙에서 3개의 원이란?

백스윙이란 상체의 꼬임과 손목의 코킹 그리고 팔을 이용하여 클럽 헤드를 어깨 위로 올려놓는 원의 움직임을 말한다.

백스윙에서의 원

몸의 큰 근육인 상체의 근육을 이용해 어깨를 턴 시키면 클럽의 헤드를 타깃의 반대로 보낼 수 있다. 그러나 이 하나의 원만으로는 힘이 부족하다.

어깨의 턴과 손목의 코킹을 이용해 백스윙의 원을 그리며 클럽 헤드를 위로 올려 준다. 그러나 이 어깨의 턴과 손목의 코킹이 만드는 원만으로는 힘이 부족하다.

앞의 두 가지 원에 팔의 근육을 이용하여 또 하나의 원을 추가하면 원의 크기가 커져 최고의 꼬임과 높이로 근육과 중력을 한꺼번에 이용할 준비가 완료된다.

다운스윙에서 3개의 원이란?

다운스윙이란 하체의 풀림과 중력을 이용한 팔의 떨어짐 그리고 손목의 턴을 이용하여 클럽의 헤드 스피드를 최대로 만드는 원의 움직임을 말한다.

이렇게 총 6개의 원을 하나의 원으로 일관되게 일치시키면 최대의 비거리와 정확성을 만들 수 있고 또한 6개의 원을 다양하게 접목하면 골프에 필요한 다양한 응용된 샷을 구사할 수 있게 된다.

다운스윙에서의 3개의 원

충분히 축적된 톱에서 몸의 가장 큰 근육 하체의 근육을 이용해 허리의 턴으로 클럽의 헤드를 자연스럽게 아래로 떨어뜨릴 수 있다. 그러나 이 하나의 원만으로는 힘이 부족하다.

허리의 턴과 중력을 이용해 팔의 근육으로 원을 그리며 클럽 헤드를 아래로 떨어뜨린다. 그러나 이 하체의 원과 팔이 만드는 원만으로는 힘이 부족하다.

앞의 두 가지 원에 그립과 손목의 근육을 이용하여 또 하나의 원을 추가시키면 원의 크기가 최대로 커져 최고의 헤드 스피드를 구사할 수 있다.

4 운동 전 몸 풀기

몸이 풀리지 않은 상태에서 갑자기 운동을 하면 몸의 유연성이 떨어져 근육의 충분한 수축이 어려워져 거리가 떨어지고 미스 샷이 나게 된다. 그러므로 충분한 스트레칭이나 체조로 몸을 완전히 푼 뒤 라운드나 연습에 임하면 부상을 예방하고 좋은 점수를 기대할 수 있다.

체조 시 준수 사항
① 몸을 따뜻하게 한 뒤 실시한다.
② 편안한 마음으로 실시한다.
③ 무리해서 당기지 않는다.
④ 부드럽게 호흡하며 실시한다.
⑤ 당겨지는 부위의 힘을 뺀다.
⑥ 경쟁하지 않는다.
⑦ 꾸준히 실시한다.
⑧ 운동 전후에 실시한다.
⑨ 처음은 약하게, 갈수록 강하게 실시한다.

운동 전 스트레칭(체조)의 효과
① 운동 수행 능력 향상
② 부상 예방
③ 피로 회복이 빨라져 건강에 도움이 된다.

클럽 돌리기
아래에 소개한 방법으로 클럽을 3~6바퀴 돌리고 반대로 다시 3~6바퀴 돌리면 어깨와 팔이 스트레칭되어 유연해져 연습할 준비가 된다.

클럽 돌리기

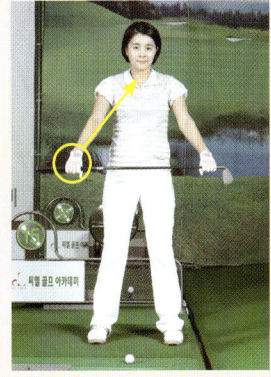
두 발을 어깨 넓이로 벌리고 클럽 양쪽 끝을 잡는다.

먼저 왼팔을 펴서 등 뒤로 넘긴다.

이때 오른팔은 왼팔을 따라 뒤로 넘어간다.

오른팔을 펴서 앞으로 보낸다. 왼팔이 따라간다.

클럽 잡고 어깨 돌리기

아래의 방법으로 양쪽을 어깨를 돌리면 허리가 스트레칭되어 유연해진다. 또한 어드레스와 같이 척추를 숙여 준비하면 연습이 되기도 한다.

① 클럽의 등뒤에 걸치고 잡고 양쪽 끝을 잡는다.
② 왼쪽 어깨를 오른쪽으로 똑바로 돌려 준다.
③ 오른쪽 어깨를 왼쪽으로 똑바로 돌려 준다.
① 척추를 숙이고, 클럽을 등뒤에 걸치고 클럽의 양쪽 끝을 잡는다.
② 척추를 숙인 상태에서 오른쪽으로 똑바로 돌려 준다.
③ 척추를 숙인 상태에서 오른쪽 어깨를 왼쪽으로 똑바로 돌려 준다.

클럽 잡고 허리 돌리기

아래의 방법으로 3~6바퀴를 돌리고 반대로 다시 3~6바퀴 돌리면 허리가 스트레칭되어 유연해져 연습 준비가 된다.

① 클럽의 양쪽 끝을 잡고 위로 똑바로 든다.
② 정면을 바라보며 오른쪽으로 허리를 돌려 준다.
③ 정면을 바라보며 최대한 크게 오른쪽으로 돌려 준다.

2인 1조 4구간 몸 풀기

다음의 4구간을 5~10회 정도 하면 허리가 완전히 풀리고 유연해져서 연습 준비가 된다.

① 두 사람이 뒤 돌아 두 발을 어깨 넓이로 벌리고 선다.
② 서로 오른쪽으로 돌아 보며 박수를 친다.
③ 서로 왼쪽으로 돌아보며 박수를 친다.
④ 서로 밑으로 숙여 가랑이 사이로 박수를 친다.
⑤ 서로 위로 펴며 머리 위로 박수를 친다.

2인 1조 회오리

이 2인 1조 회오리는 좌우로 돌아 줌으로써 허리의 이완과 수축을 완전하게 하여 허리 근육을 충분히 스트레칭시켜 준다.

① 서로 마주보고 두 손을 잡는다.
② 먼저 오른쪽으로 같이 돈다.
③ 오른쪽 또는 왼쪽 6바퀴면 반대로 2~3바퀴는 돌아야 중심이 잡힌다.

5 원 골프 스윙의 기본

원 골프는 백스윙 시 3개의 원과 다운스윙 시 3개의 원으로 총 6개의 원을 하나의 스윙을 만드는 구성 요소로 이루어져 있는데 12단계로 스윙의 각 부분을 스윙으로 만들기 전 먼저 원 골프 스윙의 전체적인 순서를 살펴보기로 하자.

왕초보 레슨 - 원 골프 스윙 12단계의 순서

① 임팩트 - 삼각 스윙

② 손목의 움직임 - 손목의 스냅

③ 코킹과 손목 턴 - 꺾고 돌리기

④ 하프 코킹과 손목 턴 - 더 꺾고 돌리기

퍼팅 - 스윙

⑦ 허리의 움직임 - 원 그리며 배치기

⑧ 손목의 턴 - 원 그리며 손목 턴

치핑 1, 2, 3단계

골프 준비물

골프화

골프를 시작할 때 평상시 신던 운동화를 신어도 되지만 모든 운동이 그렇듯이 운동 특성에 맞는 신발을 신으면 운동 능력이 향상되므로 골프화를 갖추는 것이 좋다. 골프화 브랜드는 다양한데, 연습장에서 사용하는 것은 스파이크가 지나치게 날카롭지 않고, 바닥이 단단하며, 가격 부담이 크지 않은 것이 좋다.

바닥 스파이크는 잘 부러지지 않는 고무로 된 스파이크가 좋다. 또한 바닥은 잘 구부러지지 않는 단단한 것이 좋다. 그래야 스윙 시 체중 이동이 좋아진다.

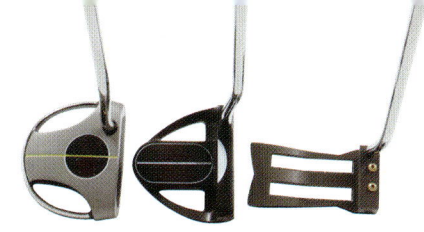

퍼팅의 기본 　　⑤ 체중 이동 - 꺾고 오른발 들기 　　골프 장비 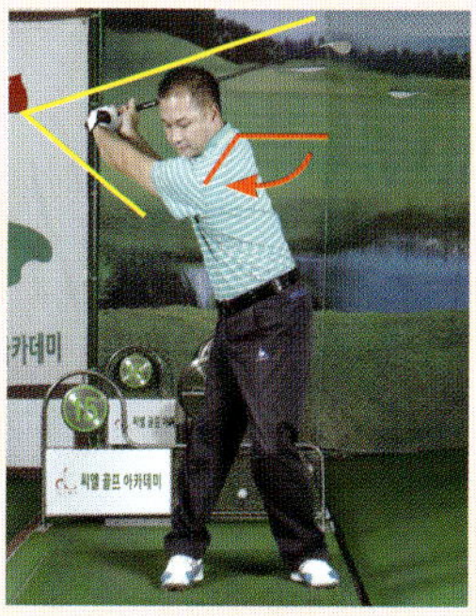　　⑥ 어깨의 턴 - 원 그리며 오른발 들기

⑨ 허리의 턴 - 꺾고 차기 　　⑩ 스윙의 타법 - 드라이버 　　⑪ 하프 임팩트 - 꺾고 차고 　　⑫ 첫라운딩

골프 장갑

장갑은 손을 보호하는 중요한 장비로, 장갑을 착용하면 그립과의 마찰력이 좋아져 스윙 시 손목의 힘이 빠져 스윙이 쉬워진다.

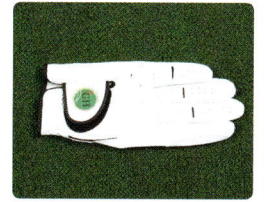 

장갑은 왼손 그립과의 마찰을 좋게 하여 스윙을 보조해 주며, 손을 보호하는 필수 장비다. 여성은 양손에 착용한다.

그립

그립은 스윙 중 클럽 페이스의 방향 및 비거리와 밀접한 관계가 있다. 축구나 배구처럼 몸으로 직접 볼을 컨트롤하거나, 테니스·배드민턴·야구처럼 작은 공간에서 경기하는 것과는 차이가 매우 크다. 볼과 몸을 연결하는 클럽을 바로잡지 못하면 공을 멀리, 정확히 볼을 보낼 수가 없다.

① 왼손 잡기

먼저 그립을 왼손으로 잡는다. 클럽을 비스듬히 검지 둘째 마디에서 새끼손가락 바로 위로 가로지른다.

왼손 그립은 앞에서 보았을 때 엄지와 검지 사이의 V홈이 오른쪽 귀와 어깨 사이를 가리키고, 엄지는 그립의 중앙 위에 위치하며, 왼쪽 손등의 너클이 두세 개는 보여야 한다.

② 오른손 잡기 - 오버래핑 그립

잘 잡은 왼손 위에 오른손 소지를 왼손 검지와 중지 사이에 부드럽게 올린 뒤 약지·중지·검지를 손가락으로만 잡고, 왼손 엄지 위쪽으로 오른손 생명선을 포개면서 엄지를 검지 옆에 붙인다. 보통 골퍼는 왼손보다 오른손 힘이 더 세므로 사진처럼 그립을 잡으면 왼손은 다섯 손가락 다 잡으므로 세지고 오른손은 약해져 양손의 힘이 비슷해진다. 그래서 대다수 프로들이 가장 많이 쓰는 그립이다.

왼손 잡기

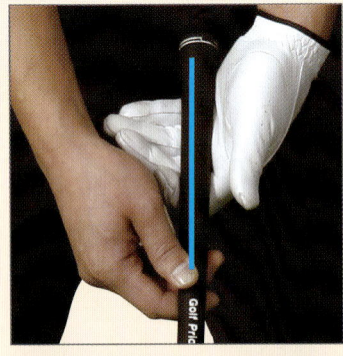

먼저 그립을 왼손으로 잡는다. 클럽을 비스듬히 검지 둘째 마디에서 새끼손가락 바로 위로 가로지른다.

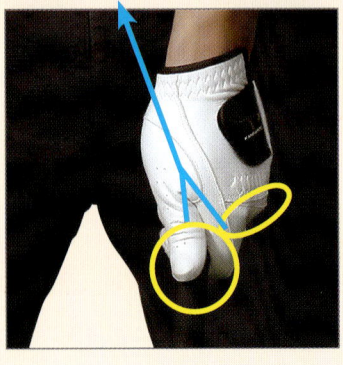

앞에서 보았을 때 엄지와 검지 사이의 V모양의 홈이 오른쪽 귀와 어깨 사이를 가리킨다.

오른손 잡기

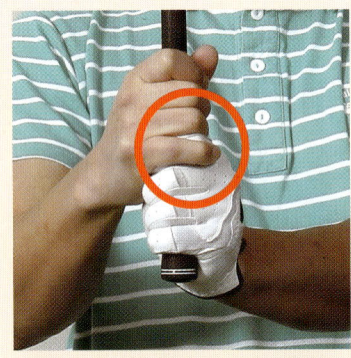

오른손 소지가 왼손 검지 사이에 올려져 있다.

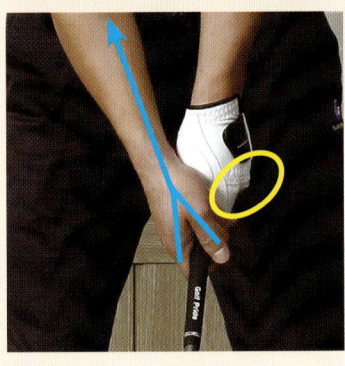

오른손 V홈은 오른쪽 귀와 어깨 사이를 가리킨다. 왼손 너클 세 개가 보인다.

압력 점검하기

그립의 압력은 골퍼에 따라 다르다. 일단 볼과의 충격에 견딜 수 있어야 하는데, 손목과 팔이 경직되지 않을 정도가 좋으며, 지나치게 느슨하여 백스윙이나 다운스윙의 궤도가 흔들리지 않는 압력으로 잡아야 한다. 60% 정도의 압력이면 스윙에 적당하다.

가장 세게 잡은 그립을 100%로 볼 때, 상급 골퍼는 50~60%, 초보 골퍼는 50~40% 정도의 압력이 적절하다. 왜냐하면 상급 및 프로 골퍼는 헤드 스피드가 빨라 임팩트를 견뎌 내야 하고 스윙 중 흔들리지 않아야 일관성이 좋아지기 때문이다.

그립을 왼손과 오른손으로 정확히 잡고 손목과 팔을 경직시키지 않은 범위 내에서 견고하게 잡아 압력을 똑같이 하여 스윙하여 두 손을 흩뜨리지 않고 클럽과 조화를 이루는 그립이 가장 좋은 그립이다.

압력의 부위

왼손의 50%는 새끼·약지·중지에 압력을 가하고, 오른손의 50% 압력은 초·중급 골퍼일 경우 약지와 중지에 가하면 되고 오른손 엄지와 검지는 그립 주변을 느슨하지 않게 감싸면 된다. 중·고급자는 오른손 약지와 중지의 힘을 빼고 검지와 엄지에 50%의 압력을 가하면 스윙 중 흔들림이 적고 손목의 턴이 좋아진다.

※ 더 자세한 그립은 제2부 스윙의 정석 그립 편을 참조한다.

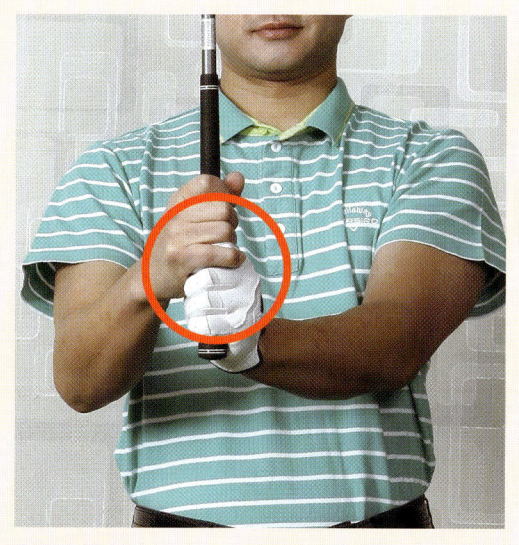

오버래핑(바든) 그립

'양손의 힘이 균등하게 쓰여야 한다.'는 말처럼 그립을 잡았을 때 양손이 균등해지는 그립이 자신에게 맞는 그립이다. 일반적으로 대부분의 골퍼가 오른손잡이라서 왼손보다 오른손 힘이 더 세다. 그래서 그립을 잡을 때는 왼손은 다섯 손가락을 다 잡으므로 강해지고 오른손은 약해져서 양손의 힘이 비슷하게 된다. 대다수의 프로들이 가장 많이 하는 그립이다.

압력의 부위

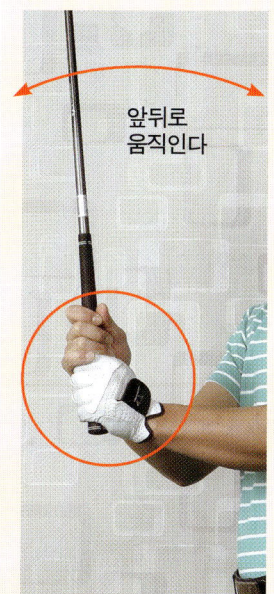 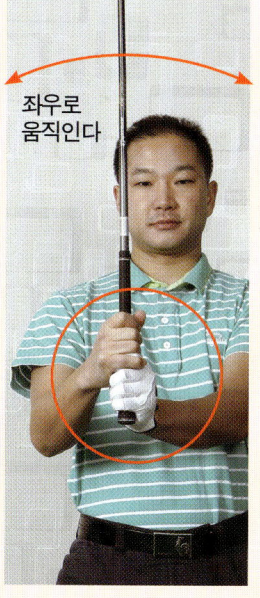

앞뒤로 움직인다 / 좌우로 움직인다

클럽을 들고 손목으로 헤드를 내렸다 올렸다 할 수 있는 정도로 잡아야 한다.

클럽을 들고 손목으로 좌우로 턴할 수 있는 정도의 압력으로 잡아야 한다.

⭐ 그립 체크 포인트

그립 : 백　　　　　　　　　　　그립 : 프런트

오른쪽 어깨와 오른쪽 귀 사이를 가리킨다

그립 끝이 약 5mm 정도 튀어나와 있다

왼손 엄지와 오른 생명선이 맞닿는다

엄지와 검지는 단단하게 잡는다 (약 60% 압력)

어드레스

클럽을 잘 잡았다면 백스윙과 다운스윙을 정확히 하기 위해 어드레스를 잘해야 한다. 어드레스가 급하면 백스윙과 몸의 꼬임, 체중 이동, 다운스윙 시 발이나 허리의 움직임, 임팩트 때 몸의 느낌을 제대로 느낄 수 없다.

① 스탠스의 폭

스탠스의 폭은 스윙 중에 균형을 잡고, 체중 이동을 원활하게 할 수 있어야 한다. 지나치게 넓어서 체중 이동이 어렵거나 지나치게 좁아서 중심을 잡기가 어려워서는 안 된다. 스탠스 폭은 어깨 넓이 정도가 적당하며, 클럽이 짧아질수록 스탠스 역시 좁아져야 한다.

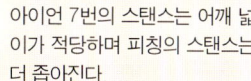
스탠스의 폭

아이언 7번의 스탠스는 어깨 넓이가 적당하며 피칭의 스탠스는 더 좁아진다.

드라이버의 스탠스 폭은 어깨 넓이보다 조금 넓은 것이 적당하다.

② 볼의 위치

볼의 위치는 스탠스의 폭, 체중의 분배와 함께 스윙의 타법에 연관되는데 클럽과 타법에 따라 임팩트하는 방법이 달라지므로 클럽과 타법에 적절한 볼의 위치를 알아보자.

어프로치의 어드레스 시 볼의 위치는 높은 탄도를 원한다면 중앙에서 왼쪽에, 낮은 탄도를 원한다면 오른쪽에 위치한다.

숏, 미들아이언의 어드레스 시 다운블로를 위해 볼의 위치는 숏 아이언은 중앙 약간 뒤쪽에, 미들 아이언은 중앙이 적절하다.

롱 아이언, 우드의 어드레스 시 사이드블로를 위해 볼 위치는 중앙 앞쪽 또는 왼발 뒤꿈치에서 중앙으로 볼 한 개 뒤쪽이 적절하다.

드라이버의 어드레스 시 체중의 정도는 왼발에 약 40%를 실어야 스윙 시 볼이 쓸어 치게 되어 방향과 일관성, 비거리를 높인다.

드라이버 티 샷 어드레스 시 사이드블로를 위해 볼의 위치는 왼발 뒤꿈치가 적절하다.

③ 스탠스의 체중 분배

볼을 치는 타법에는 크게 두 가지가 있다. 한 가지는 클럽 헤드가 최하점을 바로 지나 올라갈 때 볼을 맞추는 타법 즉 어퍼블로(upper blow)로, 드라이버로 티 샷을 할 때 활용한다. 또 한 가지는 클럽 헤드가 내려갈 때 볼을 맞추는 타법 즉 다운블로(Down Blow)로, 아이언으로 그린을 공략하기 위해 스핀을 더 많이 주고 미스를 줄여 주는 타법이다. 클럽에 따라 어드레스에서 체중의 분배를 적절히 하면 원하는 타법을 구사하게 된다.

스탠스의 체중 분배

어프로치 체중은 상황에 따라 왼발에 60~80%를 실어야 스윙 시 움직임을 최소화하여 일관성을 높인다.

숏, 미들 아이언 체중은 왼발에 50, 50~70%를 실어야 스윙 시 다운블로가 쉬워져 미스 샷을 줄이고 일관성을 높인다.

롱 아이언, 우드 체중은 왼발에 약 50%를 실어야 스윙 시 볼이 잘 쓸어 치게 되어 방향과 일관성을 높인다.

드라이버 체중은 왼발에 약 40%를 실어야 스윙 시 볼이 쓸어 치게 되어 방향과 일관성, 비거리를 높인다.

④ 스탠스의 양 발 모양
양 발의 열리고 닫힌 각도에 따라 백스윙과 다운스윙의 크기가 달라진다.

왼발 30도, 오른발 15도 열린 스탠스
골퍼들이 가장 많이 사용하는 스탠스. 오른발이 벌어져 있어 백스윙 때 무리 없이 어깨 턴이 가능하고 다운스윙에서도 열린 왼발로 인해 체중 이동과 하체의 움직임이 좋아져 좋은 샷을 기대할 수 있다.

왼발 0도, 오른발 30도 열린 스탠스
오른발이 열려 있어 유연성이 부족해도 어깨 턴이 가능해 백스윙이 쉽다. 그래도 어깨의 회전이 어렵다면 백스윙 때 왼발 뒤꿈치가 턴에 의해 약간 들려도 무방하다.

왼발 30도, 오른발 30도 열린 스탠스
왼발을 벌려 놓을수록 다운스윙, 임팩트, 팔로 스루에 걸쳐 몸(다리, 허리, 어깨)이 빠르게 움직이고, 오른발을 벌려 놓을수록 백스윙 때 어깨 턴이 커진다.

⑤ 척추의 각도(프런트)

앞에서 보는 척추의 각은 클럽에 따라 조금씩 달라지는데 그 이유는 스윙의 타법 때문이다. 척추 각이 커지면 볼이 쓸어 치고, 적으면 찍어 치기 쉬운 어드레스가 된다.

어프로치의 어드레스 척추의 각은 다운블로를 위해 0~2도 사이가 적절하다.

숏, 미들아이언의 어드레스 척추의 각은 다운블로를 위해 0~4도 사이가 적절하다.

롱 아이언, 우드의 어드레스 척추의 각은 사이드블로를 위해 4~6도 사이가 적절하다.

드라이버의 티 샷 어드레스 척추의 각은 사이드블로를 위해 5~7도 사이가 적절하다.

⑥ 손의 위치와 오른쪽 팔꿈치(프런트)

어드레스에서 손의 위치는 어깨와 볼을 잇는 선상의 약간 안쪽이 이상적이다. 손은 왼쪽 다리 안쪽 선상에 위치하고, 오른쪽 팔꿈치는 몸을 향해야 오른쪽 팔꿈치의 움직임이 좋아져서 자연스런 스윙이 가능해진다.

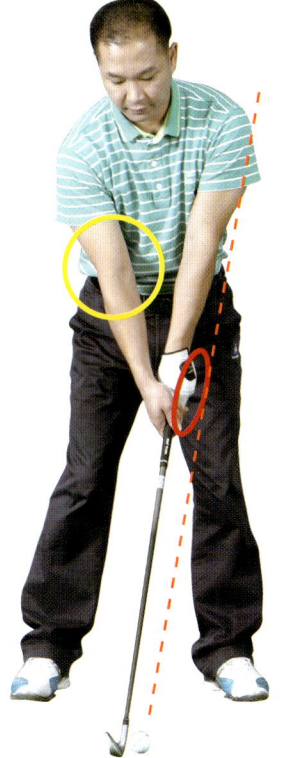

손의 위치와 오른쪽 팔꿈치 손은 왼쪽 다리 안쪽 선상에 위치하고, 오른쪽 팔꿈치는 몸을 향해야 오른쪽 팔꿈치의 움직임이 좋아진다.

⑦ 척추와 손목, 무릎의 각(백)

어드레스에서 척추의 각은 매우 중요하다. 골프는 백스윙과 다운스윙에 걸쳐 회전하는 운동이므로 중심(축)이 필수적인데 그 중심이 바로 척추이다. 옆에서 본 척추의 각도는 엉덩이에서부터 목까지 일직선이 되어야 하며, 클럽의 길이, 골퍼의 키에 따라 조금씩 달라진다. 그에 따라 손목의 각도 척추의 각에 비례하여 변하게 된다.

미들 아이언

미들 아이언은 길이가 짧고 볼이 바닥에 놓여 있으므로 다운블로로 스윙해야 한다. 따라서 척추의 각도 커지고 그에 따라 손목의 각도 커진다.

드라이버

드라이버는 길이가 길고 볼이 티 위에 있으므로 사이드블로로 스윙해야 한다. 따라서 척추의 각이 작아지고, 손목의 각 또한 작아진다. 무릎은 부드럽고 탄력 있는 각도를 유지해야 한다. 무릎을 지나치게 펴거나 구부리면 유연성이 떨어지거나 하체의 꼬임이 나 빠진다.

미들 아이언은 척추의 각이 커지고 손목의 각도 커진다.

드라이버는 척추의 각이 적어지고, 따라서 손목의 각도 작아진다.

앞에서 설명한 어드레스는 모든 골퍼에게 똑같이 적용될 수는 없으나 가장 이상적이라고 볼 수 있다. 볼을 멀리, 그리고 정확히 보내는 프로 골퍼들의 어드레스는 부드럽고, 편안하며, 힘차 보인다. 이것은 정확한 기본을 익히며 연습과 경험을 통해 자신의 몸에 맞게 일구어 낸 작품인 것이다.

6 12단계 원골프 스윙 만들기

좋은 그립과 적절한 어드레스를 알았다면 이제는 스윙이다.
좋은 스윙을 만드는 방법은 크게 전습법(먼저 전체적인 모양과 스윙을 만들어 놓고서 부분 부분을 다듬어 가는 방법)과 분습법(스윙의 구간 구간을 만들며 연결시키는 방법)으로 나뉘어지는데, 이 12단계 원골프 스윙 만들기는 다양한 분습법 중에서 한 가지로 진행해 보자.

1단계 : 임팩트 – 어깨의 원 만들기

볼을 칠 만한 자세가 전혀 되어 있지 않은 완전 초보자에게는 적은 스윙으로 클럽 헤드와 볼이 임팩트되는 느낌을 주어 볼에 대한 부담감을 없애면서 스윙에 대한 자신감을 가지게 하는 것이 좋다. 1단계인 임팩트를 7번 아이언으로 연습해 보자.

프런트 스윙

어드레스 시 어깨와 두 팔을 잇는 삼각형을 유지하며 어깨를 돌려 백스윙한다. 이때 눈을 볼에 고정하고 백스윙 시 체중을 고정한다. 손목은 사용하지 않는다.

요점 정리

★ 스윙의 크기 : 7~5시
① 어깨와 팔의 삼각형을 유지한다.
② 손목의 쓰임 없이 스윙한다.
③ 어깨의 동력만으로 스윙한다.
④ 체중의 움직임은 없다.
⑤ 백스윙~피니시에서 눈은 볼을 본다.
⑥ 피니시에서 왼팔과 오른팔은 곧게 펴져 있다.
⑦ 1주일 동안 조금씩 서서히 그립이나 어드레스를 살짝 살짝 교정한다.

눈을 볼에 고정하고 어깨로만 피니시를 완성한다. 삼각형을 유지하고 손목은 전혀 사용하지 않는다.

백스윙

어드레스에서 어깨를 돌려 백스윙한다. 이때 눈을 볼에 고정하고 백스윙 시 체중을 고정한다. 그리고 클럽의 헤드는 약간의 인으로 백스윙 된다.

요점 정리
① 백스윙의 궤도는 약간의 인으로 팔로우는 타깃으로 움직인다.
② 스윙 중 양팔은 곧게 펴져 있다.

이때 눈을 볼에 고정하고 어깨로만 피니시한다. 클럽 헤드는 타깃에 똑바로 움직인다.

스윙 클리닉

1단계인 임팩트에서는 특별한 문제는 없지만 임팩트가 나쁘다면 토핑이나 생크가 발생된다.

먼저 그립을 잡고 어드레스를 하고 볼을 치기 전 티를 임팩트하며 연습 스윙을 하고 볼을 임팩트하켜 보면 더욱 쉽게 임팩트의 전달이 쉬워진다. 그리고 1단계의 스윙 범위는 볼 양쪽 60cm 이내가 적절한데 자세가 잡히기 전 너무 스윙이 커지면 자세가 더 나빠지므로 자제하고 범위 내에서 나름대로의 느낌을 살린다.

1단계 기간은 1주(3~5회) 정도가 적절하다. 너무 오래하면 몸이 굳어 스윙이 더 나빠지기 쉽고 볼의 위치는 티 위가 쉬워 적절하며, 티의 높이는 가장 낮은 것을 택한다.

토핑은 볼을 띄우려는 심리에 의해 삼각형을 유지하지 않고 임팩트에서 왼팔이 구부러지면 토핑이 된다.

삼각형을 유지하며 스윙하고, 볼을 띄우려고 하지 않아도 볼은 클럽의 로프트에 의해 띄워지므로 퍼올리지 않는다.

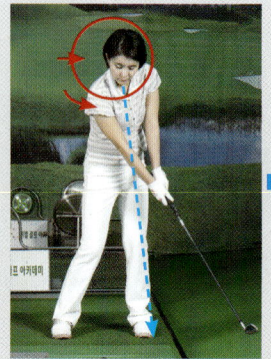

생크는 볼이 잘 날아가는지 확인하려고 고개를 타깃으로 돌려 어깨가 타깃으로 열려 클럽의 넥에 맞아 생겨난다.

스윙 중에는 체중을 고정하고 시선을 볼에서 떼지 않고 스윙하면 축이 고정되어 방향과 일관성을 얻을 수 있다.

이해를 돕는 골프 격언

- 볼에 너무 가까이 서도, 너무 멀리 서도 몸의 동작은 나빠진다. — 벤 호건

- 비기너가 몸을 충분히 꼬지 않는 것은 몸을 꼴수록 볼에서 멀어진다는 공포심 때문이다. — 찰스 무어

- 리드미컬하게, 마치 댄스의 스텝을 밟는 것처럼 어드레스하라. — 줄리어스 보로스

2단계 : 손목의 움직임 – 손목의 원 시작

1단계가 어깨의 움직임과 임팩트를 느끼는 단계라면 2단계는 손목의 스냅을 느끼는 단계가 된다. 2단계는 1단계보다 더 어려우므로 차분히 해 보자.

1단계에서 어깨의 움직임에 의해 좋은 임팩트를 느꼈으면 2단계에서는 어깨의 동력과 손목을 이용하여 볼을 임팩트해 보자.

프런트 스윙

어깨와 두 팔을 잇는 삼각형을 유지하며 손목을 살짝 꺾으며 클럽 헤드를 약 1.5m 백스윙한다. 이때 눈을 볼에 고정하고 체중을 고정한다. 손목을 살짝 꺾으면 오른쪽 팔꿈치가 약간 접히며 톱 된다.

요점 정리

* 스윙의 크기 : 8~4시
① 어깨와 팔의 삼각형을 유지
② 어깨와 손목의 동력만으로 스윙
③ 체중의 움직임은 없음
④ 백스윙~피니시에서 눈은 타깃이 아닌 볼의 위치를 본다.
⑤ 피니시에서 왼팔과 오른팔은 곧게 펴져 있다.
⑥ 1주일 동안 조금씩 서서히 그립이나 어드레스를 살짝 살짝 교정한다.

이때 눈을 볼이 있던 자리에 고정하고 다운 시 살짝 손목을 돌리며 피니시를 완성한다. 팔은 삼각형을 유지한다.

백스윙

어드레스에서 몸과 손의 간격이 보다 좁아지며 백스윙 되고 손목을 이용해 클럽을 약 1m를 타깃라인보다 약간은 인으로 백스윙한다.

요점 정리

① 어드레스 때 손의 위치로 스윙된다.
② 스윙 시 손목을 돌려 꺾으며 스냅을 준다.
③ 톱에서 페이스는 약간 닫혀 있다.
④ 임팩트를 세게 하는 것이 아니라 손목의 움직임만 느낀다.
⑤ 스윙 시 어깨는 자연스레 딸려 돈다.

이때 눈을 볼이 있던 자리에 고정하고 손목으로만 피니시를 완성한다. 클럽 헤드는 타깃라인 약간 안쪽에 위치한다.

스윙 클리닉

2단계인 손목의 움직임에서 토핑이나 생크가 많이 일어나는 이유는 스윙 중 어깨의 움직임뿐 아니라 손목의 움직임까지 더해져 움직임이 다소 복잡해지고 헤드 스피드가 증가하기 때문이다.

1, 2단계를 지나면서 스윙이 커지기 쉬우므로 절제가 필요하다. 2단계의 스윙 범위는 볼 양쪽 약 1m 이내가 적절하다.

2단계 기간은 1주 정도가 적절하며, 볼의 위치는 티 위가 적절하다. 스윙은 각각의 단계에서 너무 커지지 않게, 볼을 강하게 아닌 정확한 자세를 만들도록 노력해야 다음 단계의 연결이 쉬워져 좋은 스윙을 만들 수 있다.

볼을 띄우려는 심리에 의해 손목의 턴이 아닌, 손과 클럽으로 볼을 띄워 올리려다 뒤땅이나 토핑이 된다.

삼각형을 유지하며 스윙하고, 볼을 띄우려고 하지 않고 다운 시 손목을 살짝 돌려 임팩트하면 클럽의 로프트에 의해 볼은 띄워진다.

볼을 멀리 보내려고 백스윙 시 손목을 과도하게 돌리면 다운 시 원심력이 커져 몸에서 손이 떨어져 클럽 넥에 맞아 생크가 발생한다.

백스윙을 과도하게 하지 말고 정확한 톱을 만들며 다운하면 방향과 일관성을 얻을 수 있다.

이해를 돕는 골프 격언

- 골프가 어려운 것은 정지한 볼을 앞에 두고 어떻게 칠 것인가 하고 생각하는 시간이 너무 많다는 데 있다. — 아치 호바네시안
- 골퍼의 스타일은 좋든 나쁘든 골프를 시작한 최초의 1주일 안에 만들어진다. — 해리 바던

3단계 : 코킹과 손목 턴 – 손목의 원과 어깨 원의 시작

2단계가 지나면 제법 볼을 임팩트하는 느낌이 커져 있을 것이다. 3단계부터는 스윙 파워와 백스윙의 기본인 손목의 코킹이 시작된다. 백스윙 시 중요한 3개의 원 중 한 가지인 코킹의 시작을 알아보자.

어드레스 시 어깨와 두 팔을 잇는 삼각형을 유지하며 손목을 살짝 꺾으며 클럽 헤드를 지면과 수평으로 백스윙한다. 눈을 볼에 고정하고 체중을 고정한다.(이때 손목 코킹에 의해 어깨가 약간 따라가며, 왼팔은 펴지고 오른팔은 살짝 구부러진다.)

요점 정리

* 스윙의 크기 : 9~10시 — 3~2시
① 백스윙은 손목의 코킹으로
② 손목의 동력으로만 스윙
③ 체중의 움직임은 없음
④ 톱과 피니시의 크기는 샤프트가 지면과 평행하게 한다.
⑤ 다운 시 어깨의 턴이 아닌 손목의 턴으로 스윙한다.
⑥ 백스윙 ~ 피니시에서 눈은 볼을 본다.
⑦ 1주일 동안 조금씩 서서히 그립이나 어드레스를 살짝 살짝 교정한다.

눈을 볼이 있던 자리에 고정하고 손으로 볼을 찍듯이 손목을 돌리며 피니시한다. 이때 오른팔은 펴지고 왼팔은 살짝 구부러진다.

백스윙

어드레스에서 몸과 손의 간격이 보다 좁아지며 백스윙 되고 손목을 이용해 클럽을 타깃 라인보다 약간은 인으로 백스윙한다.(손목의 코킹에 의해 어깨가 약간 오른쪽으로 턴 된다.)

요점 정리

① 어드레스 때 손의 위치로 스윙이 된다.
② 스윙 시 손목을 너무 돌리면 궤도를 벗어난다.
③ 톱에서 페이스는 약간 닫혀 있다.
④ 톱에서 클럽 헤드 위치는 타깃 반대 방향이다.
⑤ 임팩트를 세게 하는 것이 아니라 자세를 만드는 과정이다.

눈을 볼이 있던 자리에 고정하고 손목으로만 피니시를 완성한다. 그리고 클럽 헤드는 타깃 라인보다 인으로 피니시된다.

스윙 클리닉

3단계인 코킹과 손목 턴에서 2단계보다 토핑이나 생크가 더 많이 일어나는데, 그 이유는 스윙이 커져 헤드 스피드가 증가되기 때문이다. 이 3단계는 스윙 중 반드시 거쳐야 할 8가지 중 1가지의 시작이므로 아름답게 만들려는 노력이 필요하다.

다음 단계를 위해 적어도 1주에 3회 이상, 1회 1시간 이상 연습하는 것이 좋으며, 3단계를 지나면서 스윙이 커지기 쉬우므로 절제한다. 3단계의 스윙 범위는 샤프트가 지면과 수평 이내가 적절하다. 3단계 기간은 1~2주 정도가 적절하며, 볼의 위치는 티 위가 적절하다.

볼을 띄우려는 심리에 의해 손목의 스냅이 아닌 손과 클럽으로 볼을 띄워 올리려다 뒤땅이나 토핑이 된다.

볼을 띄우려고 하지 않고 다운 시 손목을 살짝 돌리며 임팩트하면 클럽의 로프트에 의해 볼이 띄워진다.

볼을 멀리 보내려고 백스윙 시 손목을 꺾지 않고 과도하게 돌리면 다운 시 원심력이 커져 몸에서 손이 떨어져 클럽의 넥에 맞아 생크가 발생한다.

백스윙을 과도하게 하지 말고 정확한 톱을 만들며 다운하면 방향과 일관성을 얻을 수 있다.

생크의 또 다른 잘못된 자세는 어드레스 시 몸과 손의 간격에서 다운 시 손목을 돌릴 때 원심력에 의해 몸에서 손이 떨어져 클럽 넥에 볼이 임팩트되어 발생한다.

강제적인 교정은 기구를 이용하는 것이다. 위와 같이 어드레스에서 볼 위쪽에 원 레슨 셋을 놓아두면 스윙 중 교정 기구에 닿지 않으려고 손이 몸을 스치게 하여 스윙이 되므로 즉시 교정이 가능하다.

퍼팅(임팩트)

스윙 4단계가 지나면 처음 클럽을 잡은 지 약 4주 정도가 된다. 이제 풀 스윙이 완성되기 전에 퍼팅도 경력이 쌓여야 하므로 라운딩에서 타수를 줄이는 가장 중요한 퍼팅을 시작해 보자.

그립

퍼팅에서도 그립이 매우 중요하다. 그립을 잘 잡아야 하는 이유는 양손의 쓰임을 올바르게 하여 일관성 있는 스윙 궤도를 유지하고 페이스의 방향을 최대한 똑바로 보내야 하기 때문이다. 그립은 골퍼들의 취향과 느낌에 따라 다르게 나타난다. 공을 바르게 보내는 기본 및 그립 형태에 따라 장단점이 있으므로 가장 많이 활용되는 역오버래핑 그립으로 자신만의 감각을 만들어 나가도록 한다. 퍼터 그립도 왼손을 먼저 잡는다.

왼손 잡는 법

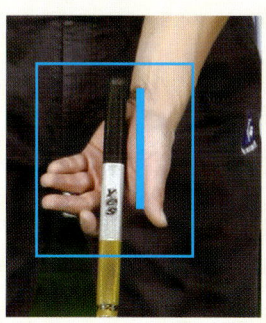
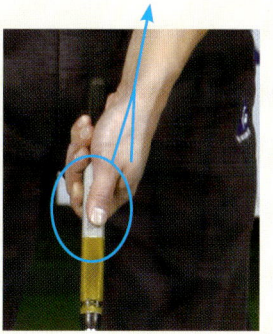

왼손 검지 둘째 마디에서 생명선을 연결하는 손바닥 선상으로 그립을 가로지르는데 퍼터 그립 위쪽 납작한 부분에 생명선의 위쪽 두툼한 부분을 요철처럼 밀착시킨다.

손등이 타깃을 향하고 엄지손가락이 그립의 납작한 부분에 똑바로 위치하고 V홈이 왼쪽 어깨를 향한다. 그래야 임팩트 때 퍼터 페이스가 타깃에 대해 직각으로 돌아오기 쉬워진다.

오른손 잡는 법

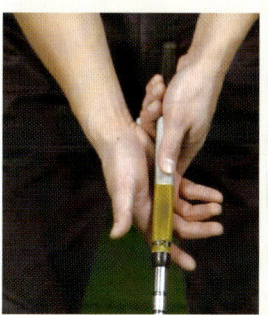
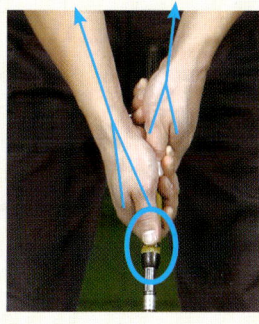

잘 잡은 왼손의 검지를 그립에서 떼고 오른손을 검지 사이로 집어넣는다.

왼손등은 타깃을 향하고 양손 엄지손가락은 그립의 중앙 납작한 곳에 위치하고 오른손 엄지와 검지를 붙이며 V홈은 오른쪽 귀를 향한다.

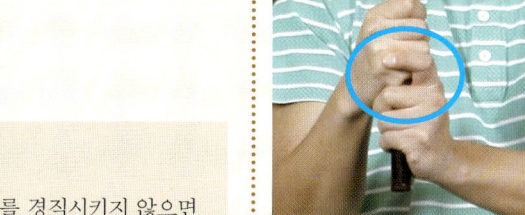
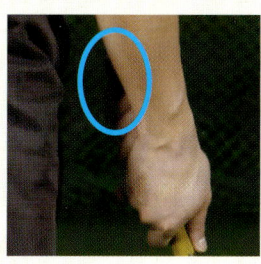

왼손은 검지를 뺀 네 손가락으로 잡고 오른손은 다 잡아 주되 왼손 검지를 감싸 준다.

옆의 그립은 그립 끝이 5mm 정도 나와 있다.

그립의 압력

전체적인 그립의 압력은 어깨를 경직시키지 않으면서 헤드와의 일체감을 느끼는 약 6~8 정도의 압력이 좋다.

어드레스

어드레스는 몸을 움직이기 이전의 준비 자세다. 이것이 잘못되면 스윙 중 페이스를 똑바로 보내기가 어려워 방향이 나빠지고 불필요한 힘이 많이 들어가 일관성이 떨어진다.
실수가 적은 어드레스를 배워 보자.

좋은 어드레스의 역할
① 편안하고 안정감이 있어야 한다.
② 스윙 중에도 하체가 전혀 움직이지 않는 균형잡힌 자세여야 한다.
③ 불필요한 힘이 들지 않아야 한다.
④ 단단한 곳은 단단하고 부드러운 곳은 부드러워야 한다.

① 스탠스의 폭
스탠스의 폭은 스윙을 하는 동안 균형을 잡고 하체의 단단함을 유지하여 정확성을 위한 체중의 이동을 방지할 수 있는 넓이여야 한다.

② 체중의 분배
어드레스 시 체중의 분배가 확실할수록 일관성과 방향이 좋아진다.

스탠스의 폭은 어깨 넓이가 적당한데 이는 체중의 고정과 균형 잡기가 쉽기 때문이다.

왼발이나 오른발에 60~70% 체중이 분배되면 백스윙과 임팩트, 팔로우 시 왼발에 체중의 고정이 확실하고 축이 하나가 되어 어깨의 움직임이 일정해진다.

③ 볼의 위치

어드레스 시 볼의 위치에 따라 스윙 시 타법이 달라진다. 가장 좋은 타법은 헤드가 최하점을 지나 올라가면서 임팩트되는 것이 가장 이상적인데 헤드가 볼에 접근하려면 볼이 최하점의 약간 왼쪽에 위치해야 한다.

④ 양 팔꿈치의 위치

어드레스 시 양 팔꿈치의 위치는 스윙 시 몸과 팔에 일체감을 주기도 하고 분리되는 느낌을 주기도 하므로 양 팔꿈치의 좋은 위치를 알아보자.

⑤ 양 팔꿈치의 구부러짐

어드레스 시 양 팔꿈치 구부러짐의 정도는 스윙 시 힘이 적게 쓰게도 하고 많이 쓰게도 하여 일관성에 크게 관여한다.

⑥ 손의 위치

어드레스 시 손의 위치는 볼 위나 앞이 적당하다.

⑦ 머리의 위치

어드레스 시 머리 위치의 중요성은 크게 두 가지인데 하나는 움직임의 중심이 되고 또 하나는 페이스의 방향을 정확하게 확인하는 역할을 한다.

아무리 퍼팅에는 왕도가 없다고 하지만 항상 올바른 얼라이먼트를 하며 페이스가 똑바로 움직일 수 있는 그립이 되도록 신경 쓰고 방향성과 일관성이 좋아지는 어드레스를 취한다면 퍼팅이 점점 쉽고 즐거워질 것이다.

볼의 위치

볼이 최하점의 약간 왼쪽에 위치하면 헤드가 최하점을 지나면서 임팩트되므로 볼에 오버스핀이 빠르게 걸려 거리와 방향성이 좋아진다.

양 팔꿈치의 위치와 머리의 위치

양 팔꿈치가 몸에 가까울수록 몸의 큰 근육이 팔을 잡아 주고 스윙 시 몸과 팔의 일체감이 좋아져 일관성이 좋아진다.

어드레스 시 왼손등은 펴져 있어야 하며 스윙 중 손목의 움직임을 자제해야 한다.

양 팔꿈치의 구부러짐과 손의 위치

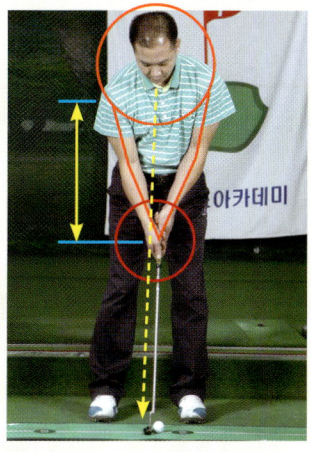

어드레스 시 어깨로부터 손까지의 거리가 가까울수록 지렛대 원리처럼 힘의 전달이 많고 스윙 시 헤드와 손의 일체감으로 일관성이 좋아지므로 오각형을 유지한다.

어드레스 시 머리의 위치는 볼 바로 뒤에 있어야 스트로크 시 축이 되므로 헤드의 궤도가 최하점을 지나 약간 올라갈 때 임팩트되므로 구질이 좋아진다.

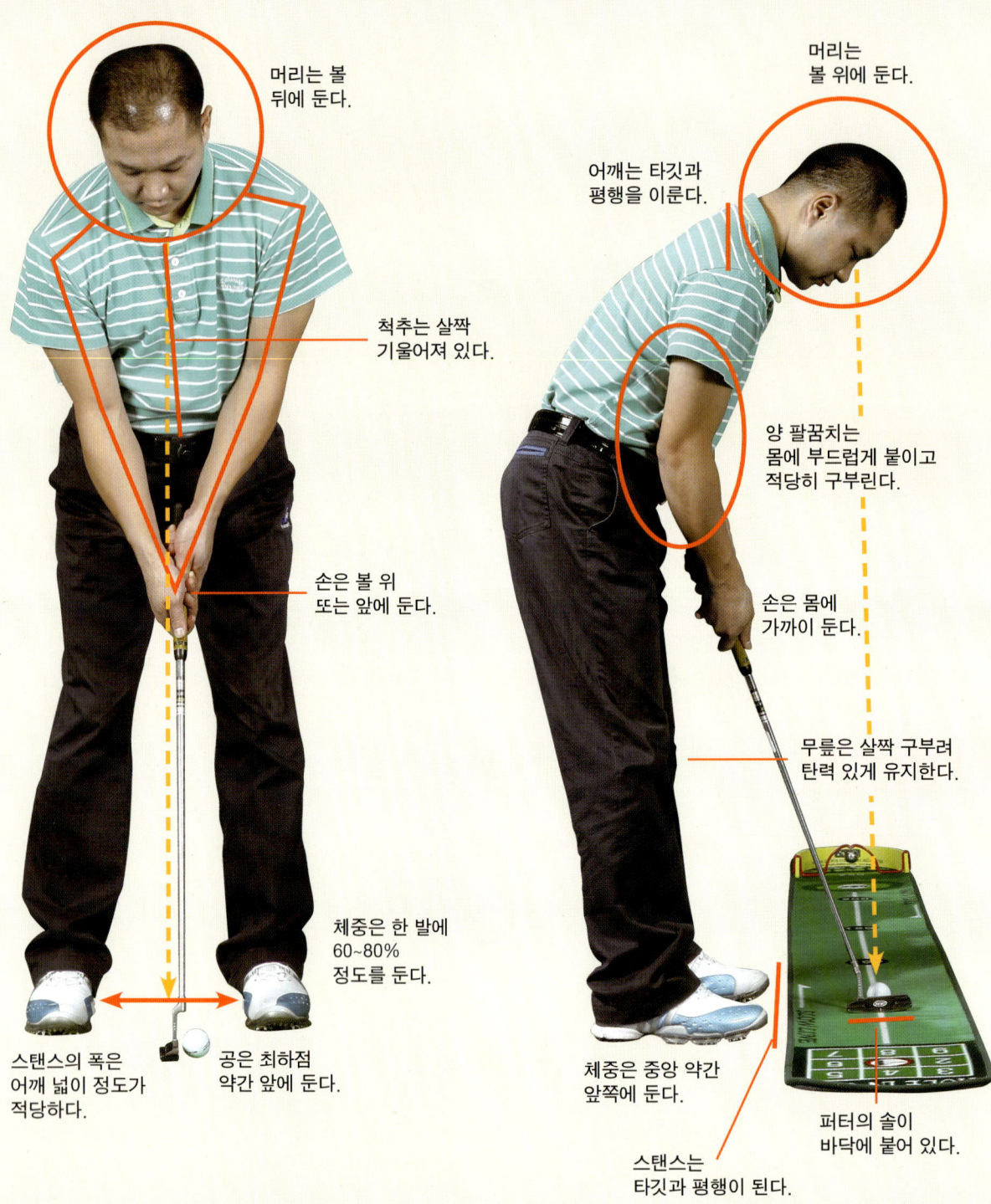

스윙

좋은 그립과 적절한 어드레스 다음엔 스윙이다. 퍼팅을 쉽게 이해하기 위해 다른 구기 종목을 살펴보자.

축구	테니스	야구	배드민턴

볼을 보고 보낼 거리만큼 보낼 방향으로 차며 임팩트를 준다.	볼을 보내고 싶은 곳으로 빠르게 볼을 치며 임팩트를 준다.	볼을 보내고 싶은 곳으로 빠르게 볼을 치며 임팩트를 준다.	볼을 보내고 싶은 곳으로 빠르게 볼을 치며 임팩트를 준다.

축구를 살펴보면, 볼을 찰 때 어떻게 차는가를 물어보면 "그냥 볼을 보고 찬다." 더 나아가서 "볼을 보고 보낼 만큼 크기로 찬다."라고 말할 것이다. 테니스·하키·배구·야구·배드민턴 등 모든 볼에 임팩트를 주어야 내가 원하는 거리와 방향으로 가게 된다. 구기 운동은 볼에 직접 볼에 충격을 주어야만 볼이 앞으로 날아가는 것이다. 볼을 때리는 만큼 거리와 방향이 정해진다.

이렇게 구기 운동은 볼에 임팩트를 직접 주어야 원하는 거리만큼 방향으로 날아간다는 것을 알았다.

마찬가지로 앞의 다른 운동과 같이 골프도 어떠한 기구를 이용해 볼에 직접 임팩트를 주어야 하는 것이다.

하체는 고정하고 망치로 못을 옆으로 때리듯 손의 감각으로 퍼터 헤드를 이용해 볼을 직접 때려서 임팩트한다. 퍼팅의 기본은 임팩트이다. 임팩트의 크기와 방향을 느껴 보자. 스윙은 현재 진형형으로 하고 있으니 퍼팅도 경력이 필요하다. 꾸준히 매일 5분씩 3차례 연습하면 첫라운드에서 그 보상은 생각보다 크다.

스윙 시 기본 사항

볼이 튕겨 나올 벽 앞 전방 2~3m에 볼을 똑바로 놓고 볼 뒤를 손을 이용해 퍼터로 직접 때려 본다. | 너무 세게 때리면 스탠스보다 더 멀리 튀어나갈 것이고, 너무 약하게 때리면 볼의 위치까지 나오지 않게 된다. | 방향이 나쁘면 볼의 위치로 볼이 오지 않고 좌우로 볼이 튀어나갈 것이다.

4단계 : 하프 코킹 손목 턴 - 손목의 원과 어깨와 팔 원의 시작

3단계가 지나면 3~4주가 진행된 시점으로, 그립과 어드레스, 스윙에 익숙해지고 있을 것이다.
4단계부터는 손목의 코킹에 신경 써야 한다.

남성들은 손목의 유연성이 떨어져 꺾기가 약간 어렵고, 여성들은 손목의 힘이 적어서 클럽 헤드를 위로 꺾어 올리는 데 약간의 무리가 있어 자세가

프런트 스윙

눈을 볼에 고정하고 백스윙 시에는 체중을 고정하고 손목을 꺾으며 톱을 완성한다. 이때 코킹에 의해 어깨가 40~60도 턴 되며 오른쪽 허리는 뒤로 약간 턴 된되므로 척추의 각은 오른쪽으로 2~5도 기운다. 손의 위치는 허리 높이가 된다.

요점 정리

스윙의 크기 : 12시 ~ 1시
① 백스윙은 어깨의 턴과 코킹으로 한다.
② 백스윙 시 체중의 움직임은 없다.
③ 어깨의 턴에 의해 허리는 자연스레 약간 딸려 돈다.
④ 다운은 손목을 내리면서 손목의 턴으로 스윙한다.
⑤ 백스윙~피니시에서 눈은 타깃이 아닌 볼을 본다.
⑥ 1~2주일 동안 조금씩 서서히 그립이나 어드레스를 교정한다.

이때 눈을 볼이 있던 자리에 고정하고 다운 시 손으로 볼을 찍어 주듯 손목을 돌리며 피니시를 완성한다. 이때 백스윙과 반대로 오른팔은 펴지고 왼팔은 살짝 구부러진다.

흐트러지기 쉬우므로 주의한다.

4단계인 하프 코킹과 손목 턴에서는 스윙이 커져 헤드 스피드가 증가되므로 흔히 3단계보다 토핑이나 뒤땅, 생크가 더 많이 발생한다.

백스윙

손목을 이용해 톱을 완성한다. 이때 샤프트는 오른쪽 어깨에 걸치듯 약 40도 정도 기운다. 그리고 손목의 코킹에 의해 어깨가 오른 쪽으로 턴 되며 손은 몸을 벗어나지 않는다.

요점 정리

① 어드레스 때 손의 위치로 스윙된다.
② 스윙 시 손목을 너무 돌리면 궤도를 벗어난다.
③ 톱에서의 샤프트는 오른쪽 어깨 방향이다.
④ 피니시에서 샤프트는 약 40도 정도이다.
⑤ 피니시에서 샤프트는 왼쪽 어깨 방향이다.
⑥ 임팩트를 세게 하는 것이 아니라 자세를 만드는 과정이다.

눈을 볼 위치에 고정하고 손으로 클럽을 내리며 손목 턴을 하며 손목으로만 피니시를 완성한다. 샤프트가 약 40도 기운다.

스윙 클리닉

이 4단계는 스윙 중 꼭 해야 할 8가지 중 1가지이며 두 번째 어깨 턴 그리고 팔의 준비이므로 매우 중요한 단계가 된다. 그러므로 아름답게 잘 만들려고 하는 노력과 집념이 필요하다.

그리고 4단계의 스윙 범위는 샤프트가 지면과 수직 이내가 적절하고 범위 내에서 나름대로의 느낌을 살린다.

4단계의 기간은 손목의 움직임이 커져 2~3주 정도가 적절하며 또한 볼의 위치는 티 위가 쉬워서 적절하다.

스윙은 각각의 단계에서 너무 커지지 않게, 볼을 강하게 아닌 정확한 자세를 만들도록 노력해야 다음 단계의 연결이 쉬워져서 좋은 스윙을 만들 수가 있다.

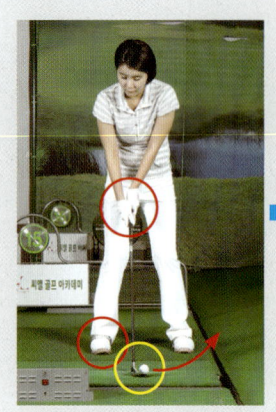   

① 토핑은 볼을 띄우려는 심리에 의해 손목의 스냅이 아닌 손과 클럽으로 볼을 띄워 올리려다 토핑이 된다. 또한 피니시에서 체중이 오른발에 있다.

볼을 띄우려고 하지 않고 다운 시 볼을 찍어 주듯 누르면서 손목을 살짝 돌리며 임팩트시킨다. 이때 체중은 왼발에 있다.

② 백스윙 시 손목의 과도한 턴에 의해 4단계 톱 위치에서 샤프트가 지나치게 플랫하면 볼에 다운블로가 되지 않고 쓸어치며 뒤땅과 토핑이 쉽게 생겨난다.

백스윙 시 손목을 턴보다 꺾어 올리며(오른쪽 어깨 방향으로) 백스윙 하면 톱에서 샤프트가 오른쪽 어깨를 향한다. 손목의 턴으로 다운하면 좋은 임팩트를 만들 수 있다.

이해를 돕는 골프 격언

● 골퍼의 연습에는 4종류가 있다. 마구잡이로 연습하는 것, 현명하게 연습하는 것, 어리석게 연습하는 것 그리고 전혀 연습하지 않는 것 등이다. ― 버너드 다윈

③ 백스윙 시 오른쪽 허리가 스웨이와 오른발로 체중이 이동되면 다운 시 왼발로의 체중 이동이 어려워져 볼이 퍼올려 치기 쉬워 토핑이 된다.

톱에서 오른쪽 허리는 스탠스보다 안쪽에 있어야 한다. 그래야 다운 시 왼발에 체중을 쉽게 실으며 클럽 헤드가 다운블로 되어 좋은 임팩트가 된다.

④ 볼이 잘 날아가는지 확인하려고 고개를 타깃으로 돌리거나 ⑤ 다운을 손목의 턴이 아닌 어깨를 타깃으로 돌리면 볼이 클럽의 넥에 맞아 섕크가 난다.

스윙 중에는 체중을 고정하고 눈을 볼에서 떼지 않고 스윙하고 다운을 손목의 턴으로 하면 축이 고정되어 방향과 일관성을 얻을 수 있다.

볼이 잘 날아가는가를 확인하려고 고개를 타깃으로 돌리거나 다운을 손목의 턴이 아닌 어깨를 타깃으로 돌리면 볼이 클럽의 넥에 맞아 섕크가 생겨난다.

강제적인 교정은 기구를 이용하는 것이다. 위와 같이 어드레스에서 볼 위 그리고 타깃 반대 방향에 원 골프 레슨 셋을 놓고 스윙을 하면 스윙 중 기구에 닿지 않으려고 다운을 어깨의 턴이 아닌 손이 몸을 스치게 하며 스윙이 되므로 즉시 교정이 가능하다.

이해를 돕는 골프 격언

● 머리는 스윙 균형의 중심이다. 머리가 움직이면 균형도, 스윙의 아크도 몸의 동작도 그리고 타이밍까지 바뀐다. ― 맥그라우트

5단계 : 체중의 이동 – 백스윙 그리고 팔, 손목, 허리 원의 시작

4단계까지는 손의 움직임으로, 스윙 중 손의 움직임이 만들어진 뒤에는 다운 시 체중 이동이 좋아져야 한다. 이 5단계는 임팩트를 증가시키고 자신의 리듬을 만들기 시작한다. 따라서 5단계에서는 잘 만들어진 하프 백스윙에 다운을 하체로 시작하는 첫단계로 두 발로 다운 스윙을 시작해 보자.

손목을 꺾으며 톱을 완성한다. 이때 손목의 코킹에 의해 어깨가 40~60도가 턴 되며 오른쪽 허리는 뒤로 약간 턴 된다. 그러므로 척추의 각은 오른쪽으로 2~5도 기운다. 그리고 손의 위치는 허리 높이가 된다.

톱에서 오른발을 약 45도 옆으로 들어 주는 것으로 다운을 시작한다. 오른발 체중이 왼발로 이동함으로써 허리는 타깃으로 밀리고 오른쪽 어깨는 아래로 떨어진다. 체중 이동과 중력에 의해 떨어지는 헤드를 오른팔을 펴며 가속시킨다. 이때 왼발을 축으로 손목의 턴으로 피니시한다.

이 5단계는 꼭 해야 할 8가지 스윙 동작 중에서 가장 중요한데, 다운의 시작인 왼발로의 체중 이동이 매우 중요하다.

5단계의 스윙 범위는 톱은 샤프트가 지면과 수직 이내가 되고, 피니시는 다운 시 왼발로 체중 이동의 동작에 의해 조금 더 커진다.

5단계 기간은 1~2주 정도가 적절하며, 볼의 위치는 티 위가 자신감이 있고 쉬워서 적절하다.

백스윙

손목을 이용해 톱을 완성한다. 이때 샤프트는 오른쪽 어깨에 걸치듯 약 40도 정도 기운다. 그리고 손목의 코킹에 의해 어깨가 오른쪽으로 턴되며 손은 몸을 벗어나지 않는다.

왼발로 체중 이동과 함께 헤드는 중력과 팔에 의해 밑으로 떨어지면 자연스레 오른발의 체중이 왼발로 이동되며 임팩트된다. 이때 눈을 볼이 있던 자리에 고정하고 체중 이동과 손목으로만 피니시를 완성한다. 이때 클럽 샤프트는 약 40도 기울고 4단계보다 몸은 조금 더 펴진다.

스윙 클리닉

5단계인 체중의 이동에서 흔히 일어나는 문제는 토핑이나 뒤땅, 생크가 많이 발생하는 것이다. 그 유는 4단계보다 스윙의 동작이 더 많아지고 스윙이 커져 헤드 스피드가 증가되기 때문이다.

| 백스윙 시 오른쪽 허리가 스웨이와 오른발로 체중이 이동되면 다운 시 왼발로의 체중 이동이 어려워져 볼이 퍼올려 치기 쉬워 뒤땅이나 토핑이 된다. | 톱에서 오른쪽 허리는 스탠스보다 안쪽에 있어야 한다. 그래야 다운 시 왼발에 체중을 쉽게 실으며 클럽 헤드가 다운블로 되어 좋은 임팩트가 된다. | 볼이 잘 날아가는가를 확인하려고 고개를 타깃으로 돌리거나 어깨를 타깃으로 돌리면 볼이 클럽의 넥에 맞아 생크가 나기도 한다. | 다운 시 오른발을 들려다 타깃으로 머리가 나갈 수 있으므로 볼을 보며 손목의 턴으로 하면 축이 고정되어 일관성을 얻을 수 있다. |

이해를 돕는 골프 격언

- 옛날 골퍼들은 몇 개 안 되는 클럽으로 여러 가지 많은 스윙을 했지만, 현대의 골퍼들은 많은 클럽을 써서 똑같은 스윙을 한다. — 버너드 다윈
- 열심히 연습하면 할수록 당신은 더욱 럭키해진다. — 게리 플레이어

골프 장비

약 5주의 시간이 흘러 어느 정도 스윙이 만들어지면 첫라운드를 하고 싶어진다. 이 시기에는 자신의 클럽으로 스윙을 연습해야 한다. 왜냐하면 클럽 메이커별로 헤드 무게나 샤프트의 부드럽기가 조금씩 달라 스윙에 민감한 영향을 주므로 계속 사용할 클럽에 스윙이 익숙해져야 하기 때문이다.

골프 클럽 세트

클럽의 제원

평균치에 가까운 클럽의 제원은 아래와 같고, 평균 비거리는 골퍼에 따라 조금씩 다르다. 아래의 표는 40~50대 남성 골퍼를 기준으로 하는 평균 비거리로, 골퍼마다 차이가 있음을 감안한다.

구분	클럽	길이(인치)	로프트(°)	라이(°)	평균 비거리
드라이버	1	44~46	8~10°	57°	210~230 yard
브러쉬	2	43.5	12°	57.5°	210~230 yard
스푼	3	43	14°	57.5°	200~210 yard
버피	4	42.5	17°	58°	190~200 yard
클리크	5	42	21°	50°	170~190 yard
아이언	1	40	15°	57°	190~200 yard
	2	39.5	17°	57.5°	180~190 yard
	3	39	20°	58	170~180 yard
	4	38.5	23°	58.5°	160~170 yard
	5	38	26°	59°	150~160 yard
	6	37.5	30°	60°	140~150 yard
	7	37	34°	61°	130~140 yard
	8	36.5	38°	62°	120~130 yard
	9	36	42°	63°	110~120 yard
피칭 웨지	PW	35.5	46°	63.5°	80~100 yard
P/S웨지	AW	35	51°	63.5°	80~90 yard
샌드 웨지	SW	35	56°	63.5°	70~80 yard
로브 웨지	LW	35	60~64°	63.5°	60~70 yard
퍼터(Putter)	-	32~35	2~4°		

클럽의 구성

골프에서 가장 중요한 것이 골프 클럽이다. 클럽은 최대 14개까지 사용할 수 있으며, 14개 클럽의 범위 내에서 공략하는 목적이나 각 골프장의 특징과 상황에 따라 적절하게 이용할 수 있다.

가장 보편화된 클럽의 구성

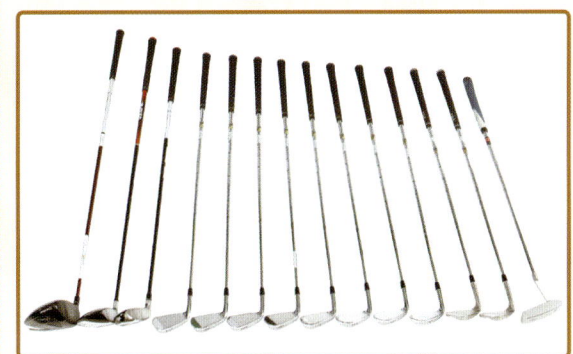

클럽은 드라이버 1개, 우드 2개, 아이언(웨지 포함) 10개, 퍼터 1개로 이루어져 있는데 여기에 롱 아이언이 부담스런 골퍼는 하이브리드를 추가하기도 하고 숏 게임을 보강하기 위해 웨지를 추가하기도 하여 코스에 따라 자신의 장점과 단점에 따라 다양하게 구성한다. 그래도 클럽은 14개의 한도 내가 되어야 한다.

클럽의 비거리

클럽의 비거리는 골퍼의 힘이나 자세에 의해 조금씩 차이가 나는데, 클럽에 따라 약 7~15야드 정도다. 그 이유는 각 클럽의 길이에 의한 헤드 스피드와 로프트에 의해 백스핀과 탄도가 달라지기 때문이다. 그래서 다양한 거리의 공략을 클럽에 따라 쉽게 할 수 있는 것이다.

클럽의 길이

각 클럽은 핀을 공략하기 위해 길이가 조금씩 다르다. 메이커별로 조금씩 다르며, 클럽에 따라 약 1/2 인치의 차이가 대부분인데, 이 차이에 의해 헤드 스피드가 달라져 다양한 비거리를 낸다.

클럽의 로프트

각 클럽은 핀을 공략하는 거리를 조금씩 달리하기 위해 클럽의 길이가 다르고, 또한 각 클럽의 로프트를 다르게 하여 탄도와 백스핀을 각 클럽별로 달리해 다양한 비거리를 구사할 수 있게 한다.

클럽의 구조 및 명칭

클럽의 구조는 간단하지만 각 클럽의 위치에 따라 다양한 명칭이 존재한다.

헤드

드라이버의 헤드는 처음엔 단단한 감나무로 만들었지만 스틸 헤드로 발전하고 후에 다시 획기적인 티타늄 헤드로 바뀌었다. 대형 헤드로 방향성을 더 좋게 하고 고반발의 헤드를 장착함으로써 보다 쉽게 비거리와 방향을 구현하고 있다.

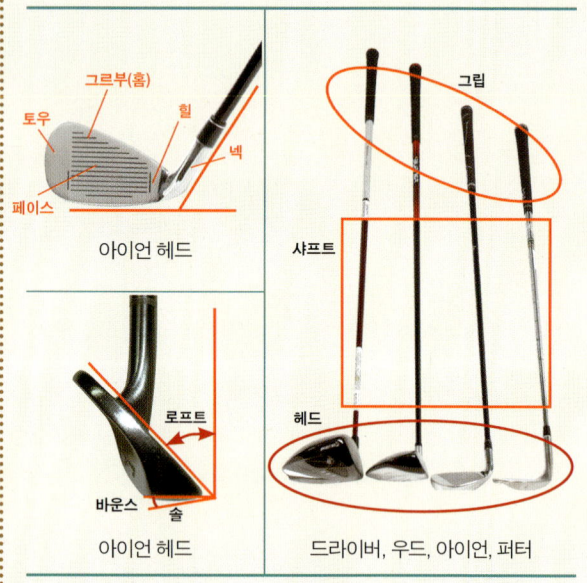

클럽의 로프트
Loft Angle Comparison (appraxima?)

1	18°	6	34°
2	20°	7	38°
3	22°	8	42°
4	26°	9	46°
5	30°		

클럽의 명칭
아이언 헤드 / 샤프트 / 그립 / 헤드 / 드라이버, 우드, 아이언, 퍼터

드라이버

딥 페이스의 특징은 낮은 스핀량과 높은 무게 중심에 의해 중 · 저 탄도가 발생되어 상급, 프로 골퍼에게 적합하다.

살로우 페이스는 스핀량이 많고 무게 중심이 낮아 탄도가 높으므로 탄도가 낮은 아마 골퍼들에게 더 큰 비거리를 제공한다.

클럽이 발전할수록 헤드의 용량은 커진다. 지금은 460cc가 최고 크기지만 시간이 지나면 더 큰 용량의 헤드로 비거리와 방향이 좋아질 것이다.

아이언

아이언의 헤드는 크게 헤드를 만드는 공법과 헤드의 모양에 따라 나뉘어진다.

제작 방법에 따른 종류

아이언은 만드는 방법에 따라 단조(Forged)와 주조(Cast)로 나뉘어진다. 단조 아이언은 두드리고 깎아 내야 하므로 약간은 부드러운 연철을 사용하고, 주조 아이언은 단단한 스테인레스 스틸을 사용하는데 단조 아이언에 비해 주조 아이언의 제작이 쉬워 가격이 더 낮다. 하프 캐비티는 브레이드와 캐비티의 중간으로, 프로와 상급 골퍼들도 선호하고 있다.

모양에 따른 종류

타구감이 좋지만 타점에 정확히 임팩트되지 못하면 거리와 방향의 손실이 크다. 정확한 임팩트가 가능한 프로 및 상급 골퍼는 볼의 컨트롤이 쉽다. 중심이 낮아 탄도가 낮다.

타점이 넓어 정확히 임팩트되지 못해도 거리나 방향이 크게 떨어지지 않는 장점이 있고 무게의 중심이 하단에 있어 탄도가 높아지므로 아마 골퍼에 유리하다.

웨지

다양한 상황의 숏 게임에서 많이 사용되는 클럽으로, 로프트와 바운스의 차이에 의한 구별이 있다.

퍼터

퍼팅을 하기 위해 어드레스했을 때 바로 보이는 부분이 위에서 본 퍼터 헤드이다. 모양에 따라 얼라이먼트를 타깃에 직각 또는 수평으로 맞추는 종류가 있다. 스트로크도 조금은 달라져야 하므로 본인의 장점을 잘 파악하여 선택해야 한다.

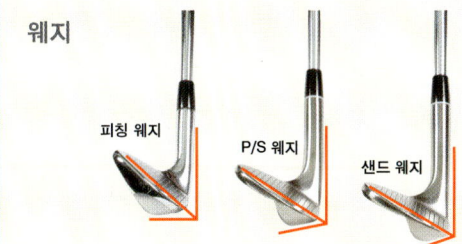

웨지의 종류는 로프트의 각도에 의해 정해지는데 48도 피칭 웨지, 52도 어프로치 웨지, 56도 샌드 웨지, 60, 62, 64도 로브 웨지로 나뉘어져 필요에 따라 볼을 띄울 수 있는 클럽이다.

또 한 가지 웨지의 종류는 각 웨지의 바운스의 각도가 있는데 샌드 벙커에서는 바운스가 큰 웨지로 쉽게 탈출을, 로브샷을 할 때는 바운스가 적은 웨지로 날렵하게 사용하면 적절해진다.

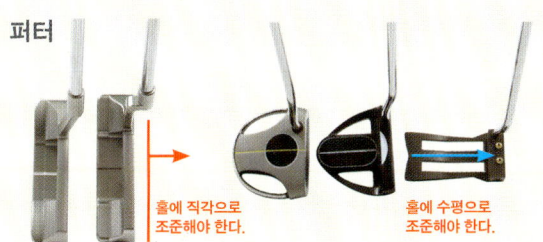

브레이드형 : 홀에 퍼터 페이스를 직각으로 맞추므로 얼라이먼트와 스트로크가 조금은 어려워 숏 퍼팅이 약한 반면 타점이 넓은 장점이 있어 롱 퍼팅이 좋아진다. 중·상급 골퍼에게 적합하다.

T자형 : 홀에 퍼터 페이스를 수평으로 맞추므로 얼라이먼트와 스트로크가 쉬운 장점이 있어 숏 퍼팅이 좋아진다. 반대로 타점이 좁은 단점이 있어 롱 퍼팅이 약하다. 초·중급 골퍼에게 적합하다.

0은 가볍고 9는 무겁다	A는 가볍고 G는 무겁다						
	A	B	C	D	E	F	G
	0	0	0	0	0	0	0
	1	1	1	1	1	1	1
	2	2	2	2	2	2	2
	3	3	3	3	3	3	3
	4	4	4	4	4	4	4
	5	5	5	5	5	5	5
	6	6	6	6	6	6	6
	7	7	7	7	7	7	7
	8	8	8	8	8	8	8
	9	9	9	9	9	9	9

일반적인 골퍼에 맞는 아이언 스윙 웨이트
- 여성 B6~C6
- 남성 & 여성 프로 C6~D1
- 남성 프로 : D0~D3

그라파이트

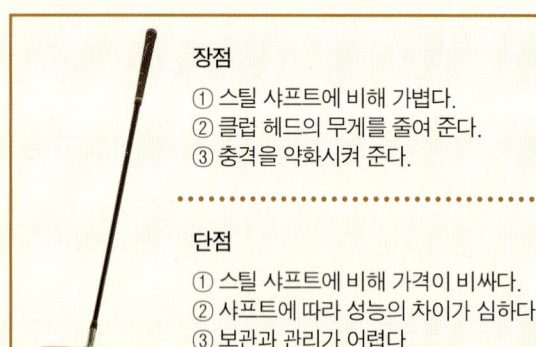

장점
① 스틸 샤프트에 비해 가볍다.
② 클럽 헤드의 무게를 줄여 준다.
③ 충격을 약화시켜 준다.

단점
① 스틸 샤프트에 비해 가격이 비싸다.
② 샤프트에 따라 성능의 차이가 심하다.
③ 보관과 관리가 어렵다.

스틸

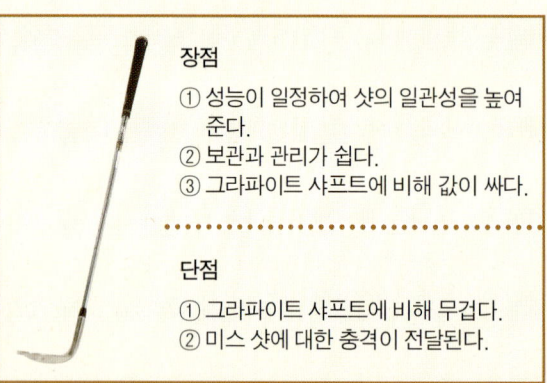

장점
① 성능이 일정하여 샷의 일관성을 높여 준다.
② 보관과 관리가 쉽다.
③ 그라파이트 샤프트에 비해 값이 싸다.

단점
① 그라파이트 샤프트에 비해 무겁다.
② 미스 샷에 대한 충격이 전달된다.

스윙 웨이트

스윙 웨이트란 골퍼가 스윙할 때 느끼는 클럽 헤드의 무게로, 고정해 놓은 그립의 끝에서 14인치되는 지점에 삼각형 물체를 위치시켜 그 위에 클럽을 놓고 저울과 시소와 장치해 클럽 헤드의 무게를 수치화한 것이다.

스윙 웨이트 중 가장 가벼운 스윙 웨이트는 A0이고, 가장 무거운 것은 G9이다.

골퍼마다 스윙과 힘이 다르므로 자신의 스윙 웨이트에 맞는 클럽을 선택하는 것이 바람직하다. 일반적인 클럽은 아마 골퍼들의 평균적인 키·무게·힘 등을 고려하여 제작된 것이니 믿을 만하다.

샤프트

샤프트는 클럽 중 가장 중요한 역할을 하는데 크게 ① 재질 ② 강도 ③ 킥 포인트의 3가지로 나눈다.

재질

재질의 종류는 그라파이트와 스틸이 있다.

강도(CPM과 FLEX)

CPM(Cycle Per Minute)은 1분당 샤프트의 진동수를 나타낸다. 일반적으로 L, A, R, S, X 등으로 표기되어 있다.(기계별·메이커별 오차가 있을 수 있음)

플렉스	진동수(CPM)	명칭	강도	비고
L	205~225	레이디스	부드럽다	여성과 시니어용
A	225~238	에버리지	약간 부드럽다	힘이 약한 남성, 힘이 강한 여성용
R	238~250	레귤러	보통	일반 남성, 롱 히터의 여성용
S	250~260	스티프	약간 단단하다	강한 남성, 프로용
X	260~274	엑스트라	단단하다	롱 히터의 남성, 프로용

킥 포인트

킥 포인트는 스윙 중 샤프트의 휘어지는 지점으로, 볼의 탄도를 결정짓는 중요한 요소다. 하이 킥 – 미들 킥 – 로우 킥으로 나뉘며, 임팩트 시 헤드의 로프트 각에 영향을 주게 되어 볼의 탄도를 조절하게 된다.

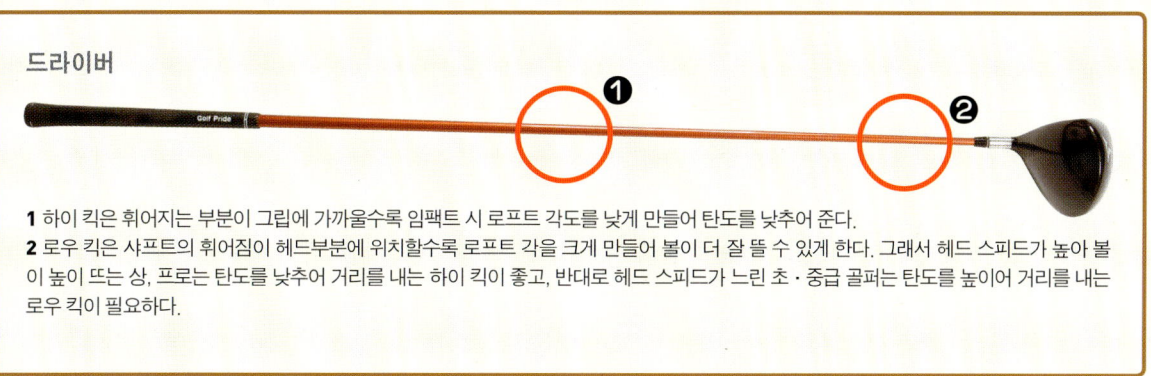

드라이버

1 하이 킥은 휘어지는 부분이 그립에 가까울수록 임팩트 시 로프트 각도를 낮게 만들어 탄도를 낮추어 준다.
2 로우 킥은 샤프트의 휘어짐이 헤드부분에 위치할수록 로프트 각을 크게 만들어 볼이 더 잘 뜰 수 있게 한다. 그래서 헤드 스피드가 높아 볼이 높이 뜨는 상, 프로는 탄도를 낮추어 거리를 내는 하이 킥이 좋고, 반대로 헤드 스피드가 느린 초·중급 골퍼는 탄도를 높이어 거리를 내는 로우 킥이 필요하다.

클럽의 올바른 선택

지금은 골프를 배우는 단계로서 스윙이 변해 가면서 스피드도 점점 빨라지므로 현재 자신에게 적절한 클럽은 없다. 따라서 1~2년 후의 스윙을 어림잡아 클럽을 준비하는 것이 현명한데, 각 브랜드별 클럽이면 적당하다. 만일 5년 후에 프로 수준의 스윙과 헤드 스피드를 가질 것으로 예상, 미리 준프로용 클럽을 선택하여 몸에 맞지 않는 클럽으로 몇 년을 스윙하다 보면 오히려 스윙이 나빠지는 결과가 초래되어 골프에 흥미를 잃어버리기도 한다.

또 이왕이면 처음에 제대로 사야 한다는 마음으로 비싼 클럽을 마련하는 것도 바람직하지 않다. 왜냐하면 초보 골퍼일 때는 스윙이 잡혀 있지 않은 상황이라 클럽에 무리를 줄 수 있고, 고가의 장비라 마음의 부담이 생긴다. 또한 장비는 날이 갈수록 비거리와 방향성이 발전하므로 서두를 필요가 없다. 국내외 브랜드 모두 초보 골퍼가 사용하기에 부족함이 없으므로 중고 클럽이나 비싸지 않은 일반적인 클럽을 준비하는 것이 바람직하고, 2~3년이 흘러 스윙이 어느 정도 정착되었을 때 자신에게 맞는 클럽을 준비해도 늦지 않다.

다만 드라이버와 퍼터는 별도로 구비하는 것이 좋다. 왜냐하면 아이언은 메이커와 관계없이 어느 정도 비슷하지만 드라이버와 퍼터는 다양하므로 초보 골퍼일수록 쉬운 클럽이 필요하기 때문이다. 특히 드라이버는 반발력이 좋고 헤드가 크며 비싸지 않은 것을 선택하고, 퍼터는 브레이드가 아닌 방향을 잡기 쉬운 퍼터가 낫다. 또한 골프 클럽은 내 스윙에 따라 바뀌어야 하므로 한 가지만 고집하면 힘든 골프가 될 수도 있다는 것을 명심하자.

초창기(초보 골퍼 : 1~3년) – 황금기(중·상급 골퍼 : 3~10년) – 완숙기(10~30년)를 거치게 되므로 두세 번은 클럽을 바꾸어야 한다. 그때그때 가장 적절한 선택할 수 있는 능력도 자신의 기술이라 할 수 있다.

6단계 : 어깨의 턴 – 완전한 어깨의 원

6단계에서는 백스윙의 필수 과정인 ① 손목의 코킹 ② 왼손의 위치 ③ 어깨의 턴을 다룬다.
어깨의 턴은 비거리와 함께 일관성을 좋게 하는 중요한 역할을 한다. 6단계에서는 잘 만들어진 코킹에 어깨 턴을 더하여 백스윙을 완성하는 단계가 되므로 신중을 기한다. 이 6단계는 꼭 해야 할 6개의

프런트 스윙

어드레스에서 힘이 좋은 어깨의 턴으로 백스윙을 시작한다. 어깨 턴으로 출발한 클럽 헤드를 손목으로 받아서 위로 꺾어 올린다.(이때 어깨의 턴은 계속된다.) 그리고 오른팔 관절을 접으며 어깨의 턴과 손목 코킹 그리고 팔을 접으며 톱을 완성한다(어깨, 손목, 팔 원의 연결).

다운의 시작은 오른발의 뒤꿈치의 옆을 45도 들어 주는 것과 동시에 손으로 볼을 찍어 주듯이 오른팔을 펴 준다. 그러면 자연스레 오른발의 체중이 왼발로 이동되며 임팩트된다. 이때 눈을 볼을 봐야 한다. 결국 다운을 오른팔의 펴짐과 왼발로의 체중 이동으로 하게 되는 것이다.

원 중 한 가지이고 풀 스윙에 가까운 단계이므로 자세들을 생각하며 차근차근 익혀 보자.
6단계의 스윙 범위는 톱은 샤프트가 지면과 45도 이내가 되고, 피니시는 백스윙의 크기가 커져 다운 스윙 시 가속이 더해져 더 커진다.
6단계 기간은 1~2주 정도가 적절하며, 또한 볼의 위치는 아직은 허리의 턴이 어색한 단계이므로 티 위가 적절하다.

어드레스에서 어깨의 턴으로 백스윙을 시작하면 약간의 인으로 헤드가 빠진다. 어깨의 턴으로 출발한 클럽 헤드를 손목 코킹으로 받아서 꺾어 위로 올린다. 그러면 어깨와 손목의 조합으로 헤드는 약 45도로 올라간다. 그러면 왼팔이 오른쪽 어깨를 가리는 높이로 완성된다.

톱에서 오른발 옆을 들며 왼발로 체중 이동을 시작한다. 그에 의해 어깨가 밑으로 떨어지고 허리와 중력에 의해 떨어지는 헤드를 오른팔을 펴며 가속시킨다. 그립의 V홈과 손목의 턴으로 헤드의 떨어짐을 이어받아 가속시킨다. 왼발로의 체중 이동과 손목 턴으로만 피니시를 완성한다.

어깨 턴의 개념

잘 꼬인 어깨의 턴은 비거리와 함께 좋은 구질과 일관성을 보장하는 매우 중요한 요소이다.

클럽 없이 똑바로 선 어깨턴

어드레스 시 척추의 각이 서 있으면 그에 맞게 어깨의 턴이 이루어진다.

어깨의 턴을 120도쯤 하면 허리는 옆으로 밀리지 않으면서 60도쯤 턴 된다. 백스윙 시 허리가 부드러워야 어깨의 턴이 쉬워진다.

클럽 없이 숙여진 어깨턴

어드레스 시 척추의 각이 기울어 있으면 그에 맞게 어깨의 턴이 이루어진다. 그래야 스윙 중 머리가 아래위로 움직이지 않는다.

어깨가 턴 되면 머리가 약 머리 반 개쯤 오른쪽으로 이동된다. 왜냐하면 어드레스 시 오른쪽으로 척추의 각이 기울어져 있었기 때문이다.

이해를 돕는 골프 격언

- 백스윙에서 체중이 오른쪽으로 옮아가는 것은 어깨와 허리가 오른쪽으로 회전하기 때문이며 어깨와 허리가 오른쪽으로 이동하기 때문은 아니다. ― 딕 메어

- 하루 연습하지 않으면 그것을 나 스스로 안다. 이틀을 하지 않으면 갤러리가 안다. 그리고 사흘을 하지 않으면 전 세계가 안다. ― 벤 호건

스윙 클리닉

6단계에서는 거의 풀 스윙이 되어 몸과 팔의 움직임이 많아지고 헤드 스피드가 증가하여 토핑이나 뒤땅, 생크가 많아진다.

척추의 각이 펴지는 톱

톱을 완성시키려고 어깨 턴과 손목의 코킹이 아닌 팔로 올리려다 보면 머리(축)가 위로 들리면 터프나 토핑이 많이 나게 된다.

머리 위 교정 기구 있는 톱

백스윙은 손목의 코킹과 어깨의 턴만으로 완성한다. 교정 기구인 원 골프 레슨 셋을 머리 위에 놓고 스윙을 연습하면 된다.

어깨 턴이 적은 톱

백스윙 시 어깨의 턴이 적어지면 톱에서 손의 위치가 어깨 쪽에 위치해 거리와 함께 다운 시 볼에 아웃-인으로 접근하기 쉬워 구질이 나빠진다.

톱

충분한 어깨 턴에 의해 손의 위치가 어깨의 뒤쪽에 있으면 다운 시 볼에 클럽 헤드가 인으로의 접근이 쉬워 비거리와 구질이 좋아진다.

이해를 돕는 골프 격언

- '슬로우, 슬로우 퀵'의 템포로 클럽을 휘둘러 보라. 미스 샷은 줄고 비거리는 늘 것이다. — 알 게이버거

- 대개의 골퍼들은 파워가 커다란 백스윙에 의하여 생긴다는 착각에 빠져 있다. — 잭 니클로스

- 코치는 필요하다. 그러나 한 번에 모든 것을 가르치려는 코치는 멀리하라. — 잰 스티븐슨

- 골프의 신(神)은 열심히 하는 사람에게 행운을 가져다준다. — 샘 스니드

퍼팅(스윙)

스윙의 크기가 커지고 퍼팅의 임팩트가 좋아진다면 이제는 퍼팅의 스트로크와 방향 그리고 정확한 거리를 맞추는 것이 중요해진다.

부드럽고 천천히 움직이는 정적인 어드레스와 그립, 얼라이먼트를 정확히 하면 스트로크는 자연스럽게 이루어지는데 방향과 일관성을 강화하기 위한 지침을 알아보자.

손목과 팔을 단단히 하고 스윙한다(어깨의 원으로 스윙)

스윙 시 손목과 팔꿈치는 조금은 단단히 고정 시키고 반대로 움직임의 동력인 어깨는 거리감을 위해 항시 부드럽게 유지해야 한다. 그래야 손목과 팔꿈치의 단단함에 의해 손과 퍼터 헤드의 일체감이 좋아지고 퍼팅의 동력인 부드러운 어깨에 의해 거리감은 좋아진다.

체중을 고정하고 스윙한다

스윙 시 스윙의 축인 머리와 함께 왼발 또는 오른발의 체중은 스윙이 끝날 때까지 단단하게 고정되어야만 한다. 그것은 스윙 중 머리나 체중이 이동하면 축이 움직이게 되므로 움직이는 만큼 일관성이 떨어지기 때문이다. 그래서 머리와 체중을 고정시키고 스윙하는 만큼 움직임을 일정하게 만들어 임팩트 존의 궤도가 일관되게 유지될 수 있기 때문이다.

퍼팅 1 : 손목과 팔

어드레스 시 어깨의 움직임에 일치되게 손목과 팔꿈치, 겨드랑이를 조금은 단단하게 준비하고 머리를 축으로 하여 손까지의 오각형을 유지하여 퍼터의 헤드까지 일체감 있게 백스윙되어야 한다.
그 상태를 유지하고 어깨의 움직임으로 볼을 보낼 만큼 임팩트하면 헤드의 가속에 의해 피니시가 자연스레 이루어진다. 이때 팔의 오각형은 변하지 말아야 한다.

퍼팅 2 : 체중

체중의 고정이라 함은 어드레스 때 양발의 체중 분배가 스윙이 끝날 때까지 그대로 고정되어야 한다는 것이다. 만약 왼발의 약 60~80%의 체중이 있었다면 스윙이 끝날 때까지 조금도 오른발로 옮겨져서는 안 된다.

머리를 고정하고 스윙한다

어드레스에서 스윙의 축이 되고 타법에 영향을 주는 머리는 스윙이 끝날 때까지 단단하게 고정되어야한다. 그것은 축의 고정이 스윙의 궤도를 일정하게 만들어 일정한 타법과 방향을 유지할 수 있게 하기 때문이다.

머리와 체중 실린 발을 축으로 어깨가 동력이 된다

어드레스에서 스윙의 시작은 힘이 세고 축에서 가까운 어깨로 시작되어야 한다. 특히 멀지는 않지만 다양한 거리를 보내야 하는 퍼팅은 어깨의 동력으로 스윙을 주도하게 되는데 많은 초보자들은 힘이 없고 어깨에서 먼 손이나 팔로 직접 볼을 임팩트시키게 되어 과대하게 감각에 의존하는 스윙이 되어 일관성을 떨어뜨리게 된다.

볼은 퍼터 헤드와 볼의 임팩트의 크기만큼 굴러간다. 또한 임팩트에서 퍼터 페이스가 타깃과 직각이 되어야 똑바로 굴러간다.

감각을 살리고 좋은 자세를 생각하다 보면 원하는 거리와 방향, 그리고 일관성까지 얻을 수 있다. 매일 집에서든 연습장에서든 시작할 때 연습이 끝나고 정리할 때 5분씩만 투자하자.

퍼팅 3 : 머리

스윙 중 머리의 움직임은 중요한 축이 되므로 단단히 고정되어야 한다. 그래야 스윙 중 스윙의 궤도가 일정해지고 퍼터 페이스가 똑바로 움직이게 되어 방향과 일관성이 좋아진다.

퍼팅 4 : 어깨

스윙 시 힘 있고 축에서 가까운 어깨가 동력이 되어야 쉽게 움직임을 체크하고 팔과 퍼터 헤드를 일관되게 움직일 수 있다. 그러므로 어깨의 움직임에 의해 팔이 일관성 있게 딸려 다녀야 하며, 팔이나 손이 어깨를 움직이는 것은 좋지 않다.

7단계 : 허리의 움직임 – 백스윙 그리고 팔, 손목, 허리의 원

7단계는 다운 시 허리의 움직임인데 스윙 중 가장 중요한 요소의 하나다. 다운 시 하체를 사용한다는 것은 비거리와 함께 일관성을 얻게 되는데 5단계 체중의 이동을 이용하여 허리의 턴을 더 업그레이드시키는 동작을 알아보자. 7단계에서는 잘 만들어진 스윙에 파워와 일관성을 가미하는 단계인데

잘 만들어진 톱에서 다운의 시작인 오른 옆과 뒤꿈치를 드는 동작에서 7단계는 추가하여 다운 시 오른발을 드는 것과 동시에 배를 타깃으로 배치기하듯 튕겨 준다.

체중이 왼발로 이동 되며 왼쪽 허리가 열리고 배는 타깃을 향하게 되며 허리의 턴이 자연스레 된다. 이때 눈은 볼을 보며 왼쪽 다리는 펴지는 중이다.

배치기의 가속에 의해 배꼽은 타깃을 향하고 허리의 턴을 빠르게 하여 자연스레 피니시를 만들게 된다. 이때 오른발 끝에서 머리에 이르는 라인은 역C가 된다.

스윙 중 가장 중요한 하체의 턴에 대하여 알아보자.

이 7단계는 스윙 중 가장 중요한 다운을 하체로 하는 시발점이 되므로 연습을 게을리해서는 안 된다. 골프가 끝나는 날까지 계속되어야 한다는 마음으로 확실히 익혀 보자. 7단계의 기간은 1~2주 정도가 적절하며 또한 볼의 위치는 티 위가 적절하다.

백스윙

다운의 시작인 오른발을 들며 타깃으로 배치기를 시작하면 클럽 헤드는 밑으로 떨어진다.

다운 시 오른발 들기와 배치기에 의해 체중이 왼발로 70~90% 옮겨지며 왼쪽 허리는 턴 된다.

결국 다운은 오른발을 들며 타깃으로 배치기하며 허리의 턴을 빠르게 하여 원심력을 발생시켜 클럽의 헤드 스피드를 높이게 된다.

스윙 클리닉

7단계인 허리의 움직임에서 흔히 일어나는 문제는 6단계와 다른 토핑이 날 확률이 많아진다. 그 이유는 다운 시 허리의 빠른 턴에 의한 원심력에 의해 볼을 보지 못하거나 스윙이 빨라지기 때문이다.

스윙 클리닉

1 허리의 턴이 너무 빨라지면 손이 몸에서 떨어지기 쉬워 토핑이 쉽게 나며 심하면 생크가 발생하기도 한다.

허리의 턴이 너무 빨라지면 손이 몸에서 떨어지기 쉬우므로 다운 시 다리에 의한 허리의 턴과 함께 클럽 헤드를 볼에 떨어뜨리는 느낌을 강하게 하거나, 두 팔을 쭉 펴며 직접 찍어주며 스윙한다.

2 다운 시 허리의 턴을 하려다 어깨로 스윙을 할 경우 헤드업이 쉽게 되어 토핑이나 훅류가 나고, 심하면 생크가 나기도 한다.

볼을 보며 허리의 턴을 해야 한다. 만일 이 동작이 어려우면 원 골프 레슨셋으로 머리를 잡고 짧은 팔로우로 숙달시킨 뒤에 스윙을 키워 간다.

이해를 돕는 골프 격언

- 골프 스윙은 지문과 같아서 2개도 같은 것이 없다. — 제임스 로버트

- 빠른 백스윙을 하는 사람 치고 일류 플레이어는 거의 없다. — 다이 리스

- 골프에 너무 느린 스윙이란 없다. — 보비 존스

- 코치는 필요하다. 그러나 한 번에 모든 것을 가르치려는 코치는 멀리하라. — 잰 스티븐슨

치핑 1, 2, 3 단계

7단계가 끝나면 스윙이 풀 스윙에 가까워지고 퍼팅도 어느 정도 경력이 쌓여 첫라운드가 기다려진다. 이제 약 5주 정도 뒤에 라운드가 시작되므로 그린 주변에서 꼭 필요한 치핑을 시작해 보자. 라운드 중 그린 근처에서 핀에 접근시키는 샷을 어프로치라고 하는데, 치핑은 어프로치 중 띄워서 날아가는 거리보다 볼이 착지되어 굴러가는 거리가 많은 것으로, 보통 그린 에지에서 30야드 안쪽에서의 어프로치에 많이 사용한다.

스윙의 중반기를 지나 7단계가 지나면 처음 클럽을 잡은 지 7~9주 정도가 지난 시기. 첫라운드를 나가기 전에 숏 게임 능력이 적절하게 쌓여야 타수를 줄이고 골프의 묘미를 느낄 수가 있다.

치핑에서의 그립, 어드레스, 얼라이먼트를 알아보자.

그립

치핑에서 그립을 잘 잡아야 하는 이유는 양손의 쓰임을 올바르게 하여 일관성 있는 스윙 궤도를 갖기 위함이고 페이스의 방향을 최대한 똑바로 보내야 하기 때문이다. 그립의 압력은 스윙 중 손목을 움직이지 않도록 약간은 단단하게 잡을 수 있는 약 60~80% 정도가 좋다.

왼손 잡는 법
치핑은 팜그립으로 잡는다. 퍼팅과 같이 손목의 움직임을 최소화하여 정확성을 높이기 위함이다.

오른손 잡는 법
그립 방법은 골퍼들의 취향과 느낌에 따라 다르지만 볼을 바르게 보내기 위한 기본이 있고 잡는 형태에 따라 장단점이 있으므로 가장 일반적인 오버래핑 그립으로 자신만의 감을 만들어 나가면 된다.

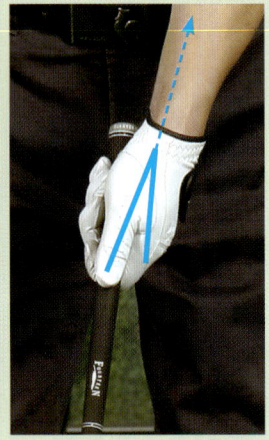
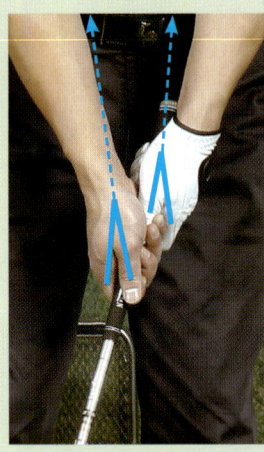
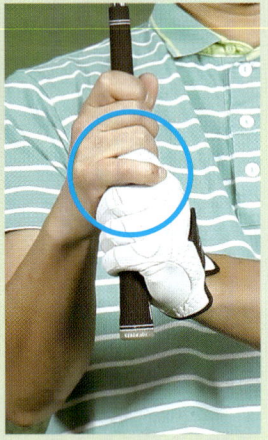

왼손 검지 둘째 마디에서 생명선을 연결하는 선상으로 그립을 가로지르는데 그 이유는 스윙 중 손목의 움직임을 최소화하기 위함이다.

왼손 그립을 앞에서 보면 손등이 타깃을 향하고 V홈이 왼쪽 어깨를 향한다. 그래야 임팩트 때 퍼터 페이스가 타깃에 대해 직각으로 돌아오기 쉬워진다.

앞에서 보면 왼손 V홈은 왼쪽 오른손 V홈은 오른쪽 어깨를 향한다.

왼손은 다 잡고 오른손은 일반적인 오버래핑과 같이 잡아 준다.

어드레스

어드레스의 중요성
손으로 클럽을 잘 잡았으면 백스윙과 다운스윙을 정확히 하기 위해 좋은 어드레스가 필요한데 어드레스가 좋지 못하면 백스윙과 몸의 꼬임, 체중 이동, 다운스윙 때 발이나 허리의 움직임과 임팩트 때 몸의 느낌을 제대로 느낄 없게 되어 방향성과 거리감이 떨어져 일관성이 나빠지므로 좋은 어드레스를 만드는 것은 매우 중요하다.
특히 이 치핑의 어드레스는 퍼팅과 거의 동일하다 할 수 있다.

스탠스의 폭

스탠스는 어드레스를 할 때 두 발로 지면에 편하게 서는 자세를 말한다. 적절한 스탠스는 폭이나 방향, 모양은 스윙 중 균형을 잡고, 체중 이동을 원활이 할 수 있는 모양이어야 한다.

스탠스의 폭 1

퍼팅 스탠스와 비슷하면 적당한데 폭이 너무 좁으면 스윙 중 체중의 움직임이 많아져 방향성과 일관성이 떨어진다.

스탠스의 폭 2

왼발을 약 15도 정도 열어 주면 백스윙이 단단해지고 다운 시 하체의 움직임이 원활해져 일관성이 좋아진다.

스탠스의 체중 분배

치핑에서 체중의 분배는 매우 중요하다. 체중의 위치가 어디냐에 따라 어퍼블로가 되기도 하고 가파른 다운블로 또는 완만한 다운블로가 되기도 하기 때문이다. 또한 백스윙과 다운스윙에서 체중의 움직임을 적게 하여 일관성을 좋게 하기도 한다.

치핑에서의 체중은 왼발에 약 60~80% 정도가 적절하다. 왜냐하면 다운블로가 자연스레 이루어지고 왼발에 체중의 대부분이 있으므로 스윙 시 체중의 움직임이 적어 방향과 일관성이 좋아진다.

만약 반대로 체중이 오른발에 60~80% 정도가 위치한다면 다운 시 어퍼블로가 되기 쉬워 뒤땅이나 토핑을 내기 쉬워 일관성이 떨어진다.

볼의 위치와 타법

어드레스에서 볼의 위치에 따라 스윙의 타법은 크게 달라진다. 볼이 왼발 쪽으로 위치하면 쓸어 치거나 심하면 퍼올려 치게 되고, 오른쪽으로 위치하면 할수록 찍어 치는 스윙이 된다. 또한 볼이 왼발 쪽으로 위치하면 다운 시 왼발로 체중의 이동이 많아져야 임팩트와 구질이 좋아지고, 오른발 쪽으로 위치하면 다운 시 체중의 이동이 없이도 좋은 임팩트와 좋은 구질이 만들어진다. 치핑은 볼을 높이 띄우지 않고 정확하고 낮게 보내야 하는 샷이므로 완만한 다운블로가 자연스럽게 되어야 하므로 오른발 쪽에 위치해야 한다.

볼의 위치와 타법

치핑은 볼을 낮게 굴리는 샷이므로 볼이 오른발 뒤꿈치 앞쪽에 위치하면 자연스레 다운블로를 유도할 수 있고 볼을 항상 일정하게 먼저 임팩트시킬 수 있어 미스가 줄어들게 된다.

볼을 스탠스의 왼발 쪽에 1번보다 탄도가 높아지고 스윙과 체중의 위치가 확실치 않으면 임팩트와 방향, 일관성이 떨어진다.

척추의 각도(프런트)

앞에서 본 척추의 각은 체중이 왼발에 조금 더 있지만 약간 오른쪽으로 축이 기울어져 있어야 한다. 그 이유는 척추의 기울어진 각에 따라 백스윙과 임팩트 존의 각도가 달라지기 때문이다. 그러나 척추의 각이 필요 이상으로 커지면 탄도가 너무 높아지거나 구질과 임팩트가 나빠진다.

척추의 각도(프런트)

척추의 각은 왼발의 체중 정도에 따라 조금씩 다르지만 오른쪽으로 약 2도가 적절하다. 이렇게 척추의 각을 유지하고 스윙하면 자연스레 완만한 다운블로를 유도할 수가 있어 일관성 있는 치핑이 된다.

치핑의 기본 척추 각보다 더 커지면 클럽 헤드가 볼에 어퍼블로로 임팩트되기 쉽고 약간의 실수에도 뒤땅이나 토핑이 나게 된다.

손의 위치(프런트)

치핑에서의 어드레스에서 손은 볼보다 앞쪽에 위치해야 하는데 그 이유는 치핑은 띄우는 샷이 아니라 부드럽게 굴리기 위한 어프로치이기 때문이다. 그래서 볼보다 손이 앞으로 위치하면 스윙 중 스윙 중 손목의 쓰임이 적어지고 다운블로가 쉬워져 일관된 스윙이 가능하다.

손의 위치는 왼쪽 다리 안쪽이 적절하다. 만약 지나치게 왼쪽 다리 앞쪽에 위치되면 가파르게 다운블로되고 탄도가 낮아져 구름이 많아지며, 손의 위치가 볼 위나 뒤쪽이면 스윙 중 손의 움직임이 많아 일관성이 떨어지고 퍼올리는 스윙이 되어 임팩트가 나빠진다.

손의 위치(백)

어드레스에서 손이 볼보다 안쪽이면 손목의 꺾여 있는 각이 커 스윙 시 손목의 움직임이 많아져 임팩트가 나빠져 정확하게 거리를 맞추기 어렵다. 따라서 손의 위치를 최대한 볼 가까이 위쪽에 위치해야 한다. 이렇게 어드레스하면 클럽 페이스의 토가 바닥에 닫고 힐 부분이 약간 들리게 된다. 이런 자세에서 스윙을 하면 스윙 중 손목의 움직임이 자제되어 일관된 스윙이 가능하다.

손의 위치는 볼의 약간 안쪽에 위치하며, 토우가 바닥에 닫고 힐은 약간 들린다. 이런 자세를 하게 되면 스윙 중 손목을 쓸 수 없어 임팩트가 좋아지고 거리감과 일관성이 좋아진다.

팔의 모양(프런트)

치핑에서의 구부러진 두 팔꿈치는 어깨와 손까지의 거리를 가깝게 하여 지렛대 원리처럼 팔을 단단하게 하여 스윙하게 하여 일관된 스윙을 만들어 준다. 만약 두 팔을 쭉 펴서 팔을 삼각형을 만들어 어드레스하면 팔의 길이가 길어져 힘이 없어 일관성이 떨어지고 반대로 팔을 구부리면 스윙 중 팔이 단단해져 일관성이 좋아진다.

 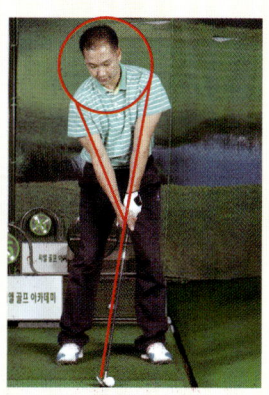

팔의 모양이 퍼팅 어드레스와 같은 오각형을 유지하면 거리감과 일관성이 좋아진다.

팔의 모양이 삼각형을 유지하면 거리감과 일관성이 떨어진다.

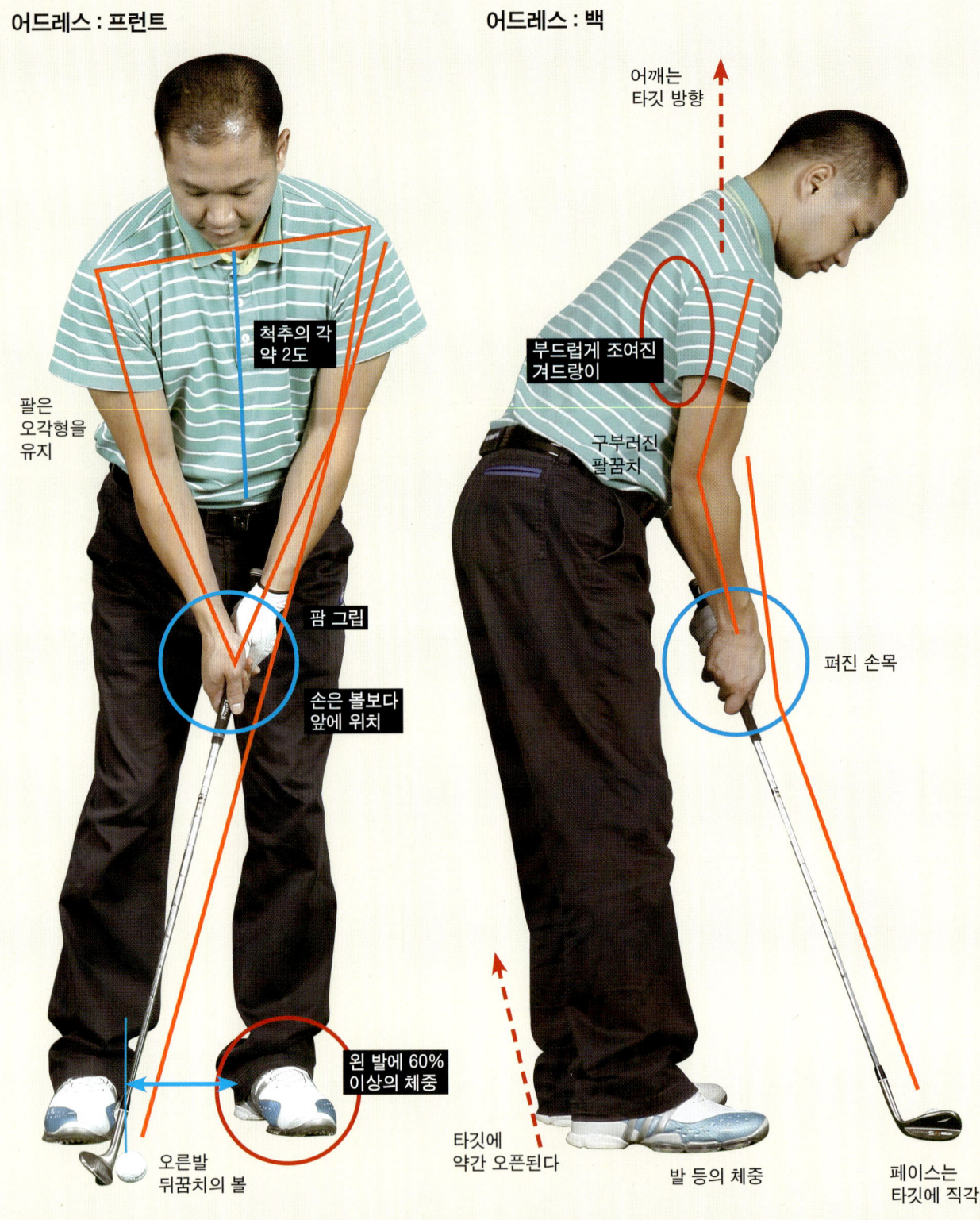

치핑 1단계

8야드 이내 핀에 볼을 접근시키는 어프로치로, 숏 퍼팅을 하듯이 손목과 팔꿈치는 단단히 하고 어깨로 거리를 맞추는 단계이다. 특히 그린 에지에서 멀지 않은 곳에 핀이 위치해 있을 때 볼을 굴리는 샷이다. 치핑에서는 모든 클럽을 사용할 수 있지만 초보 단계이므로 어프로치 웨지 하나로 시작한다.

치핑 1단계

스윙 요점

① 백스윙과 팔로우의 크기는 1 : 1
② 백스윙과 다운스윙을 어깨로 한다.
③ 백스윙 시 체중을 절대 오른발로 이동하지 않는다.
④ 캐리와 런은 약 3 : 7~4 : 6 정도이다.
⑤ 백스윙 시 어깨의 턴으로 거리를 조절하고 손목을 전혀 사용하지 않는다.
⑥ 백스윙의 크기는 캐리가 2~4야드 정도이다.

어깨의 동력으로만 스윙한다.

치핑 2단계

15야드 이내 핀에 접근시키는 어프로치로, 롱 퍼팅을 하듯이 손목과 팔꿈치는 단단히 하고 다운 시 왼발을 축으로 어깨의 턴에 따라 몸통이 같이 턴 되는 단계이다. 그립과 어드레스, 사용 클럽도 치핑 1단계와 같다.

치핑 2단계

 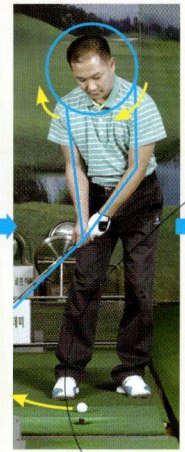 

스윙 요점

① 백스윙과 팔로우의 크기는 1 : 1
② 백스윙과 다운스윙은 어깨로 하고 왼발을 축으로 하체는 딸려 돈다.
③ 백스윙 시 체중을 절대 오른발로 이동하지 않는다.
④ 다운 시 왼발로 체중을 옮기며 하체의 턴을 한다.
⑤ 캐리와 런은 약 5 : 5~6 : 4 정도이다.
⑥ 백스윙 시 어깨의 턴으로 거리를 조절하고 손목을 전혀 사용하지 않는다.
⑦ 백스윙의 크기는 캐리가 7~9야드 정도이다.

어깨의 동력으로만 몸통으로 스윙

치핑 3단계

25야드 내외의 핀에 접근시키는 어프로치로, 손목의 움직임을 자제하고 하체의 턴으로 스윙하는 단계이다. 1, 2단계와 다른 점은 어깨의 동력으로는 거리가 모자라므로 다운 시 허리의 턴을 이용하는 것이다. 그립과 어드레스, 사용하는 클럽은 치핑 1, 2단계와 같다.

치핑 3단계

 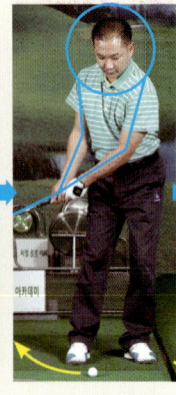 

허리의 동력으로 스윙한다.

스윙 요점

① 백스윙과 팔로우의 크기는 1 : 1
② 백스윙은 어깨로 다운은 하체로 한다.
③ 백스윙 시 체중을 절대 오른발로 이동하지 않는다.
④ 다운 시 왼발로 턴 한다.
⑤ 캐리와 런은 약 6 : 4~7 : 3 정도이다.
⑥ 백스윙 시 어깨의 턴으로 거리를 조절하고 손목은 약간 부드럽게 이용한다.
⑦ 백스윙의 크기는 캐리가 15~20야드 정도이다.

8단계 : 손목의 턴 – 백스윙 그리고 팔, 손목, 허리의 원

8단계는 다운 시 손목의 턴인데 점검 차원이라 볼 수가 있다. 6, 7단계에서 다운 시 체중의 이동과 백스윙 시 어깨 턴에 신경쓰다 보면 팔로우에서 손목 턴이 나빠지는 경우가 많기 때문이다. 8단계에서는 잘 만들어진 백스윙에 다운을 체중 이동으로 하면 손목의 턴이 약해지기 쉬우므로 주의한다. 만약

프런트 스윙

잘 만들어진 톱에서 왼발로의 체중 이동으로 다운을 시작하면 허리가 타깃으로 나가게 되고 그로 인해 오른쪽 어깨가 밑으로 자연스레 떨어짐에 따라 손도 밑으로 떨어진다. 결국 다운은 왼발로 체중을 이동하며 손목의 턴을 하면 된다.

체중이 왼발로 70~90% 옮겨지며 다운의 시작에서 정면을 향했던 클럽 페이스가 턴 되며 임팩트에서 페이스가 타깃과 직각이 된다. 그 가속에 의해 체중의 이동과 손목의 턴이 되어 클럽 페이스 뒷면이 정면을 향한다.

다운 시 손목 턴이 체중의 이동보다 빨라지면 훅류가 발생하므로 과해서도 안 되며, 팔의 힘이 빠지면 자연스럽게 되므로 시간이 필요하다.

8단계 기간은 1주 정도가 적절하며 또한 볼의 위치는 티 위가 된다. 스윙은 각 각의 단계에서 너무 커지지 않게, 볼을 강하게 임팩트하는 것이 아니라 정확한 자세를 만들도록 노력해야 다음 단계의 연결이 좋고 쉬워져 좋은 스윙을 만들 수가 있음을 명심하자.

백스윙

다운의 시작인 왼발로의 체중의 이동을 시작하면 따라서 손도 밑으로 떨어지게 되는데 이때 클럽 페이스는 정면을 향한다.

체중이 왼발로 70~90% 옮겨지며 다운의 시작에서 정면을 향했던 클럽 페이스가 턴 되며 임팩트에서 타깃과 직각이 된다.

체중의 이동과 손목의 턴은 가속에 의해 계속 턴 되어 클럽 페이스 뒷면이 정면을 향한다.

스윙 클리닉

8단계인 손목의 턴에서 흔히 일어나는 문제는 7단계와 다른 토핑이나 훅이 날 확률이 많아진다. 그 이유는 다운 시 손목의 턴에 신경을 쓰다 보면 체중의 이동이 느려지기 때문이다.

팔로우

1 손목의 턴에 너무 신경을 쓰면 다운 시 체중의 이동이 어려워 훅류가 많이 나게 된다.

훅류가 나면 체중의 이동이 느려진 것이므로 다운의 시작을 오른발을 타깃으로 들어주며 다음 바로 손목 턴에 주력한다.

2 다운 시 손목의 턴을 하려다 어깨로 스윙을 할 경우 헤드업이 쉽게 되어 훅류가 발생하고, 심하면 생크가 나기도 한다.

볼을 보며 손목의 턴을 해야 하며 이 동작이 어려우면 원 골프 레슨셋으로 머리를 잡고 적은 팔로우로 숙달한 뒤에 스윙을 키워 간다.

이해를 돕는 골프 격언

- 상황을 고려하지 않는 샷의 연습은 무의미하다. — 골프 속언
- 스윙 중에서 자기가 100퍼센트 컨트롤할 수 있는 동작은 셋업뿐이다. — 잭 니클로스
- 골프에서 50퍼센트가 이미지, 40퍼센트가 셋업, 그리고 나머지 10퍼센트가 스윙이다. — 잭 니클로스

9단계 : 허리의 턴 – 스윙 그리고 팔, 손목, 허리의 원

9단계는 7단계를 보강하여 다운 시 허리의 턴을 쉽고 빠르며 일관성 있게 움직이는 자세를 만드는 단계이다.(이 9단계에 이르면 하체의 턴을 어느 정도 하는 수준이 되어 있다.)

이 9단계에서는 스윙 중 가장 중요한 다운을 하체로 하는 연습을 게을리해서는 안 된다. 꼭 연습장

잘 만들어진 톱에서 7단계는 다운의 시작을 배치기로 하여 허리의 턴을 익혔지만 9단계는 오른발로 차고 왼쪽 다리를 펴며 허리의 턴을 두 다리를 이용해 빠르게 시작된다.

계속하여 왼쪽 다리가 펴짐에 따라 왼쪽 허리가 열리며 왼쪽 다리 턴의 원심력에 의해 7단계에서 숙달된 오른쪽 다리의 자세가 자연스레 추가되어 체중이 왼발로 옮겨지며 임팩트된다. 이때 눈은 볼을 본다.

결국 다운은 왼쪽 다리와 오른쪽 다리―왼쪽 허리―오른쪽 허리로 시작하므로 우리 몸에서 강한 두 다리를 이용하는 것이다.

이 아니더라도 집이나 직장 또는 어디에서라도 틈이 날 때마다 다운을 하체로 하는 다리의 움직임을 부드럽고 자연스럽게 할 수 있도록 자신만의 리듬을 만드는 연습이 필요하다. 이 하체의 턴은 골프가 끝나는 날까지 계속되어야 하므로 꾸준히 익혀야 한다.

백스윙

잘 만들어진 톱에서 다운의 시작할 때 오른쪽 다리를 바닥을 차며 펴 주면 왼쪽 다리는 펴지고 오른쪽 다리는 구부러지며 체중 이동과 허리의 턴이 시작된다.

계속하여 왼쪽 다리가 펴지면 왼쪽 다리에 의해 왼쪽 허리가 열리며 오른쪽 다리가 왼쪽으로 자연스레 따라가며 체중이 왼발로 옮겨지며 임팩트된다. 이때 눈은 볼을 본다.

결국 다운은 두 다리로 허리의 턴을 빠르게 움직여 원심력을 발생시킴으로써 스윙의 동력을 만들어 내게 된다.

다운 시 하체 턴의 개념

톱에서 손목의 코킹과 약간의 어깨 턴이 잘되었다면 다운의 시작은 오른발에 있는 체중을 왼발로 옮기며 허리가 턴 되는데 이 하체의 턴은 비거리와 좋은 구질을 보장하는 매우 중요한 요소가 된다.

두 팔을 옆으로 벌리고 뒤로 왼쪽 다리를 펴며 오른 뒤꿈치를 들며 무릎을 앞으로 찬다. 이때 왼쪽 다리의 펴짐에 의해 왼쪽 허리가 살짝 열린다.

왼쪽 다리를 펴며 오른쪽 무릎을 타깃으로 찬다. 그러면 왼쪽 다리의 펴짐에 의해 왼쪽 허리가 타깃으로 열린다. 이때 어깨는 그대로 정면을 향해야 한다.

왼쪽 다리를 차며 왼쪽 허리를 열고 오른쪽 무릎을 타깃으로 찬다. 그러면 왼쪽 다리와 왼쪽 허리 턴에 의해 허리가 빠르게 타깃으로 열린다. 이때 시선과 어깨는 그대로 정면을 향해야 한다.

어드레스와 같은 척추의 각을 주고 3과 같이 시도하여 왼쪽 다리와 왼쪽 허리의 리듬, 왼쪽 다리와 오른쪽 다리의 리듬을 충분히 익혀 자연스런 자신의 동작이 되도록 만드는 충분한 연습이 필요하다.

스윙 클리닉

9단계 허리의 턴에서는 다운 시 허리의 빠른 턴에 의한 원심력 탓에 볼을 보지 못하거나 스윙이 빨라져 7단계처럼 토핑과 생크가 많아진다. 9단계 기간은 1~3주 정도가 적절하며, 스윙에 자신이 있는 골퍼는 볼을 바닥에 놓고 연습해도 좋다. 일관성이 떨어지면 티 위에 올려 감을 잡고 다시 내려서 연습하는 것을 반복하면 좋다.

10단계 : 스윙의 타법(드라이버)

10단계는 드라이버 샷을 만드는 단계이다. 이미 익혀 놓은 하체의 턴에 스윙의 타법을 이해하면 드라이버 샷은 생각보다 쉽게 이루어진다.

스윙 타법 볼이 놓인 위치와 클럽의 길이, 공략 위치에 따라 스윙 타법이 달라져야 한다. 다양한 스윙 타법은 임팩트 시 미스를 최대한 줄여 주어 모든 클럽을 쉽게 적응하게 하는 중요한 요인이다.

드라이버와 아이언 스윙의 실질적인 차이

클럽의 길이, 볼의 위치, 공략 지점, 이렇게 3가지의 차이 때문에 어드레스와 스윙이 조금씩 달라지는 것이다. 비거리를 최대화하는 드라이빙과 정확성을 요하는 아이언, 그리고 그린 주변에서의 어프로치 등 클럽에 따라 상황에 맞게 스윙해야 미스를 줄일 수 있다.

드라이버와 아이언 어드레스의 차이

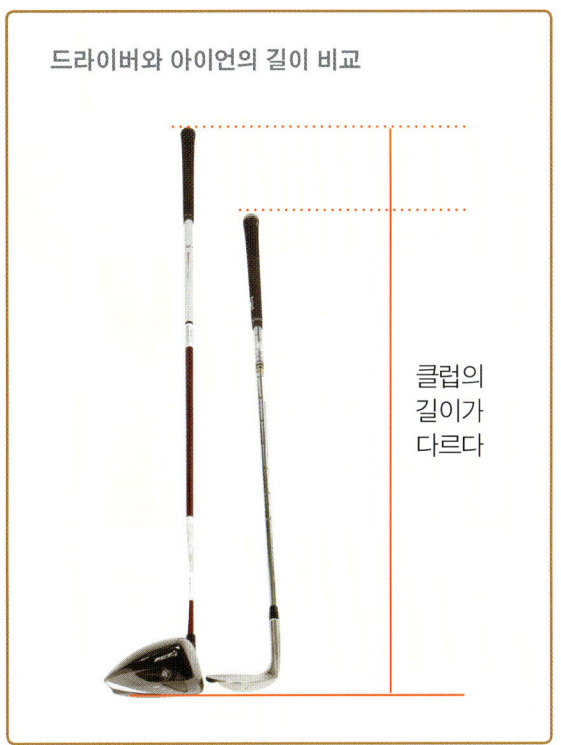

드라이버와 아이언의 길이 비교

클럽의 길이가 다르다

드라이버 vs 아이언 스윙

잔디에 놓인 볼은 아이언이나 우드로, 티 위의 볼은 드라이버로 공략해야 한다.

페어웨이를 공략하느냐, 그린을 공략하느냐?

볼의 위치

기본적인 스윙을 전제로 볼의 위치가 스탠스의 중앙을 기준으로 중앙과 오른발 쪽은 다운블로, 중앙에서 왼발 쪽으로는 사이드블로, 왼발 뒤꿈치에서 왼쪽으로는 어퍼블로 스윙이 자연스레 구사된다. 그래서 치핑이나 피칭 그리고 숏 아이언과 미들 아이언은 각 골퍼의 스윙에 따라 스탠스의 중앙부터 오른발 쪽으로 위치해야 볼을 먼저 임팩트할 수가 있게 된다. 또한 볼의 위치는 볼 탄도의 높낮이를 조절하는 역할을 담당한다.

척추의 각도(프런트)

기본적인 스윙을 전제로 척추의 각이 똑바로 세워지면 찍어 치는 다운블로 스윙이 되고, 척추의 각이 오른쪽으로 기울어질수록 쓸어 치는 사이드블로가 되거나 더 심하게 기울어지면 어퍼블로 스윙이 자연스레 구사된다. 또한 척추 각의 기울기는 볼 탄도의 높낮이를 조절하는 역할을 담당한다.

앞에서 본 척추의 각도는 다운블로(찍어 치는)냐 어퍼블로(올려 치는)냐에 따라 조금씩 달라진다. 아이언은 찍어 치고 롱 아이언이과 우드는 쓸어 치고 드라이버는 올려 쳐야 하는데 이런 타법은 손으로 하는 것이 아니라 어드레스 시 척추의 각을 어느 정도 기울이느냐에 따라 달라진다.

볼의 위치 아이언은 볼이 바닥에 있어 다운블로로 임팩트되어야 하므로 통상적으로 볼은 6~7번을 기준으로 양발 뒤꿈치의 중앙에 위치한다.

척추의 각도(프런트) 아이언은 찍어 치는 정도에 따라 2~4도 오른쪽으로 기울인다.

척추의 각도(백) 아이언은 클럽의 길이가 짧아 척추의 각이 커진다.(숙여진다.)

스탠스의 폭 아이언은 다운 시 체중 이동을 원활하게 하기 위해 어깨 넓이보다 같거나 좁다.

체중의 분배(프린트) 아이언은 왼발에 체중이 약 60%, 미들 아이언은 약 55% 정도가 실리면 다운블로가 쉬워진다.

척추의 각도(백)

기본적인 스윙을 전제로 척추의 각이 세워지고 손목의 각은 펴지면 백스윙 시 손목의 코킹이 작아지고 척추의 세워져 쓸어 치는 사이드블로의 스윙이 되고, 척추의 각이 밑으로 기울어지고 손목의 각이 꺾이면 꺾일수록 손목의 코킹이 많아지고 숙여져 다운블로 스윙이 자연스레 구사된다.

척추 각이 숙여지면 클럽 헤드는 가파르게 올라가고, 세워지면 세워진 만큼 약간은 플랫하게 백스윙 되어 찍어 치거나 쓸어 치게 된다.

스탠스의 폭

어드레스에서 적절한 스탠스의 폭은 스윙 중 체중의 이동과 허리의 턴의 빠르기에 관련하여 다운블로 또는 어퍼블로의 타법을 자연스레 만들고 고속으로 회전하는 몸을 안정적으로 중심을 잡아 주는 역할을 한다.

스탠스가 좁은 상태에서 다운이 시작되면 왼발로 체중이 이동되며 허리의 턴이 되고 반대로 스탠스의 폭이 넓으면 허리의 턴이 되면서 체중 이동이 되므로 찍어 치거나 쓸어 치는 스윙이 된다.

체중의 분배(프런트)

어드레스에서 체중의 분배는 스윙 중 체중의 움직임에 관련하여 타법에 영향을 주어 다운블로 또는 어퍼블로를 자연스레 구사할 수 있게 한다.

왼발에 체중이 많은 어드레스에서 다운이 시작되면 왼발로 체중이 이동이 빨라지며 임팩트되고, 반대로 오른발에 체중이 많은 어드레스에서 다운이 시작되면 왼발로 체중이 이동이 느려져 찍어 치거나 쓸어 치는 스윙이 된다.

볼의 위치 드라이버는 티 위에 있어 어퍼블로(올려 치는)로 임팩트 되어야 하므로 왼발 뒤꿈치에 위치해야 한다.

척추의 각도(프런트) 드라이버는 5~8도 정도 기울면 자연스레 약간 올라가며 스윙이 이루어진다.

척추의 각도(백) 드라이버는 길이가 길고 티 위에 볼이 있어 척추의 각이 작아진다.(펴진다)

스탠스의 폭 드라이버는 다운 시 허리의 턴을 원활하게 하기 위해 어깨 넓이보다 넓다.

체중의 분배(프린트) 롱 아이언이나 우드는 왼발에 체중이 약 50%, 드라이버는 약 40% 정도가 실리면 스윙 시 자연스레 쓸어 치게 된다.

드라이버와 아이언 스윙의 차이

테이크 백에서 클럽 헤드의 움직임(프런트)
테이크 백에서 헤드의 움직임은 크게 ① 볼의 위치 ② 원의 크기 ③ 척추의 각(프론트) ④ 체중 분배 ⑤ 스탠스 폭에 의해서 달라진다. 그래서 테이크 백에서 헤드가 낮게 움직이면 쓸어 치는 임팩트가 되고 가파르게 움직이면 찍어 치는 임팩트를 자연스레 구사할 수 있다.

백스윙에서 클럽 헤드의 궤도(백)
테이크 백에서 헤드의 움직임은 크게 ① 척추와 손목의 각(백 뷰) ② 척추의 각(프론트) ③ 클럽의 길이에 의해서 달라진다. 그래서 테이크 백에서 헤드가 완만하게 인으로 올라가면 쓸어 치는 임팩트가 되고 가파른 인으로 올라가면 찍어 치는 임팩트를 자연스레 구사할 수 있게 된다.

테이크 백	드라이버 테이크 백	쿼트 백	드라이버 쿼트 백

아이언은 볼의 위치가 중앙에서 오른발 쪽에 위치하고 척추의 각이 작으므로 짧은 아이언일수록 헤드가 빠르게 바닥에서 들린다.	드라이버는 볼의 위치가 왼발 쪽에 위치하고 척추의 각이 크므로 헤드가 바닥을 낮게 움직인다.	아이언은 척추의 각이 커 백스윙의 궤도가 가파르게 되므로 짧은 아이언일수록 업 라이트한 궤도로 백스윙된다.	드라이버는 척추의 각이 작아 백스윙의 궤도가 평탄해지므로 플랫한 궤도로 백스윙된다.

톱에서 헤드의 위치(프런트)
톱에서 클럽 헤드의 위치는 크게 ① 어깨 턴의 크기 ② 손목 코킹의 정도 ③ 팔의 접힘에 의해서 달라진다. 그래서 톱에서 헤드를 적절히 높여 비거리를 내는 스윙을 하고 헤드의 높이를 낮춰 방향성을 위한 스윙을 해야 라운드 중 필요한 비거리와 정확성을 얻을 수 있다.

▶아이언은 방향 위주의 스윙이므로 지면과 수평 또는 약 15도 위로 기울어진다.
▶▶드라이버는 비거리 위주의 스윙이므로 지면과 수평 또는 약 15도 정도 밑으로 기울어진다.

다운 시 허리의 움직임

다운 시 첫 번째로 움직이는 왼쪽 다리를 이용한 허리의 움직임은 ① 척추의 각(프론트 뷰) ② 스탠스 폭 ③ 체중의 분배에 의하여 조금씩 달라진다. 그래서 다운 시 허리가 턴되며 왼발에 체중이 이동되면 쓸어 치는 임팩트가 되고, 왼발에 체중이 이동되며 허리의 턴이 되면 찍어 치는 임팩트를 자연스레 구사할 수 있게 한다.

리듬

스윙의 리듬은 클럽의 길이에 따라 조금씩 달라지는데 그것은 클럽의 길이에 따라 몸의 턴과 헤드의 속도가 달라지기 때문이다. 그래서 긴 클럽(드라이버)의 다운스윙 시 몸의 턴은 빠르고 길이가 긴 헤드는 느려져 쓸어 치고, 반대로 짧은 클럽(피칭)은 다운스윙 시 몸의 턴보다 길이가 짧은 헤드가 빠르게 볼에 찍어 치게 된다.

클럽의 길이에 따라 백스윙과 임팩트할 때까지의

아이언은 스탠스가 좁고 다운블로의 스윙이므로 다운의 시작은 왼발로 체중이 이동되며 허리의 턴이 이루어진다.

드라이버는 스탠스가 넓고 어퍼블로의 스윙이므로 다운의 시작은 허리의 턴이 되며 왼발로 체중 이동이 이루어진다.

시간이 달라지므로 스윙의 시간적인 리듬을 느껴야 한다. 즉 아이언은 찍어 치고 드라이버는 쓸어 쳐야 한다는 의미다.

아이언은 클럽의 길이가 짧아 스윙 시 클럽이 몸보다 빠르게 움직이는 느낌으로 스윙된다.

드라이버는 클럽의 길이가 길어 스윙 시 클럽이 몸보다 느리게 움직이는 느낌으로 스윙된다.

야구 스윙 3단계

앞의 타법론을 정리해 보면, 아이언은 잔디위에 있어 찍는 다운블로로 스윙해야 하고 티 위에 있는 드라이버는 쓸어 주는 사이드, 어퍼블로로 스윙을 해야 좋은 임팩트와 구질을 만들 수가 있다. 다르게 표현하면 다운블로의 아이언은 약 10~30도 종스윙 그리고 어퍼블로의 드라이버는 횡스윙에 가까운 것이다. 그래서 드라이버의 횡스윙을 야구 스윙 3단계에 접목해 드라이버 스윙의 느낌을 살려 보자.

야구 스윙 1단계 : 프런트

  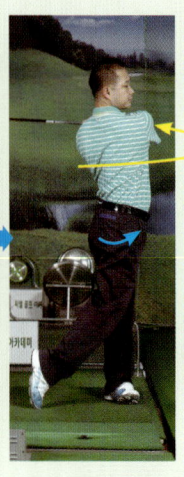

적절한 스탠스를 하고 똑바로 서서 팔을 쭉 뻗고 어드레스한다.

샤프트의 면 그대로 어깨의 턴과 손목의 코킹을 하며 수평으로 백스윙한다.

다운을 왼쪽 다리를 이용해 허리의 턴으로 하고 손목의 턴으로 피니시한다. 수평으로 스윙한다.

야구 스윙 1단계 : 백

적절한 스탠스를 하고 똑바로 서서 팔을 쭉 뻗고 어드레스한다.

샤프트의 면 그대로 어깨의 턴과 손목의 코킹을 하며 수평으로 백스윙한다.

왼쪽 다리를 이용해 허리 턴으로 다운하고 손목의 턴으로 피니시한다. 수평으로 스윙한다.

이해를 돕는 골프 격언

- 장타의 비결은 클럽 헤드에 있는 것이 아니라 그립을 휘두르는데 있다. — 점보 오자키
- 백스윙은 등에 업은 어린아이를 떨어뜨리지 않도록 상체를 회전시키는 일. — 작자 미상
- 두 손은 클럽을 쥘 뿐, 클럽을 휘두르는 것은 팔이다. 그리고 그 팔은 몸통에 의해 휘둘러진다. — 벤 호건

야구 스윙 2단계 : 프런트

적절한 스탠스를 하고 45도 척추를 숙여 팔을 쭉 뻗고 어드레스한다.

샤프트의 면 그대로 어깨의 턴과 손목의 코킹을 하며 백스윙한다.

다운을 왼쪽 다리를 이용해 허리 턴으로 하고 손목 턴으로 피니시한다. 숙여진 척추의 각만큼 기울여 스윙한다.

야구 스윙 2단계 : 백

적절한 스탠스를 하고 45도 척추를 숙여 팔을 쭉 뻗고 어드레스한다.

샤프트의 면 그대로 어깨의 턴과 손목의 코킹을 하며 백스윙한다.

왼쪽 다리를 이용해 허리 턴으로 다운하고 손목 턴으로 피니시한다. 숙여진 척추의 각만큼 기울여 스윙한다.

야구 스윙 3단계 : 프런트

바닥에 어드레스를 한다.

샤프트의 면 그대로 어깨의 턴과 손목의 코킹을 하며 백스윙한다.

왼쪽 다리를 이용해 허리 턴으로 다운하고 손목 턴으로 피니시한다. 숙여진 척추의 각만큼 기울여 스윙한다.

야구 스윙 3단계 : 백

바닥에 어드레스를 한다.

샤프트의 면 그대로 어깨의 턴과 손목의 코킹을 하며 백스윙한다.

왼쪽 다리를 이용해 허리 턴으로 다운하고 손목 턴으로 피니시한다. 숙여진 척추의 각만큼 기울여 스윙한다.

드라이버 스윙

야구 스윙을 충분히 해 보면 아이언 스윙과 다른 점을 느낄 수 있고 타법에 맞게 드라이버의 어드레스를 빈 티에 준비하고 스윙 시 지금까지 하던 아이언의 찍어 치던 스윙과는 약간은 다른 쓸어 치는 느낌으로 빈 스윙으로 빈 티에 스윙해 보자.

드라이버의 어드레스

① 볼의 위치 : 왼발 뒤꿈치에 위치한다.
② 척추의 각도(프론트 뷰) : 드라이버는 7~8도 정도 오른쪽으로 기운다.
③ 척추의 각도(백 뷰) : 우드보다 길이가 길어 척추의 각이 더 작아진다.
④ 스탠스의 폭 : 어깨 넓이보다 넓게 선다.
⑤ 체중의 분배 : 왼발 4 : 오른발 6
⑥ 몸과 손의 간격 : 주먹 2~3개

드라이버의 백스윙

⑥ 테이크 백에서 헤드의 움직임(프론트 뷰) : 바닥을 타고 낮게 빠진다.
⑦ 테이크 백에서 헤드의 움직임(백 뷰) : 바닥을 타고 낮게 천천히 안쪽으로 빠진다.
⑧ 톱에서 헤드의 위치(프론트 뷰) : 지면과 수평 또는 밑으로 약간 기울어진다.
⑨ 톱에서 왼팔의 위치(백 뷰) : 오른쪽 어깨와 왼팔이 겹친다.

드라이버의 다운스윙

⑩ 다운 시 허리의 움직임 : 다운 시 허리가 턴 되며 체중 이동한다.

⑪ 리듬 : 몸보다 클럽 헤드의 움직임이 느려진다. 그러나 스윙 중 찍혀 임팩트된다면 허리의 턴보다 팔과 손의 사용이 많은 것이므로 팔과 손보다 허리의 턴에 더 주력하면 적절한 사이드 또는 어퍼블로가 되어 임팩트가 좋아진다. 결국 드라이버 샷은 주동력인 강력한 허리의 턴에 팔과 손이 높이를 맞추어 보조 동력을 가동시킬 때 최대의 파워와 최상의 임팩트가 됨을 명심하자.

이해를 돕는 골프 격언

- 골프 스윙이란 글자 그대로 스윙을 하는 일이지 히트하는 일이 아니다. — 골프 속언

- 볼을 끝까지 보려고 하지 말고 허리를 끝까지 남기려고 하라. — 호세 마리아 올라사발

11단계 : 하프 임팩트

11단계는 10단계에서 기본적인 스윙을 상기시켜 정확한 자세를 확인시키는 단계이다. 스윙을 줄여 하프 스윙의 크기로 하며 백스윙과 다운스윙을 하며 스윙 중 몸통의 움직임 그리고 손의 움직임, 클럽 헤드의 움직임을 점검하고 약해진 부분을 다시 한 번 기억하는 계기가 되는 단계다.

프런트 스윙

좋은 어드레스에서 어깨의 턴과 손목의 코킹으로 일체감 있고 리듬 있게 백스윙을 완성한다. 이때 눈은 볼을 보고 어깨의 턴에 의해 허리는 딸려 돌고 체중은 약 20% 정도가 왼발에서 오른발로 옮겨진다.

다운의 시작을 왼쪽 다리와 오른쪽 다리로 차고 허리 턴으로 스윙을 주도 한다.

오른쪽 다리와 왼쪽 다리에 의해 허리가 빠르게 열린다. 이때 눈은 볼을 보고 어깨는 약 45도 정도로 피니시된다.

11단계면 모든 스윙의 기본과 퍼팅 그리고 치핑까지 끝이 났다. 이제는 실전이다. 첫라운드 전에 주변에 있는 파3 숏 게임장에서 한 번쯤 잔디를 느껴보자. 그러면 잔디에 대한 적응력이 좋아지고 실전 숏 게임을 익힐 수 있는 기회가 된다.

이 11단계에서는 스윙 중 가장 중요한 다운을 하체로 하는 연습을 해야 한다. 꼭 연습장이 아니더라도 집이나 직장 또는 어디서든지 다운을 하체로 하는 다리의 움직임을 부드럽고 자연스럽게 마음대로 움직이도록 자신만의 리듬을 만드는 것이 중요하다. 이 하체의 턴은 골프가 끝나는 날까지 계속되어야 하므로 꾸준히 익혀야 한다.

백스윙

좋은 어드레스에서 어깨의 턴과 손목의 코킹으로 일체감 있고 리듬 있게 백스윙을 완성한다. 이때 눈은 볼을 보고 클럽의 샤프트는 오른쪽 어깨를 가로지른다.

다운의 시작을 왼쪽 다리와 오른쪽 다리로 차고 허리 턴으로 스윙을 주도하며 클럽의 헤드는 손보다 나가서는 안 된다.

오른쪽 다리와 왼쪽 다리에 의해 허리가 빠르게 열린다. 이때 눈은 볼을 보고 어깨와 클럽의 샤프트는 45도 정도로 피니시된다.

12단계 : 첫라운드

스윙의 개념부터 1단계에서 11단계에 이르기까지 분습법으로 스윙을 키우면서 자연스럽게 풀 스윙으로 자리를 잡아 나가며 상황에 따라 잘못되는 스윙 교정도 열심히 해 왔다. 그리고 중간 중간 퍼팅과 치핑, 준비는 끝났다. 이제는 드디어 첫라운드!! 우리 모두 멋진 라운드를 기대해 보자.

연습장에서의 스윙과 첫라운드에서의 차이

- 연습장에서는 한자리에서 여러 개의 볼을 칠 수 있지만 필드에서는 하나의 볼로 라운드한다.
- 연습장에서는 연습하기에 가장 적절한 환경에서 연습하지만, 필드에서는 바람·비 등 기후 등의 자연의 영향을 많이 받는다.
- 연습장에서는 정해진 규격화된 곳으로 볼을 보내지만 필드에서는 모든 홀의 페어웨이나 그린의 크기나 모양이 다 다른 곳으로 볼을 보낸다.
- 연습장에서는 정해진 규격화된 곳에 있는 볼을 임팩트하지만 필드에서는 볼이 놓여 있는 바닥이 경사지가 많다.
- 연습장에서는 규격화 되어 있어 얼라이먼트가 쉽지만 필드에서는 바닥이 정렬되어 있지 않아 얼라이먼트가 어렵다.
- 연습장에서는 바닥이 정해진 규격화된 곳의 확실히 보이는 볼을 임팩트하지만 필드에서는 잔디에 의해 약간씩 묻혀 있는 볼에 대한 부담감이 있다.
- 연습장에서는 혼자 시간 나는 대로 연습을 하지만 필드에서는 팀의 움직임에 의해 진행을 정해진 시간에 끝내야 하는 부담감이 있다.
- 연습장에서는 자신만의 연습에 몰두하지만 필드에서는 동반자의 보이지 않는 경쟁을 느낀다.

연습장에서와 달리 필드에서의 변화는 앞의 8가지의 너무 다른 면을 가지고 있어 기복이 심하며, 특히 초보일수록 필드에 대한 불안함과 본인의 스윙 자세에 대한 신뢰도가 많이 부족하여 자신감 있는 스윙을 하지 못하는 것이다. 그러므로 필드에서의 기술 및 심리적인 변화를 극복하기 위해선 먼저 연습장과 필드의 차이를 이해하고 가장 손쉽게 할 수 있는 충분한 연습을 바탕으로 자신의 스윙 자세를 신뢰해야 하며 필드를 주기적으로 접해야만 빠른 시간에 연습장과 필드의 격차를 좁힐 수 있다.

그리고 이 1단계의 시작부터 11단계의 첫라운드까지 소모되는 가장 적절한 시간은 1단계가 1~2주가 적절하므로 3~4개월이 적절하다 할 수 있는데 각 골퍼의 운동 신경과 연령, 성별에 따라 3~6개월 정도 소요된다.

연습장과 첫라운드

7 생애 첫라운드

라운드 전 11단계의 스윙과 퍼팅 그리고 치핑이 준비가 되었다면 이제 라운드를 할 때 꼭 구비해야 할 골프 장비에 대하여 알아보자.

라운드 준비물

볼

볼은 골프의 장비 중 골프 클럽 다음으로 중요한 장비로, 볼에 대해 정확히 알고 준비하면 라운드를 즐길 수 있다. 어떤 볼이 나에게 맞는 볼인지 알아보자. 또한 첫라운드 시에는 볼을 많이 잃어버릴 수 있으므로 볼을 충분하게(20~30개) 가져가자!

볼의 재원

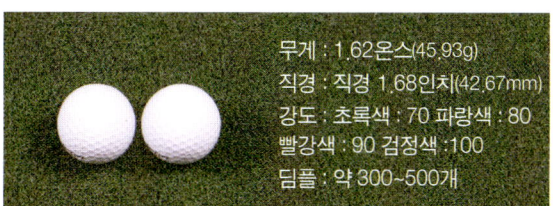

경도 : 같은 헤드 스피드로 임팩트 할 경우 압축에 강할수록(100) 비거리가 길어지고 약할수록(70) 백스핀과 사이드 스핀이 많아지므로 본인의 단점을 보완하는 강도의 볼을 선택해야 한다. 그래서 초보 골퍼의 경우 100의 경도가 적절하다.
딤플 : 모든 골프 볼은 제조업체마다 다소의 차이가 있지만 양력을 이용해 볼을 띄우는 중요한 역할을 한다.

볼의 종류

원 피스(one piece)
코어와 커버의 구분이 없이 한 가지 소재로 만든 볼. 내구성이 좋고 가격이 저렴해서 연습용 볼로 사용한다.

투 피스(two piece)

합성 고무와 강화 커버로 구성된다. 반발력이 커서 비거리가 늘어나고 사이드 스핀이 적어 미스 샷에도 적게 휘어지는 장점이 있고 반면 백스핀이 적어 비거리는 나지만 런이 많아 그린에 볼을 세우기가 어려워 그린 공략이 까다로운 단점이 있다.

쓰리 피스, 포 피스, 파이브 피스(three, four, five piece)
작고 견고한 액체로 된 알맹이를 탄력적인 소재로 둘러싸서 감은 뒤, 다시 전체를 부드러운 발라타 고무로 커버했다. 반발력이 적어 비거리가 짧고 사이드 스핀이 많아 미스 샷에도 크게 휘어지는 단점이 있고 반면 사이드 스핀을 쉽게 걸 수 있어 테크닉 샷(페이드, 드로우 등)이 용이하고 백스핀이 많아 비거리는 적지만 런이 적어 그린에 볼을 세우기가 쉬워 그린 공략이 쉬워지는 장점이 있다.

각 볼의 장단점

아마 골퍼는 내구성이 강하고 저렴하며 비거리가 좋으며 미스를 해도 적게 휘어지는 투피스 볼이 적절하다. 쓰리 피스 이상을 사용하면 비거리가 크게 줄며, 조금의 미스에도 사이드 스핀이 많이 걸려 더 크게 휘어진다. 또한 비거리가 짧아져 그린을 공략할 때 더 큰 아이언으로 그린을 공략해야 하므로 골프는 더 어려워진다.

종류	원 피스	투 피스	쓰리 피스 이상
단점		• 테크닉 샷(페이드, 드로우)을 구사하기 어렵다. • 백스핀이 적어 그린의 공략이 어렵다.	• 비거리가 짧다. • 미스에 휘어짐이 커진다. • 내구성이 약하다. • 비싸다.
장점	• 내구성이 좋다. • 저렴하다.	• 내구성이 좋다. • 저렴하다. • 비거리가 길다. • 미스를 해도 구질이 적게 휘어진다.	• 테크닉 샷(페이드, 드로우)을 구사하기 쉽다. • 백스핀이 많아 그린의 공략이 쉽다.
용도	• 연습장 볼	• 아마 골퍼용	• 테크닉 샷이 가능한 상급 아마 골퍼용 • 프로용

골프화

라운드 골프화는 18홀 약 7km의 거리를 계속 신고 다녀야 하므로 발이 편하고 방수가 되어야 한다. 풀 스윙 할 때의 회전, 땅에서 묻어나는 습기와 화학 비료, 오르막 내리막 코스들, 파고드는 모래들, 건너야 할 아스팔트 카트 도로들, 깊은 풀숲 등의 환경에서 발을 편안하게 보호할 수 있어야 하므로 신중하게 선택해야 한다. 라운드 골프화는 ① 단단한 재질의 가죽 ② 방수 처리 ③ 편안함 ④ 내구성 이 4가지 조건을 갖추어야 한다.

스파이크

골프 양말

골프 코스에서는 좋은 양말은 중요한 역할을 한다. 편안한 쿠션을 주어 발에 물집이 잡히지 않도록 하며, 의상에 액센트를 줄 수도 있다. 자연 섬유로 만들어진 양말은 발을 건조하게 유지하는 데 아주 적당하다. 일부 회사에서는 골프들을 위해서 발꿈치에 쿠션을 댄 양말을 특별히 별도로 디자인하기도 한다. 흰색의 골프 양말이 가장 일반적이지만 바지 아래라면 더 어두운 계열의 면 양말도 무방하다.

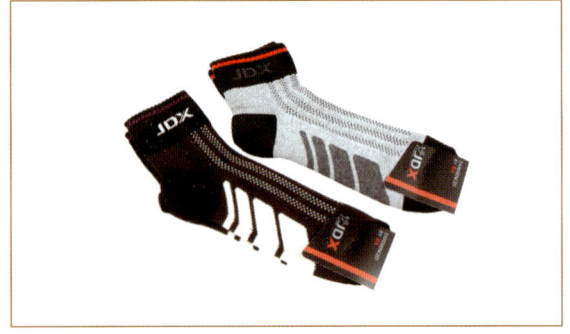

볼 마커

볼 마커는 그린 위에 볼이 올라갔을 경우 자신의 볼을 주워 들어 닦고, 조준하기 위해 볼이 있던 자리를 표시하기 위한 도구다. 그래서 볼 마커는 크고 눈에 쉽게 띄는 색상과 디자인이 좋다.

티

티는 티잉 그라운드에서 볼을 치기 쉽게 하기 위해 바닥에서 조금 띄우기 위해 사용하는 나무못으로, 길이에 따라 드라이버용, 우드용, 아이언용으로 구별된다. 재질과 모양이 다양하므로 기호에 맞게 선택하면 된다.

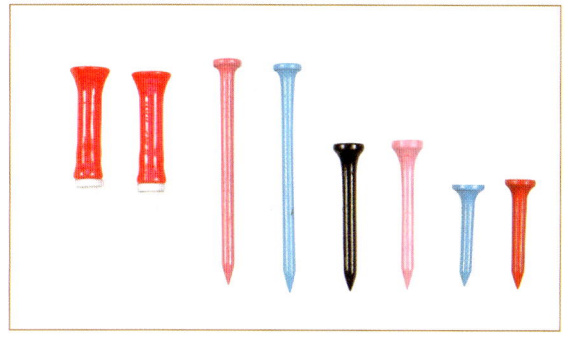

모자

라운드 시 모자는 자외선을 차단하여 피부를 햇빛으로부터 보호하는 장비이다. 또한 눈부심을 방지하여 그린에서 경사를 정확히 읽게 하고 약간의 비를 막아 주기도 하므로 라운드 시 매우 중요한 장비라 할 수 있다.

골프백

골프백이란 골프 클럽과 볼, 티, 바람막이 등 라운드 시 필요한 다양한 장비를 휴대하기 위한 백을 말한다. 보통 풀 세트의 골프 클럽과 같이 판매한다. 또한 골프백과 함께 필요한 것이 일명 보스톤 백으로, 이 보스톤 백은 골프화와 라운드 후 갈아입을 옷과 속옷을 넣는 백으로 사용한다.

기타

자외선으로부터 피부를 보호하는 자외선 차단제(선크림)와 팔 토시 그리고 갑자기 오는 비와 추위에 필요한 여분 옷과 비옷, 우산 등은 항상 골프백에 준비되어 있어야 한다.

골프장 에티켓 & 준비 사항

스윙의 개념부터 1단계에서 11단계에 이르기까지 분습법으로 스윙을 키우면서 자연스럽게 풀 스윙으로 자리를 잡아 나가며 상황에 따라 잘못되는 스윙 교정도 해 왔다. 중간 중간 퍼팅과 치핑까지 준비는 끝났다. 이제는 드디어 첫라운드!! 이제 라운드를 준비해 보자. 먼저 라운드를 나가기 전 알아야 할 기본적인 예의와 룰에 대하여 알아보자.

골프장 예의 및 준수 사항

골프에 있어서 예의는 실력 이상으로 중요하다. 골프는 보통 4명이 한 팀을 이루어 18홀 약 5시간을 같이 행동해야 하므로 서로에게 믿음을 주고 진행을 원활히 하며 안전에도 신경 써야 하기 때문이다.

즐겁고 재미있는 라운드를 위해 꼭 필요한 예의 및 준수 사항을 자연스럽게 지켜 나가 누구나 함께 라운드하고 싶어지는 예의 있고 멋진 골퍼가 되길 바란다.

예약된 골프장을 미리 탐색하라. 처음 가는 골프장은 홈페이지 등의 자료를 통해 골프 코스를 미리 눈으로 이미지 트레이닝을 하면 라운드 시 큰 도움이 된다. 아무것도 알지 못하고 캐디의 조언만 듣고 라운드하는 것보다는 사전 지식과 정보가 있으면 막막함이 덜하다. 특히 총 코스의 전장을 보고 긴 파3가 있는지 아니면 파4가 긴 홀이 많은지 아니면 총 전장은 짧은데 페어웨이 폭이 좁은지 반대로 페어웨이는 넓은데 전장이 긴 골프장인지 등등을 알면 장타자에 유리한 골프장인지 단타자와 일관성이 좋은 골퍼에게 유리한 코스인지를 알 수 있어 미리 마음의 준비를 할 수 있다.

티 오프 시간보다 1시간 먼저 도착하여 여유를 가져라. 미리 예약된 골프장의 지리와 이동 시간을 파악하여 충분이 일찍 출발하여 약 1시간 먼저 도착하여 여유 있게 골프장 정취도 맛보고 충분한 연습 스윙과 퍼팅의 구르기를 느껴 라운드에서 최적

의 이미지를 준비해야 한다. 만약 갑자기 도로가 정체되어 늦게 골프장에 도착하면 허겁지겁 준비하게 되어 틀림없이 라운드를 망치기 쉽기 때문이다.

골프에서 예약 취소는 없다. 한번 약속한 골프 예약은 취소해서는 안 된다. 왜냐하면 골프장과 동반자들에게 신뢰를 잃어 앞으로 함께 라운드하기가 어려워질 수 있기 때문이다.

여벌 옷을 준비하라. 항상 골프 후 갈아입을 여분의 옷을 준비한다. 변덕스런 기후와 싸워 가며 라운드를 해야 하므로 옷은 쉽게 더러워지고 몸은 땀에 젖어 동반자를 불쾌하게 할 수 있으므로 항상 여분의 옷을 준비해야 한다.

티 박스에서의 예의 및 준수 사항

미리 준비하라 - 몸 풀기, 볼, 티, 장갑 등 라운드 중 슬로우 플레이는 다른 동반자를 힘들게 한다. 라운드가 느려지면 누군가는 빠르게 움직이기 위해 집중력이 떨어져 좋은 샷을 하기가 어려워진다. 미리 준비하여 바로 스윙하면 진행이 빨라져 여유 있는 플레이가 가능하여 좋은 샷을 예감할 수 있다. 이동과 준비는 빠르게 어드레스와 스윙은 신중히 해야 한다.

동반자가 어드레스에 들어가면 움직이거나 소리를 내지 마라. 골프는 예민한 운동이다. 그렇기 때문에 주의에 반응에 민감하여 좋은 샷을 할 수 없다. 만약, 이를 지키지 않아서 스윙하는 사람이 미스 샷을 한다면 스윙하는 사람도 기분이 나쁠 것이며 분위기가 흐려질 수 있으므로 샷을 하지 않는 동반자들은 조그만 소리나 움직임도 있어서는 안 된다. 동반자가 어드레스에 들어가면 움직이거나 소리를 내서는 안 된다. 어드레스 이후 바로 스윙을 하기 때문이다.

동반자의 시선을 방해하는 곳이 있지 마라. 동반자가 어드레스에 들어가기 전 시선에 방해되는 곳에 위치하면 안 된다. ① 제일 좋은 곳이 동반자의 뒤쪽이고 ② 시선에 걸리지 않는 앞쪽이며 ③ 시선에 걸리지 않는 뒤쪽이 된다. 어드레스를 하고 볼을 보면 볼만 보이는 것이 아니라 약 3m 둘레가 보이므로 약 5m 정도는 떨어져 있어야 한다.

동반자의 볼의 방향을 확인하라. 동반자가 스윙할 때 볼이 어디로 날아가는지 확인해 주어야 한다. 그래야 볼의 위치를 알 수 있어 빠르게 볼을 찾게 되고 따라서 시간이 절약되어 여유 있는 라운드가 가능해지기 때문이다.

티잉 그라운드에는 샷 하는 사람만 올라가라. 티잉 그라운드는 그 홀을 시작하는 곳이다. 샷 하는 사람이 집중할 수 있게 기다려라. 그래야 당신이 샷을 할 때도 동반자들이 기다려 준다.

앞 조와 충분한 거리가 떨어졌을 때 티 샷을 하라. 앞 조가 충분히 앞으로 나아갔을 때 티 샷을 하라. 특히 캐디가 볼을 치라고 할 때까지 완전 준비해 놓고 앞조와 충분한 거리가 유지되었을 때 편안한 마음으로 티 샷을 해야 좋은 샷이 나오게 된다. 이를 지키지 않는다면 안전 사고를 피할 수 없다. 만약 사고가 일어난다면 그날에 즐거운 플레이를 보장할 수 없다.

좋은 샷을 하면 '굿 샷'이라고 진심으로 외쳐 주라. 골프는 매너 스포츠이다. 동반자가 좋은 샷을 했다면 "굿 샷!"이라고 기분 좋게 외쳐라. 그래야 서로 기분 좋고 즐거운 플레이를 할 수 있다. 또한 나도 굿 샷을 치고 싶은 욕망이 커질 것이다.

전 홀에서 가장 스코어가 좋은 사람부터 티 샷 한다. 티 샷을 먼저 하는 사람을 오너라고 한다. 티 샷은 스코어가 좋은 사람순으로 하는데 진행상 준비된 사람이 먼저 하기도 한다. 오너는 남보다 빨리 티 샷을 준비해야 여유 있게 라운드할 수 있다.

연습 스윙은 동반자를 보고 하지 마라. 티 샷을 하기 전 연습 스윙을 두세 차례 하는데 절대로 동반자나 캐디가 있는 쪽으로 팔로우해서는 안 된다. 이것은 군대에서 빈 총을 동료들에게 겨냥하면 안 되는 이치와 같다. 연습 스윙을 하다가 바닥을 쳐서 잔디나 자갈, 모래를 날려 다치게 되거나 클럽을 놓쳐 동반자가 다치면 라운드 실패로 직결된다.

티 샷 순서 정하기 첫 티 샷은 핸디캡이 낮은 순서로 하거나 나이순으로 하거나 다양한 방식이 있지만 보통은 티를 클럽 페이스로 띄워 티가 향하는 골퍼 먼저 티업을 하는 방식을 가장 많이 사용하고 있다.

출발 전 서로의 볼을 확인한다. 첫 티업 전 각자의 볼을 확인해야 한다. 왜냐하면 라운드 시 볼이 바뀔 수 있기 때문이다. 라운드 중 볼이 바뀌면 벌타를 받는다. 라운드 중 자신의 볼로 티업하고 홀인하는 것이 기본이다.

페어웨이에서의 예의 및 준수 사항

미리 준비하라 - 몸 풀기, 볼, 티, 장갑 등

동반자가 어드레스에 들어가면 움직이거나 소리를 내지 마라.

동반자의 시선을 방해하는 곳이 있지 마라.

동반자의 볼의 방향을 확인하라.

앞 조와 충분한 거리가 떨어졌을 때 티 샷 하라.

좋은 샷을 하면 "굿 샷"이라고 진심으로 외쳐 주라.

연습 스윙은 동반자를 보고 하지 마라.

위의 티잉 그라운드에서의 예의를 기본으로 페어웨이에서도 지켜야 하며 페어웨이에서는 조금은 더 지켜야 할 예의 및 준수 사항이 있다.

그린에서 먼 골퍼가 먼저 샷을 준비한다. 진행이 늦어 허겁지겁 샷을 한다면 좋은 샷을 기대할 수 없기 때문에 멀리 있는 사람부터 차근차근 샷을 하고 앞으로 가면서 순서대로 샷을 하는 것이 진행을 빠르게 하여 여유 있는 플레이가 된다.

클럽을 2~3개 정도 가지고 볼이 있는 위치로 이동한다. '라운드 중 이동은 빠르게 준비는 천천히'라는 말이 있다. 이동 시간을 줄이고 스윙 시간을 충분히 얻기 위해서이다. 시간에 쫓기면 스윙 시 연습 스윙이나 어드레스 등을 충분하게 할 수 없어 미스 샷이 발생하게 되므로 볼이 있는 곳으로 이동할 때 필요한 클럽을 서너 개 가져가면 클럽의 선택이 잘못되었을 경우 금방 다른 선택이 가능하여 여유 있는 스윙으로 좋은 임팩트를 만들 수 있다.

이동은 빠르게, 준비는 신중하게 하라. 라운드 시 빠른 플레이는 스윙 시 여유를 갖게 하므로 좋은 샷으로 이어진다. 준비와 이동은 빠르게 하고 어드레스와 얼라이먼트, 스윙을 신중히 하면 항상 최상의 스윙을 맛보게 될 것이다.

거리는 스스로 파악하라. 캐디에게 지나치게 의존하면 자신의 골프 매니지먼트는 사라지고 골프의 묘미를 느끼지 못하게 된다. 거리 파악은 직접 해야 거리감이 발전하고 골프의 재미도 커진다.

벙커에서 샷을 하고 난 다음에는 평탄하게 하고 나온다. 벙커 샷을 하고 나면 모래가 패이므로 다음 플레이어를 위해 벙커를 고르게 해 둔다. 만약 당신이 벙커에 공이 빠졌을 때 움푹 파인 모래에 공이 들어 있다면 탈출도 어렵고 기분도 나쁠 것이다.

디봇 자국은 날아간 뗏장이나 모래로 덮고 발로 밟아 준다. 파인 자국은 잔디나 모래로 덮어 줘야 잔디가 다시 자라기 좋다. 또한 다음 플레이어를 위한 매너이기도 하다. 당신이 메워 놓지 않은 디봇 자국에 공이 들어갔다고 상상하면 끔찍할 것이다.

그린에서의 예의 및 준수 사항

홀에서 먼 골퍼가 먼저 샷을 준비한다.

미리 준비하라.(경사, 라이 등)

동반자가 어드레스에 들어가면 움직이지 마라.

동반자가 어드레스에 들어가면 조그만 소리도 내지 마라.

플레이의 시선을 방해하는 곳이 있지 마라.

진심으로 기뻐하라.

그린에서도 티잉 그라운드와 페어웨이에서의 예의를 기본으로 지켜야 하며, 그 밖에 더 지켜야 할 예의 및 준수 사항이 있다.

마크를 한다. 그린 위에 올라가면 먼저 해야 할 일은 자기 볼을 마크하는 일이다. 마크를 하는 이유는 ① 자신의 볼을 깨끗하게 닦아야 하고 ② 동반의 퍼팅을 방해하지 않게 하기 위해서이다.

동료의 퍼팅 라인을 보호하라. 그린 위에서는 동반자의 퍼팅 라인을 밟아서는 안 된다. 왜냐하면 동반자의 퍼팅 라인을 골프화로 밟으면 골프화의 스파이크 자국에 의해 라이가 변하거나 그린에 자국이 생겨 볼의 구름이 달라지기 때문이다.

근접해 있는 티 박스나 그린을 생각한다. 그린에서 큰소리로 떠들지 마라. 그린 주변에는 다른 그린이나 티잉 그라운드가 있을 수 있어 누군가 어드레스나 스윙에 들어갔다면 큰 실례를 저지르게 된다. 따라서 큰 소리는 자제해야 한다.

자신의 라이는 직접 확인하라. 캐디에게 지나치게 의존하면 자신의 골프 매니지먼트는 사라지고 골프의 묘미를 느끼지 못하게 된다. 그린에서의 경사나 라이는 스스로 파악하는 습관을 가져야 감각이 좋아지게 되고 골프의 재미도 커진다. 캐디의 조언은 참고만 하라.

홀인이 끝난 플레이어가 핀을 잡아라. 슬로우 프레이는 모든 골퍼의 적이다. 라운드 속도가 느려지면 마음이 급해지므로 좋은 스윙을 할 수 없다. 먼저 홀인 한 골퍼가 핀을 잡으면 진행이 빨라져 여유 있는 라운드가 될 것이다.

골프 룰

골프 룰은 라운드를 즐겁게 하기 위해 다양한 상황에 따른 처치를 공문화한 공평하고 일관된 규칙이다. 라운드 중에 흔하게 일어나는 상황에 맞는 기본 룰을 알아보자.

티 박스에서의 가장 많이 발생되는 룰

티잉 그라운드의 크기는? 양 티 마크에서 티 마크 뒤로 클럽 2개의 범위이므로 꼭 티 마크 선상에서만 볼을 티업할 필요는 없다. 클럽 2개 안쪽에서 가장 좋은 위치를 선택할 수가 있다.

연습 스윙에서 볼을 건드렸을 경우는? 연습 스윙을 하다 볼을 건드려 볼이 티 밑으로 떨어질 경우는 벌타가 없다. 다시 티 위에 올려놓고 스윙을 하면 된다. 연습 스윙을 할 때는 볼과 적절한 거리를 두고 연습 스윙을 하자.

헛스윙을 했을 경우는? 어드레스를 하고 스윙했는데 헛스윙이라면 1타로 계산하여 다음 2타째 스윙이 된다. 볼을 칠 의도가 있는 스윙은 1타로 간주된다.

볼을 티잉 그라운드 밖에서 플레이했을 경우는? 자신도 모르게 티잉 그라운드 밖에 티를 꽂고 볼을 쳤다면 1타로 보고 티잉 그라운드 안에서 다시 2타째 스윙을 해야 한다.

티 샷 순서를 어겼을 경우는? 선택 티 샷의 순서는 예의에 대한 문제이므로 벌타는 없다. 그러나 동반자 존중의 차원에서 순서는 지켜져야 한다. 또한 티 샷의 오너라면 미리 준비하는 습관을 기르고 빠르게 진행하기 위해 상황에 따라 합의에 의해 순서를 달리하기도 한다.

O.B가 났을 경우는? O.B가 났을 때는 1벌타를 부여 받고 티잉 그라운드에서 다시 제3타를 치면 된다. 그러나 국내에서는 진행을 빠르게 하기 위해 O. B 티를 페어웨이에 만들어 놓았으므로 2벌타를 부여받고 O.B 티에서 제4타를 친다.

해저드에 빠졌을 경우는? 일단 1벌타를 받는다. 워터 해저드를 표시하는 말뚝 중에 빨간색은 래터럴 워터 해저드(Lateral Water Hazard : 우리나라에선 병행 워터 해저드라고 함), 노란색은 워터 해저드(Water Hazard : 일반적인 워터 해저드)를 의미한다. 이 두 지역의 차이는 볼이 이 지역으로 들어갔을 때 구제를 받는 방법에 있다.

노란 말뚝의 워터 해저드에는 2가지 구제 방법이 있는데 ① 원구를 최후로 플레이한 곳에서 되도록 가까운 지점에서 볼을 플레이한다. ② 홀과 워터 해저드의 한계를 최후로 원구가 넘어간 지점을 연결한 직선상으로 그 워터 해저드 후방에 볼을 드롭한다. 그 지점이 워터 해저드 후방이면 아무리 멀리 떨어져도 그 거리에는 제한이 없다.

빨간 말뚝의 래터럴 워터 해저드에는 4가지 구제 방법이 있다. 위의 두 가지에다 ③ 볼이 워터 해저드의 경계를 최후로 넘은 지점에서 두 클럽 내에서 드롭할 수 있고 ④ 홀에서 같은 거리에 있는 워터 해저드 건너편 쪽의 경계 지점에서 두 클럽 내에 드롭하고 플레이할 수 있다.

어드레스에서 공을 건드려 티 위에서 떨어졌을 경우는? 벌타가 아닌가 싶어 덜컥 겁을 먹고 걱정하는 경우가 있다. 당황하지 마라! 벌타는 없다. 티 위에서 떨어진 공은 아직 인플레이공이 아니기 때문에 다시 티 위에 공을 올려놓고 스윙하면 된다.

페어웨이에서의 가장 많이 발생되는 룰

연습 스윙에서 볼을 맞혔을 경우는? 연습 스윙을 하다 볼을 맞혀 움직이면 한 타를 친 것으로 간주한다. 티잉 그라운드는 보호 받는 지역이어서 타수 적용이 없지만 페어웨이는 볼이 움직이면 스윙한 것으로 간주한다. 그러므로 연습 스윙을 할 때는 볼과 거리를 충분히 두고 하는 것이 안전하다.

헛스윙을 했을 경우는? 어드레스를 하고 스윙을 했는데 헛스윙이 되었다면 그 스윙도 1타로 계산하여 다음은 2타째 스윙이 된다. 결국 볼을 칠 의도 있는 스윙은 1타로 간주된다.

샷 순서를 어겼을 경우는? 샷의 순서는 예의에 대한 문제이므로 벌타는 없다. 그러나 동반자에 대한 존중의 뜻이며 안전상의 문제가 되므로 자연스레 샷의 순서는 지켜져야 한다. 그래서 샷의 순서는 핀에서 먼 골퍼의 순서가 된다. 또한 샷의 오너라면 빠르게 준비하는 습관을 기르고 빠르게 진행

하기 위해 상황에 따라 합의에 의해 순서를 달리하기도 한다.

O.B가 났을 경우는? O.B가 났을 때는 다시 1벌타를 부여 받고 볼을 친 곳에서 다시 제3타를 치면 된다. 그러므로 O.B가 확실치 않아도 O.B의 확률이 있을 경우 잠정구를 치고 확인해야 잘못되어 왔다 갔다 하는 시간을 줄이 수 있다.

카트 도로에 볼이 있을 경우는? 카트 길에 볼이 있을 때는 무벌타로 드롭할 수 있다. 카트 길은 인공 장애물이기 때문에 홀에 가깝지 않고 볼이 있는 가까운 지역으로 스탠스가 걸리지 않는 곳에 드롭이 가능하다.

배수로의 물받이에 볼이 있을 경우는? 배수로에는 종종 볼이 걸려 있기도 하는데 무벌타로 드롭할 수 있다. 배수로나 물받이는 인공 장애물이기 때문에 홀에 가깝지 않고 볼이 있는 가까운 지역으로 스탠스가 걸리지 않는 곳에 드롭이 가능하다. 그리고 스탠스가 걸려도 홀에 가깝지 않은 지역에 무벌타로 드롭이 가능하다.

그린에서 가장 많이 발생되는 룰

홀컵과 볼 사이의 모래를 치웠을 경우는? 0벌타. 그린에서는 모래도 루스 임페디먼트가 되어 손으로 치울 수 있다.

볼과 홀 사이에 있는 볼의 흔적을 고치고 퍼팅했을 경우는? 0벌타. 그린에서 퍼트하기 전 볼이 떨어진 충격으로 생긴 흔적과 오래된 홀의 상처는 고칠 수 있다.

홀 컵에 가까운 볼을 먼저 쳤을 경우는? 0벌타. 먼 거리에 있는 사람이 먼저 치는 것이 원칙이지만 스트로크 플레이에서는 원활한 진행을 위해 순서를 달리해도 벌타는 없다.

아주 짧은 퍼트를 퍼터 뒷면으로 쳐 홀 아웃했을 경우는? 0벌타. 볼은 반드시 페이스로 쳐야 한다는 규칙은 없으며, 헤드의 어느 부분으로 쳐도 상관은 없지만 만일 누르거나 당길 경우에는 위반이 되어 2벌타를 받는다.

동시에 퍼트한 2개의 볼이 충돌했을 경우는? 0벌타. 홀에서 비슷한 거리에 있던 볼을 동시에 퍼트했으므로 두 사람 모두 벌타는 없고 그 스트로크를 취소하고 볼에 있던 원위치로 다시 갖다 놓고 플레이를 계속한다.

컵 가장자리에 서는 것처럼 보이던 볼이 홀인 됐을 경우는? 0벌타. 바람과 물에 따라 움직인 볼은 인플레이 볼이므로 정지한 곳에서 플레이를 계속하게 되어 있다. 따라서 홀인한 것으로 인정된다.

그린에서 마크하지 않고 볼을 집어 올렸을 경우는? 1벌타. 마크하지 않고 볼을 집어 올렸을 때는 1벌타를 부가하고 볼을 원위치에 놓아야 한다.

캐디가 깃대로 목표를 가리킬 때 그대로 퍼트했을 경우는? 2벌타. 퍼터하기 전에 깃대로 가리키는 행위는 벌타가 없지만 그대로 퍼터하면 2벌타 위반이 된다.

홀컵을 스치고 동반경기자의 볼을 맞혔을 경우는? 2벌타. 정지하고 있는 다른 동반자의 볼을 맞히면 친 본인에게 벌타가 부여된다. 볼이 정지한 곳에서 플레이를 계속하고 동반자의 볼은 원위치로 갖다 놓는다.

그린 면에 놓인 깃대에 볼이 맞고 홀 인 됐을 경우는? 2벌타. 그린에서 친 볼이 그린의 안과 밖에 놓여 있던 깃대에 맞으면 벌타가 부과된다. 다른 홀에 있던 깃대의 경우도 마찬가지다. 볼은 정지한 곳에서 다음 플레이를 하는 것이기 때문에 홀인은 인정된다.

자신의 볼이 동반자의 볼과 바뀌었을 경우는? 2벌타. 서로자신의 볼이 아닌 오구 플레이를 했기 때문에 2벌타가 주어지고 두 사람 모두 오구 플레이한 장소로 돌아가 자신의 볼로 계속한다.

동반자에게 퍼터를 빌려 사용했을 경우는? 2벌타. 동반자에게 클럽을 빌리면 2벌타가 부과되며, 동반자의 퍼터를 사용하지 않겠다는 선언을 하지 않으면 경기 실격이 된다.

골프 용어

A

Ace 에이스 | 티 박스에서 단 한 번 스윙으로 홀에 집어넣는 것. '홀인원'이라고도 알려져 있다. 만약 공이 깃대에 기대어져 있을 때는 깃대를 조심스레 움직여서 공이 구멍 안으로 들어갈 수 있게 치울 수 있다.
Address 어드레스 | 공을 치는 자리에 서서 공을 치기에 앞서 클럽을 조정하는 것을 말한다.
Albatross 알바트로스 | 규정 타보다 3타 적은 수로 홀인하는 경우.
Apron 에이프론 | 짧게 깎은 풀로 이루어진 그린 둘레를 말함.

B

Back nine 백 나인 | 18홀 골프 코스에서 두 번째 코스를 말한다. 대부분의 골프 코스에서 첫 번째 9홀은 클럽 하우스로부터 곧바로 펼쳐져 있다. 그리고 나서 플레이어는 방향을 바꿔 다시 돌아 들어온다.
Back spin 백 스핀 | 볼의 역회전. 언더 스핀이라고도 한다. 로프트가 있는 클럽으로 바르게 친 볼은 백 스핀으로 나간다.
Back swing 백스윙 | 샷을 위해 클럽을 뒤로 스윙하는 모션.
Back stroke 백 스트로크 | 샷을 위해 클럽을 뒤로 스윙하는 모션.
Ball 볼 | 골프 공. 미국 사이즈는 직경 1.68인치보다 작지 않고 무게는 1.62온스보다 무겁지 않은 것. 영국 사이즈는 1.62인치보다 작지 않고 무게는 1.62온스보다 무겁지 않은 것. 이 2가지가 공식 볼로 인정되어 있다.
Baseball Grip 베이스 볼 그립 | 오버래핑 또는 인터로킹이 아닌 야구 배트를 쥐는 형태의 그립.
Birdie 버디 | 한 홀의 규정 타수보다 하나 적은 타수로 홀인하는 것.
Bisk 비스크 | 사전상으로는 약한 쪽에 주는 1점(1스트로크)의 핸디캡이라는 뜻으로 골프에서는 핸디캡 홀을 스스로 선택할 경우에 이것을 비스크(bisk)라고 한다.
Blade 블레이드 | 아이언 클럽의 칼날형으로 된 부분.
Blade putter 블레이드 퍼터 | 평평한 면의 금속으로 된 경타용 골프채.
Blast 블래스트 | 벙커에서 모래를 폭발시키듯 크게 치는 것으로 익스플로전 샷과 같다.
Blow 블로 | 강타. 힘을 넣어 치는 것.
Bogey 보기 | 파보다 하나 더 친 타수로 홀인하는 것을 말한다.
Bogey player 보기 플레이어 | 1홀 평균 스코어가 보기로서 오르는 골퍼를 말한다. 즉 1라운드 90전후의 사람으로 애버리지 골퍼와 같은 뜻이다.
British open 브리티시 오픈 | 1860년에 개설했으며, 세계에서 가장 오래된 역사를 자랑하는 오픈 선수권.
Bunker 벙커 | 웅덩이를 파서, 흙 또는 모래 등을 깔아 놓은 장애물. 경우에 따라서는 잡초가 깔려 있는 웅덩이도 이 범위에 속하며, 그래스 벙커(Grass Bunker)라고 부른다.
Bunker rake 벙커 레이크 | 벙커를 고르게 하는 고무래.
Bunker shot 벙커 샷 | 벙커 안에 떨어진 공을 그린 또는 페어웨이로 쳐내는 타법으로, 벙커에서 샷을 할 때는 클럽이 모래에 닿게(sole) 되면 벌타가 부과된다.
Buried lie 베리드 라이 | 볼이 부드러운 잔디나 모래에 떨어져 거의 시야에서 사라져 버렸을 때 일어나는 불운한 상황.

C

Caddie 캐디 | 플레이의 진행을 돕는 사람. 룰 상으로는 플레이어의 유일한 원조자가 되는 셈이며, 캐디의 조언을 받아도 무방하다.
Carpet 카펫 | 페어웨이 또는 퍼팅 그린을 말함.
Carry 캐리 | 사전상으로는 볼이 날아간 거리, 사정 거리라는 뜻으로 골프에서는 볼이 공중을 나는 거리를 말한다.
Cart 카트 | 캐디 백을 실어 나르는 수레를 캐디 카트 또는 골프 카트라고 한다. 1백용, 2백용의 손으로 끌고 다니는 수레, 4백용의 전동 캐디 카트도 있고, 타고 다니는 캐디 카트도 있다.
Casual water 캐주얼 워터 | 사전상의 의미는 코스의 장애로, 일부러 만든 것이 아니고 비 따위로 괸 물이라는 뜻. 골프에서는 코스 내에 우연히 생긴 일시적인 습지로 워터 해저드와는 구별된다.
Center of gravity 센터 오브 그래비티 | 골프채의 헤드 무게를 배분한 중심점. 그 위치가 낮고 깊을수록 볼은 잘 떠오른다.
Center weight 센터 웨이트 | 뒤쪽과 앞쪽의 중심 이론과는 전혀 반대가 되는 입장을 주장하는 골프 이론으로 헤드의 중심을 센터에 집중시킨다. 중심으로 명중시켰다면 힘이 최대한으로 발휘되지만 명중이 안 되면 관성 모멘트가 작기 때문에 큰 미스 샷을 내게 된다.
Centrifugal Force 원심력, 遠心力 | 원 또는 곡선상에서 원 또는 원호를 따라가는 것이 아니라 계속 직선 방향으로 가려는 물체의 힘으로 커브 길을 주행하는 차가 직진하려는 관성적인 힘을 말한다. 원심력은 질량(무게)에 비례하고 속도의 제곱에 비례하며 곡률 반경에

113

반비례한다. 예를 들면 차가 커브 길을 돌 때 원만(곡률 반경이 大)할수록 원심력이 작고, 차속이 빨라질수록 원심력이 커지는 것을 알 수 있다.
Champion course 챔피언 코스 | 공식 선수권 경기를 할 수 있는 정규의 설비를 갖춘 코스로 홀 수는 18홀. 전장은 6,500야드 이상으로 규정되어 있다.
Chip and run 칩 앤드 런 | 4, 5번 아이언과 같은 짧은 로프트를 가진 클럽으로 치는 샷. 그린의 가장자리나 러프에서 주로 사용하며, 칩 샷으로 꺼낸 볼은 연이은 퍼팅으로 홀 컵에 집어넣는다. 대체로 그 비율은 1/3은 칩 샷에, 2/3은 퍼팅 즉, 런(run)에 할애된다.
Chip in 칩 인 | 칩 샷으로 볼이 홀에 들어가는 것.
Chip shot 칩 샷 | 사전상으로는 손목만 사용해 볼을 짧게 친다는 뜻. 어프로치 샷의 일종으로 단거리에서 핀을 치는 샷.
Choke 초크 | 맥을 못 추다. 압박에 약하다는 뜻. 클럽을 짧게 잡는 것도 초크한다고 함.
Closed face 클로즈드 페이스 | 어드레스했을 때 골프채의 타면 방향이 왼쪽일 때. 스윙 도중 톱 스윙에서 골프채의 타면이 거의 곧장 위로 향할 때. 우드 클럽으로 슬라이스를 막기 위해 헤드를 직각보다 왼쪽으로 향하게 할 때.
Closed stance 클로즈드 스탠스 | 기본이 되는 스탠스의 일종으로 볼의 비행선과 평행한 가정선에서 오른발을 약간 뒤쪽으로 끌어 딛고 서는 스탠스.
Club 클럽 | 골퍼가 볼을 치기 위해 사용하는 골프채의 머리 부분. 골프 용구일 경우 14개 이상의 클럽을 가지고 라운드하는 것은 허용되지 않는다.
Club face 클럽 페이스 | 클럽 헤드의 볼을 치는 면. 타구면.
Club head 클럽 헤드 | 클럽의 선단을 말함. 클럽 헤드의 볼을 치는 면. 타구면.
Cocking 코킹 | 손목의 꺾임.
Coil 코일 | 백스윙 시 상체를 코일처럼 돌려 트는 것. 다운 스윙은 돌려 튼 코일을 단숨에 되푸는 것. 그 축적된 힘으로 볼을 친다.
Concede 컨시드 | 매치 플레이 시 상대방 볼이 원 퍼트로 넣을 수 있다고 생각되는 경우에 홀을 주는 것.
County club 컨트리클럽 | 원래는 전원 클럽이란 뜻이지만 지금은 대부분의 멤버제 골프 클럽에 이 명칭이 붙어 있다.
Course 코스 | 골프 코스의 생략, 골프 플레이를 위해 만든 지역 전체를 말한다. 코스에는 퍼블릭 코스(Public course), 컨트리클럽 멤버십 코스(Country membership course), 리조트 코스(Resort course), 세미 퍼블릭 코스(Semi-public course) 등이 있다.
Course rate 코스 레이트 | 기준이 되는 플레이어의 플레이를 기준으로 해서 그 코스의 여러 가지 조건을 고려해서 정한 코스의 난이도.
Course record 코스 레코드 | 각 코스에서 공식으로 인정한 최저 스코어의 기록.
Cross bunker 크로스 벙커 | 페어웨이 옆으로 비스듬하게 끊어 만든 벙커.
Cross hand grip 크로스 핸드 그립 | 퍼팅의 그립 시 오른손을 위로, 왼손을 아래로 하고 클럽을 잡는 것.
Cut shot 커트 샷 | 4번부터 웨지(wedge)에 이르는 모든 아이언 클럽을 사용해 치는 샷.

D

Decending blow 디센딩 블로 | 클럽을 스윙해서 내리는 것. 다운 블로와 같다.
Die 다이 | 퍼팅한 볼이 구르지 않고 멈추는 것.
Dimple 딤플 | 볼 표면에 꾸민 움푹한 모양. 볼을 떠올리는 힘이나 방향을 잡아 날아가는 데 크게 작용한다. 딤플이 없으면 볼 뒤에서 공기의 소용돌이가 생겨 속도가 줄게 된다.
Divot 디봇 | 볼을 쳤을 때 잔디나 흙이 클럽 헤드에 닿아 패인 곳.
Dogleg 도그렉 | 꺾인 페어웨이.
Double bogey 더블 보기 | 어떤 홀에서 파보다 2타 많은 타수.
Double eagle 더블 이글 | 파5홀을 2타로 넣을 때를 말하며, 알바트로스와 같다.
Down blow 다운블로 | 톱 오브 스윙에서 내려친 클럽 헤드의 중심이 최저점에 이르기 전에 볼을 치는 것.
Down hill lie 다운 힐 라이 | 내려가는 사면에 볼이 정지해 있는 상태.
Down swing 다운 스윙 | 톱 스윙에서 임팩트까지 쳐 내리는 스윙.
Draw 드로 | 조를 짜다. 무승부가 되다. 샷이 떨어지는 순간에 왼쪽으로 볼이 흐르는 것.
Dribble putt 드리블 퍼트 | 퍼팅 때 숏 퍼트를 계속하는 것.
Driver 드라이버 | 최장 거리를 치기 위해 클럽에서 가장 길고 수직에 가까운 로프트의 페이스를 갖고 있는 우드 1번 클럽.
Driving range 드라이빙 레인지 | 드라이버에 의한 타구 범위 또는 200야드 이상이 넘는 연습장.
Drop 드롭 | 경기 중 볼을 잃어버렸거나 장애 지역 또는 도저히 경기가 불가능한 위치에 볼이 놓여 있을 때, 경기가 가능한 위치에 볼을 옮겨 놓거나 새로운 볼을 다시 놓는 것.
Duff 더프 | 실패한 타격. 타구 시 볼 뒤의 지면을 때리는 것.

E

Eagle 이글 | 파(기준 타수)보다 2개 적은 타수로 홀인하는 것.
Edge 에지 | 홀, 그린, 벙커 등의 가장자리 또는 끝. 아이언의 가장자리.
Even 이븐 | 스트로크 수가 같을 때 또는 승패가 서로 우열을 가리기 어려울 때를 말한다. 이븐 파라고 하면 파와 동수인 것이다.
Explosion shot 익스플로전 샷 | 볼이 벙커에 떨어졌을 때 모래와

함께 강타해서 그 압력으로 볼을 모래와 함께 벙커에서 탈출시키는 샷.
Eye off 아이 오프 | 볼을 맞힐 때 눈이 볼에서 떨어지는 것. 머리를 들면 눈이 볼에 멀어지기 때문에 옳지 못한 샷의 원인이 된다. 시선을 든다는 룩 업(look up)도 같은 의미다.

F

Face 페이스 | 골프채의 타면.
Fade 페이드 | 볼이 떨어지기 직전에 속도가 둔해지면서 오른쪽으로 도는 것.
Fairway 페어웨이 | 티 그라운드와 그린까지의 잘 손질된 잔디 지대.
Fat 펫 | 볼 대신 볼 앞의 그라운드를 치는 것.
Finish 피니시 | 타구 완료의 자세 또는 경기 최후의 홀을 끝내는 것.
Flag 플랙 | 깃대 상단에 붙어 있는 깃발 또는 홀에 꽂혀 있는 핀.
Flip Shot 플립 샷 | 로프트가 큰 클럽으로 높게 올려 쳐 그린에 부드럽게 떨어지는 샷.
Follow through 팔로 스루 | 타구 때 클럽 헤드의 움직임이 정지되지 않고 비구선을 따라서 스윙되는 것.
Fore 포어 | 앞쪽의 플레이어나 코스의 인부 등에게 지금부터 볼을 친다고 하는 것을 알리기 위해 지르는 구호.
Foreteen club rule 포틴 클럽 룰 | 골프 경기에서 14개 이내의 클럽만을 갖고 쓸 수 있게 된 현행의 규칙.
Four somes 포섬 | 4명이 2명씩 조를 짜서 각 조가 1개의 볼을 교대로 쳐 나가는 게임 방식.
Foward pressing 포워드 프레싱 | 백스윙을 행하기 직전에 탄력을 갖도록 하는 예비 동작.
Fried egg 프라이드 에그 | 벙커에 빠진 볼이 모래 속으로 파고 들어서 눈알 같은 상태가 된 것.
Fringe 프린지 | 그린에 인접해 있는 외곽 지역의 짧은 잔디.
Front nine 프론트 나인 | 코스 전반의 9홀. 아웃 코스라고도 한다.
Full set 풀 세트 | 클럽을 14개 갖추는 것. 보통 우드 3개, 아이언 1개, 퍼터 1개.

G

Gallery 갤러리 | 골프 시합을 관전하러 온 관중.
Give 기브 | 쌍방의 볼이 홀 가까이 비슷한 지점에 놓여 있을 때 상대방에게 컨시드를 요구하는 소리로, 주로 숏 퍼팅에 약한 골퍼들이 자주 쓰는 말이다.
Give me 또는 gimme 기브 미 | 퍼팅 때 OK라는 뜻. 홀 컵까지 더 말할 여지없이 1퍼트로 성공시키는 거리일 때 상대가 허용하는 상황.

Golf 골프 | 15세기 중에 스코틀랜드의 동쪽 해안가에서 하던 게임에서 유래됨. "Guys Only, Ladies Forbidden"의 약어임.
Golf course 골프 코스 | 골프 경기를 하기 위해 만들어진 그라운드로, 보통 20~30만 평의 넓이를 차지한다.
Grain 그레인 | 그린 위에서 자라는 잔디의 방향 또는 잔디결. 이것은 퍼팅에 있어서 홀 컵에 접근시키는 데 막대한 영향을 미친다.
Grand slam 그랜드 슬램 | 원래는 압승 또는 대승을 뜻하는 말로, 골프에서는 특별히 한 해 동안 US 오픈, 브리티시 오픈, 마스터즈, 미국 PGA 선수권 등 4개 주요 경기의 챔피언을 모두 따내는 압승을 말한다.
Graphite fiber 그래파이트 파이버 | 카본의 샤프트가 되는 소재의 섬유.
Grass bunker 그래스 벙커 | 벙커의 모양을 한 구덩이로, 모래는 없고 길게 자란 풀이 덮여 있다. 룰에서는 모래가 깔린 벙커가 아니기 때문에 해저드가 안 된다. 따라서 어드레스 때 클럽의 바닥을 땅이나 풀에 대도 위반이 아니다.
Green 그린 | 보통은 퍼팅을 하는 장소. 경기 규정에서는 플레이하는 홀에서 해저드를 제외하고 20야드 이내의 퍼팅을 하기 위해 정비되어 있는 구역을 말한다.
Green jacket 그린 재킷 | 마스터즈 우승자에게 주어지는 윗옷. 마스터즈 경기는 이색적으로 우승자에게 우승컵 대신 재킷을 수여하고 있다.
Greenie 그리니 | 그린 위에 먼저 볼을 올려놓은 자가 이기게 되는 내기 경기. 기준 타수가 3인 홀에서는 티 샷을 한 이후 홀 컵에 가장 가까이 볼을 날린 자가 이긴다.
Grip 그립 | 샤프트의 윗부분으로 가죽이나 고무로 감겨져 있어 양손으로 쥐게 되는 부분 또한 샤프트를 쥐는 동작.
Groove 그루브 | 스윙의 옳은 궤도 또는 골프채의 타면에 새겨진 홈.

H

Handicap 핸디캡 | 실력이 다른 두 플레이어가 동등한 조건에서 경기를 할 수 있도록 배려하는 허용 타수. 이것은 각자의 기량과 코스의 기준 타수와의 평균치로 정해지며, 보통 1개월 사이에 있는 3~5회의 경기 성적을 핸디캡 위원에게 제출하면 위원회에서 이것을 기초로 핸디캡을 산출한다. 핸디캡에는 공인과 비공인 2가지가 있다.
Hazard 해저드 | 벙커나 바다, 못, 내, 연못, 개울 등의 워터 해저드를 포함한 장애물. 래터럴 워터 해저드란 플레이선에 병행해 있는 워터 해저드다. 벙커 주변, 벙커 안에 풀이 자란 곳 등은 해저드가 아니다.
Hole 홀 | 그린에 만들어진 볼을 넣는 구멍.
Hole in one 홀인원 | 티 그라운드에서 1타로 볼이 홀에 들어가는 것. 에이스라고도 한다.
Hole out 홀 아웃 | 볼이 홀 속에 명중하고 그 홀의 경기를 끝내는

것.
Home course 홈 코스 | 자기가 소속한 클럽의 골프 코스.
Home hole 홈 홀 | 18번 홀을 말하는 것. 마지막 홀이라는 뜻. 18번 홀의 그린을 홈 그린이라고도 한다.
Honor 오너 | 티 그라운드에서 제일 먼저 볼을 칠 권리를 오너 또는 타격 우선권이라고 한다. 이것은 이전 홀에서 가장 좋은 점수를 기록한 자에게 주어진다.
Hook 훅 | 시계 반대 방향으로 도는 볼의 회전으로 오른쪽에서 왼쪽으로 휘어지는 좌곡구를 말한다. 오른손잡이인 경우 타구가 볼의 비행선보다 왼쪽으로 도는 것을 말한다.
Hook spin 훅 스핀 | 좌회전. 볼이 오른쪽에서 왼쪽으로 되는 옆회전이 걸리는 것. 볼의 궤도는 왼쪽으로 꺾여 나가는 훅볼이 된다.
Horse shoes 호스 슈즈 | 두 플레이어가 각기 두 개의 볼을 사용해 각기 두 번의 퍼팅으로 승부를 겨루는 퍼팅 게임. 홀인원은 3점, 가장 가까이 홀 컵에 근접한 볼에 1점씩을 각기 부과해 종합 21점을 먼저 따내는 사람이 승리하게 된다.
Hosel 호젤 | 아이언 클럽 헤드를 샤프트에 고정할 때 가운데 공간 부분.

I

In bound 인 바운드 | 플레이가 가능한 구역, 즉 경기가 가능한 지역을 IB라 한다. 반면 그라운드에 표시는 흰색 표식을 경계로 외곽을 플레이 금지 구역, 즉 OB라고 한다.
In course 인 코스 | 18홀 중 후반의 9홀을 가리키는 말. '인'이라고도 함.
Inside out 인사이드 아웃 | 볼과 목표 지점을 연결하는 볼의 비행선 안쪽(즉, 목표를 바라보았을 때 비행선 왼쪽)으로부터 볼에 닿도록 바깥쪽(비행선 오른쪽)으로 스윙하는 스윙 경로를 말함.
Insurance for hole 인슈어런스 포 홀 | 골프 보험의 일종. 가입자가 홀인원을 하면 계약금 내에서 축하의 비용을 준비해 주는 보험.
Interlocking grip 인터로킹 그립 | 그립을 잡는 한 방법으로 손이 적은 사람이나 비교적 힘이 약한 사람이 사용한다.
Iron club 아이언 클럽 | 헤드의 부분이 금속으로 되어 있는 클럽.

L

Ladies tee 레이디스 티 | 여성 전용 티 그라운드. 일반적으로 티 마크로 표시한다.
Late hit 레이트 히트 | 다운 스윙 때 클럽 헤드의 되돌아오는 동작을 늦춰서 순발력을 폭발시키는 타법.
Lateral water hazard 래터럴 워터 해저드 | 홀이 병행해 있는 물웅덩이 등의 장애 지역.
Launch angle 런치 앵글 | 볼이 클럽 헤드에 접촉한 뒤 클럽 헤드를 떠날 때의 각도.
Lay off 레이 오프 | 플레이어가 백스윙의 톱 동작에서 실수로 손목 관절을 다쳤을 때 손목이 나을 때까지 '출입하는 골프장에서 일시 해고 당했다'라고 표현한다.
Lay out 레이 아웃 | 코스의 설계.
Lay up 레이 업 | 라이가 좋지 않거나 해저드에 있을 때 거리를 짧게 쳐서 빠져나오는 것.
Leader board 리더 보드 | 스코어 보드와는 별도로 파를 기준으로 각 경기 선수 그룹 선수들의 성적을 표시하는 게시판.
Leading edge 리딩 에지 | 골프채 헤드의 타면과 밑바닥의 경계선 즉 날. 골프채 타면의 맨 끝의 가장자리.
Lie 라이 | 낙하된 볼의 상태나 위치.
Lie angle 라이 앵글 | 골프채를 땅에다 어드레스했을 때, 샤프트선과 지면과의 사이에서 생기는 뒤쪽의 각도.
Links 링크스 | 골프 링크스의 생략으로 보통은 골프 코스를 의미한다.
Local rule 로컬 룰 | 각 코스의 특수 조건에 맞게 코스별로 설정하는 특수 규칙.
Loft 로프트 | 클럽 페이스의 각도 또는 경사.
Lonesome 론섬 | 혼자서 코스를 플레이하는 골퍼.
Long iron 롱 아이언 | 보통 1, 2, 3번 아이언.
Loose impediment 루스 임페디먼트 | 코스 내에 있는 자연적인 장애물, 홀에 부착해 있지 않은 것으로 땅속에 박혀 있지 않은 돌, 나뭇잎, 나뭇가지를 말한다. 이것은 플레이할 때 제거해도 좋은 것으로 되어 있다.
Lost ball 로스트 볼 | 분실구. 경기 중 잃어버린 볼.
Low handicap 로우 핸디캡 | 핸디캡이 적은 상급 플레이어.
line 라인 또는 선 | 방향을 정하기 위해 볼과 목표물을 연결하는 가상선을 말한다. 예) 퍼팅 라인, 슬라이스 라인, 훅 라인 등.

M

Marker 마커 | 스트로크 플레이에서 플레이어의 스코어를 기록하기 위해 위원으로 선임된 자. 마커는 심판이 아니다. 흔히 캐디나 동반 플레이어가 채점자가 되는 경우가 많다. 볼을 집어들 때 볼의 위치를 표시하기 위해서 놓게 되는 동전이나 동전과 유사한 표식을 말하기도 한다.
Master eye 주로 쓰는 눈 | 경기를 할 때 주로 많이 쓰는 쪽의 눈을 말한다.
Masters 마스터즈 | 1934년 어거스타 내셔널 토너먼트 초청 경기로 시작한 최초·최장수 토너먼트 경기. 로버트 존스의 제안으로 골프의 명수, 즉 master가 되자는 뜻에서 마스터즈라는 이름이 붙게 되었다. 1934년 제1회 대회에서는 호톤 스미스가 우승을, 크레이그 우드가 준우승을 차지했으며, 2회 대회에서는 장 사라센이, 3회는 다시

호톤 스미스, 4회에는 바이론 넬슨 등이 우승을 하면서 그야말로 세계 골프의 금자탑으로서 세계 골프 역사를 장식해 오고 있다. 이 대회 최다 우승은 잭 니클라우스가 기록한 5회(63, 65, 66, 72, 75년)이며, 미국인이 아닌 외국인 우승자로는 게리 플레이어(61, 74, 78년), 시베리아도 발레스테로스(80년), 그리고 85년도 우승자인 버나드 랭거가 있다. 특히 이 대회는 우승자에게 우승컵 대신 그린 재킷을 주어 '그린 마스터즈'라고도 불린다.

Match play 매치 플레이 | 경기의 일종으로 홀 매치라고도 한다. 2인 또는 2조로 나뉘어 각 홀별 타수로 승패를 정한다.

Medalist 메달리스트 | 매치 플레이의 예선 경기는 스트로크 플레이에서 상위 16명으로 제한하는데 그 수위에 있는 사람을 메달리스트라고 한다.

Medium iron 미디엄 아이언 | 4·5·6번 아이언. 러프나 숲속, 또는 맨땅에서 탈출할 때 또는 페어웨이의 패인 홈에 있는 볼을 칠 때도 미들 아이언을 사용한다. 안전하고 거리를 어느 정도 잘 낼 수 있는 편리한 골프채.

Mental hazard 멘탈 해저드 | 아무리 해도 빠져나가기 힘든 심리적인 장애물을 말한다. 대부분 어려운 벙커나 수면 장애물에 오면 샷이 잘 되지 않는 지역.

Moment of inertia 모멘트 오브 이널티어 | 골프채의 경우에는 스윙을 했을 때 샤프트, 그립, 클럽의 헤드 3가지에서 관성 모멘트가 생긴다. 중요한 것은 헤드의 무게가 중심으로 작용하는 관성 모멘트인데, 헤드가 길쭉하고 둥글수록 관성 모멘트가 커져서 잘 날리게 된다.

Mulligan 멀리건 | 최초의 샷이 잘못되어 벌타 없이 주어지는 세컨드 샷.

N

Natural grip 내추럴 그립 | 야구 배트를 쥐듯이 쥐는 그립의 한 방법으로, 열 손가락으로 그립하는 것으로, 일명 '베이스 볼 그립'이라고도 한다.

Neck 넥 | 클럽 헤드가 샤프트와 연결되는 부분.

Net score 네트 스코어 | 1라운드 총 타수에서 자기 핸디캡을 뺀 스트로크 수.

Never up never in 네버 업 네버 인 | 홀에 오지 않은 볼은 홀에 결코 들어가지 않는다는 뜻으로 퍼트는 홀에 가고도 남도록 볼을 쳐야 한다는 말이다.

Nineteenth 19th hole 나인틴스 홀 | 골프장의 식당. 18홀을 끝낸 다음 한잔하는 장소를 말함.

Nose 노즈 | 골프채 헤드의 맨 앞.

O

OB 오비 | Out of bounds(아웃 오브 바운즈)의 약자. 코스 밖 또는 안에서 플레이하는 것을 금지하고 있는 지역. 룰에서는 아웃 바운드로 표현한다. 볼이 OB로 날아가 빠졌을 때는 1벌타이고 전의 위치에서 다시 치게 된다. 다시 치는 타수는 제3타가 된다. OB 말뚝은 보통 흰 것으로 표시한다.

On green 온 그린 | 볼이 그린에 이르는 것.

One on 원 온 | 1타로 볼을 그린에 올려놓는 것.

One piece swing 원 피스 스윙 | 전체 기능이 일체화된 백스윙.

One putt 원 퍼트 | 그린에 한 번 쳐서 퍼팅을 명중시키고 끝내는 것.

One round 원 라운드 | 코스를 한 바퀴 도는 것. 18홀을 플레이하는 것.

Open championship 오픈 챔피언십 | 각기 남녀별로 나뉘어 프로와 아마추어의 구별 없이 누구든 일정한 출전 자격이 있으면 참가할 수 있는 선수권 경기를 말한다.

Open face 오픈 페이스 | 클럽 페이스를 수직보다 조금 벌어진 기분으로 놓아두는 것.

Open game 오픈 게임 | 아마추어와 프로가 라운드를 해서 기술을 겨루게 되는 경기.

Open stance 오픈 스탠스 | 기본적으로 3가지 스탠스 중 하나로 오른발을 왼발보다 조금 볼 쪽으로 내놓고 목표를 향해 취하는 발 자세.

Open tournament 오픈 토너먼트 | 지역적으로 열리는 오픈 경기.

Outside in 아웃사이드 인 | 타구 시 클럽 헤드가 볼이 날아가는 선의 바깥쪽으로부터 안쪽으로 비스듬하게 들어가는 것.

Over 넘어가다 | 볼이 목표한 그린 또는 홀을 넘어서 멀리 떨어지는 것을 말한다. 또는 타수가 기준 타수보다 많을 때도 사용한다. 후자일 경우에는 몇 오버 파라고 한다.

Over clubbing 오버 클러빙 | 목표 거리에다 날려 보낼 때 필요한 골프채보다도 약간 높은 번호의 골프채를 선택하는 것.

Over spin 오버스핀 | 볼에 역회전을 주어 볼이 날아가는 방향으로 회전하게 하는 것. 볼의 중심부보다 조금 위를 치면 오버스핀이 된다. 반대는 백 스핀.

Over swing 오버 스윙 | 스윙의 톱 동작에서 지나치게 클럽을 휘둘러 필요 이상 치켜드는 것.

Overlapping grip 오버래핑 그립 | 일반적으로 가장 많이 사용하는 그립 방법으로 오른손 새끼손가락을 왼손 집게손가락 위에 갈퀴와 같이 걸어 잡는 방법을 말한다. 해리 바든(Harry Vardon)이 고안해 보급했다고 해서 '바든 그립(Bardon Grip)'이라고도 한다.

P

PGA 피지에이 | 프로골프협회(Pro Golf Association)의 약자.

Palm grip 팜 그립 | 샤프트를 손바닥으로 쥐는 것과 같이 양손의 손바닥으로 쥐게 되는 그립. 내추럴 그립이라고도 한다.

Par 파 또는 기준 타수 | 티를 출발해 홀을 마치기까지의 정해진 기준

타수를 말한다. 이때 그린 위에서의 퍼팅은 2번으로 기준했다. 보통 3, 4, 5타를 기준 타수로 정하고 있으며, 여성 골퍼의 경우 6타의 홀까지 있다. 홀당 남녀별 정확한 거리 및 기준 타수를 보면 다음과 같다. 파3 : (남)~250야드 (여)~210야드, 파4 : (남) 251~471야드 (여)211~400야드, 파5 : (남)471야드 이상, (여)401~575야드, 파6 : (여)576야드 이상

Par break 파 브레이크 | 버디 이상의 스코어를 내는 것.
Partner 파트너 또는 짝 | 포섬 경기에서 한편이 되는 경기자. 현재는 동반 경기자라는 의미로도 쓰이고 있다.
Penalty 페널티 | 벌타 또는 벌칙. 규칙에 의해 부과된다.
Penalty stroke 페널티 스트로크 | 규칙 위반에 대해 타수로 벌을 주는 것.
Pin 핀 | 홀을 표시하기 위해 꽂혀지는 깃대 또는 핀.
Pitch 피치 | 그린 근처에서 또는 그린으로부터 얼마 떨어져 있지 않은 지점으로부터 볼을 공중에 띄워 그린으로 쳐 보내는 것으로 어프로치 샷의 일종.
Pitch and run 피치 앤 런 | 볼이 낙하 뒤에 구르도록 치는 타법으로 어프로치 샷의 일종.
Pitch shot 피치 샷 | 타면의 각도가 큰 숏 아이언으로 볼을 높이 날려서 그린이나 핀을 겨냥하는 것. 연못 넘기기, 벙커 넘기기에 잘 이용되는 샷이다.
Pitching wedge 피칭 웨지 | 피치 샷용으로 만들어진 웨지로 로프트가 많고 무게도 가장 무겁다.
Pivot 피봇 | 허리의 회전 및 허리를 비트는 허리 틀기.
Plateau green 플레튜 그린 | 포대 그린. 포대 그린을 겨냥할 때는 부드러운 피치 샷으로 볼을 떠 올리든가 런닝으로 튀어 오르게 하는 방법이 있다. 어떤 방법으로 할지는 그린 주변의 상황에 따른다.
Practice tee 프랙티스 티 | 골퍼들이 백에 있는 모든 클럽을 가지고 샷 연습을 할 수 있는 연습 그라운드.
Pronation 프로네이션 | 임팩트 뒤 왼손이 제쳐지는 것. 잘못된 왼손의 내전은 왼쪽으로 꺾어 나가는 샷이나 더 심한 훅 볼이 난다.
Provisional ball 프로비저널 볼 | 볼이 분실되었거나 OB, 워터 해저드에 들어갔다고 생각될 때 플레이어가 그 위치에서 대신 치는 볼.
Public course 퍼블릭 코스 | 컨트리클럽이나 골프 코스처럼 회원제가 아니고 일반 대중에게도 개방된 코스. 골프 대중화에 있어서 가장 필연적으로 따라야 할 시설이기도 하다.
Pull 풀 | 바깥쪽에서 안쪽으로 스윙을 해 그 결과 볼이 왼쪽으로 날아가는 샷.
Punch shot 펀치 샷 | 주먹으로 치다, 힘을 말함. 손목을 잘 써서 치는 것을 펀치 샷이라고 한다. 약간 오른쪽으로 보낸 볼을 누르듯이 위로부터 골프채로 쳐 내리고 팔로 스루를 없애는 샷. 쳐 날린 볼은 낮게 튀어나가고 땅에 떨어진 다음에 바로 멎는다. 아이언의 컨트롤 샷 때 잘 이용된다.
Push shot 푸시 샷 | 다운블로로 볼을 낮게 뜨게 치는 방법. 아이언에 의한 타법의 일종으로 역풍에 효과가 있다.
Putt 퍼트 | 그린 위에서 볼을 홀로 향해서 굴려 치는 플레이.
Putter 퍼터 | 퍼트용의 아이언 클럽 그린 위에서 직접 핀을 쏘는 클럽으로 T. D. L형의 3종이 있다. L형 퍼트는 클럽 헤드의 모양이 L형인 것이고, D형은 주먹형, T형은 페이스의 방향을 정하기 쉽게 만든 것.
Putting 퍼팅 | 그린 위에서 볼을 홀에 넣기 위해 퍼터로 스트로크를 하는 것.
Putting line 퍼팅 라인 | 그린 위의 볼과 홀을 직선으로 이은 선으로 퍼팅 시 공격선을 말함.

Q

Qualify 퀄리파이 | 예선을 통과하는 것. 미국에서 말하는 커트 라인(cut line)과 같은 뜻이다.
Quarter swing 쿼터 스윙 | 백스윙을 풀 스윙의 1/4 정도로 하는 것.

R

R & A 알앤에이 | 영국 골프협회(Royal and Ancient golf club)의 약자.
Range 레인지 | 타석을 가지런히 해 놓고 치는 드라이빙 연습장.
Recovery shot 리커버리 샷 | 실책을 한 뒤 그것을 만회하기 위한 샷.
Referee 레프리 | 심판원. 골프에서는 원칙적으로 플레이어 자신이 심판원이다.
Roll over 롤 오버 | 볼을 친 뒤 클럽을 쥔 양손을 앞으로 돌리는 것.
Rough 러프 | 그린 및 해저드를 제외한 코스 내의 페어웨이 이외의 부분. 풀이나 나무 등이 그대로 있는 지대.
Round 라운드 | 골프 코스는 클럽 하우스에서 시작해서 circular pattern으로 클럽 하우스로 돌아오는 형태로 되어 있기 때문에 골프 게임을 골프 라운드라고도 한다.
Run 런 | 볼이 굴러가는 것. 투 피스 볼은 고무 실로 말아서 만든 볼보다 땅에 떨어진 뒤에 굴러가는 거리가 멀다.
Running approach 러닝 어프로치 | 어프로치 샷의 한 방법으로, 비교적 로프트가 적은 아이언으로 볼을 멀리 구르게 해서 홀에 접근시키는 것.

S

Sand 샌드 | 샌드 그린, 샌드 트랩(벙커). 샌드 웨지 등 모래에 연유되는 말이 많다.
Sand box 샌드 박스 | 티잉 그라운드 옆에 흔적을 메우는 용도의 흙으로 모래 통이 준비되어 있다.
Sand trap 샌드 트랩 | 흔히 벙커라고 하는 샌드 해저드를 말한다.

Sand wedge 샌드 웨지 | 벙커 샷용으로 특별히 고안된 클럽. 로프트를 크게 가지기 위해 낮은 각도의 클럽 페이스와 볼 아래에 있는 모래와 함께 클럽이 미끄러지도록 클럽 바닥에 플랜지를 가진 클럽.
Save 세이브 | 볼이 그린을 벗어나 벙커나 그린 옆의 러프 지역에 떨어졌기 때문에 파 플레이가 의심스러운 경기.
Scoop 스쿠프 | 아이언 클럽으로 볼을 높이 떠내듯이 쳐 올리는 것. 벙커에서 높은 그린으로 쳐 올리는 것.
Scramble 스크램블 | 스코틀랜드식 포섬 경기. 멤버 4명 전원이 티 샷을 하고 이 가운데 세컨드 샷이 가장 유리한 티 샷을 선택해 그 볼을 그 위치에서 다시 4명 전원이 세컨드 샷을 하고, 다시 서드 샷에 유리한 볼을 택해 다시 공격하는 방식.
Scratch 스크래치 | 상대편에게 핸디캡을 붙이지 않는 것 또는 핸디캡이 0인 것.
Set up 셋 업 | 어드레스와 같은 뜻. 볼을 치기 위해 자세를 잡는 것.
Shaft 샤프트 | 골프 클럽의 자루. 현재는 거의 스틸이나 합금의 샤프트이며 경도도 몇 개의 단계가 있다.
Shank 생크 | 샷할 때 볼이 클럽 샤프트의 목 부분에 맞는 것으로 실패 타의 하나.
Short game 숏 게임 | 어프로치에 속한 단거리 플레이 방법. 6번 이하의 아이언 클럽 사용.
Short hole 숏 홀 | 거리가 짧은 250야드 이하, 즉 파3홀을 말함.
Short iron 숏 아이언 | 7, 8, 9번의 짧은 아이언 클럽의 총칭. Shot(샷) 클럽으로 볼을 치는 것.
Shot approach 숏 어프로치 | 가까운 거리의 어프로치. 웨지나 샌드의 최대 비거리 이내의 거리로 힘 조절에 의한 테크닉이 필요한 경우.
Side blow 사이드블로 | 볼 옆을 쳐서 튕겨 보내듯이 치는 것.
Side bunker 사이드 벙커 | 페어웨이 옆에 있는 벙커.
Side spin 사이드 스핀 | 볼이 옆으로 회전하는 것.
Single 싱글 | 경기에서 2인이 라운드하는 것 또는 핸디캡이 9이하 1까지의 골퍼를 의미함.
Skinsgame 스킨스 게임 | 3~4명의 골퍼들이 경기를 해 가장 낮은 스코어를 기록한 플레이어가 이기게 되는 내기 경기.
Slice 슬라이스 | 오른손잡이 골퍼의 경우 볼이 오른쪽으로 스핀해서 전체적으로 비구선보다 오른쪽으로 휘는 볼.
Slope 슬로프 | 비탈진 곳.
Snap 스냅 | 볼을 친 순간에 손목에 힘을 세게 주어 탄력을 갖게 한다.
Sole 솔 | 클럽 헤드에서 지면에 닿는 부분.
Spin 스핀 | 볼을 날린 결과 볼에서 생기는 회전.
Spoon 스푼 | 3번 우드 클럽.
Spot 스폿 | 볼 뒤에 동전 등의 마크를 놓아 그린 위 볼의 위치를 표시하는 것.
Spot putting 스폿 퍼팅 | 퍼팅 그린의 불완전한 상태나 바탕색과 다른 빛깔을 식별해 퍼팅선을 가늠한 다음 그 일정 지점을 퍼팅 공략에 이용하는 퍼팅.
Square face 스퀘어 페이스 | 어드레스했을 때 채의 타면이 비구선에 대해 직각이 되게 치는 페이스.
Square stance 스퀘어 스탠스 | 스탠스(자세)의 기본이 되는 3가지 가운데 하나로 양쪽의 발끝이 비구선과 평행이 되도록 발의 위치를 정하는 것.
Stance 스탠스 | 볼을 향해서 위치를 정하고 타구 자세를 취하는 것, 즉 발을 놓는 위치, 스퀘어, 클로즈드, 오픈의 3가지 기본 스탠스가 있다.
Strong grip 스트롱 그립 | 왼손을 깊이 쥐고, 오른손은 얕게 샤프트 밑으로부터 쥐는 그립.
Sudden death 서든 데스 | 메달 토너먼트나 2인 이상의 동점자가 나와 토너먼트를 치러야 할 때 채택하는 연장전의 한 방식.
Sway 스웨이 | 스윙할 때 몸 중심선을 좌우 또는 상하로 이동시키는 것.
Sweep off 스위프 오프 | 클럽 헤드의 원심력을 써서 쓸어 내듯이 볼을 치는 것.
Sweet spot 스윗 스폿 | 클럽 페이스에서 볼을 쳐야 하는 중심점.
Swing balance 스윙 밸런스 | 클럽이 좋고 나쁜 것은 이 밸런스의 좋고 나쁨에 관계가 있다. 밸런스의 좋고 나쁨은 클럽의 좋고 나쁨을 결정하는 요인이다.
Swing plane 스윙 플랜 | 스윙 시 클럽과 손과 팔 그리고 엉덩이 등이 그리게 되는 궤적을 말하며, 이는 스윙 포물선과 함께 스윙을 좌우하는 중요한 열쇠이다.
Swing through 스윙 스루 | 클럽을 중도에 멈추지 않고 완전히 흔들어 치는 것.
Swing weight 스윙 웨이트 | 스윙할 때 느끼는 클럽 무게.
square grip 스퀘어 그립 | 왼쪽 손등, 오른쪽 손바닥이 비구선에 대해 거의 직각이 되게 쥐는 방법.

T

Take away 테이크 어웨이 | 백스윙의 시작 부분.
Take back 테이크 백 | 클럽을 치켜드는 것. 백스윙과 같다.
Tap in 탭 인 | 홀에서 불과 몇 인치밖에 떨어져 있지 않아 툭 건드려서 홀에 집어넣는 매우 짧은 거리의 퍼팅.
Target line 타깃 라인 | 목표로 향한 방향 또는 골프채의 타면 방향.
Tee 티 | 티잉 그라운드의 줄임말. 각 홀에서 1타를 치는 장소 또는 볼을 놓는 자리를 말한다.
Tee ground 티 그라운드 | 각 홀의 제 1구를 치기 위해 설치된 지역.
Tee mark 티 마크 | 볼의 타격 지점을 표시하는 표식.
Tee off 티 오프 | 티에서 볼을 쳐 플레이하는 것.

Tee shot 티샷 | 티에서 볼을 치는 것.
Tee up 티 업 | 볼을 치기 위해 티 위에 볼을 올려놓는 것.
Tempo 템포 | 스윙의 빠르기, 페이스. 일반 아마추어는 백스윙과 다운 스윙 모두 천천히 페이스하는 것이 좋다.
Texas wedge 텍사스 웨지 | 그린 밖에서 퍼터를 써서 어프로치하는 것.
Three quarter shot 쓰리 쿼터 샷 | 최대한의 샷이 채 안 되는 크기로 치는 것. 최대한의 샷은 그 스윙의 정상이 오른쪽 어깨보다 약간 위가 될 때를 말함.
Threesomes 쓰리섬 | 1인 대 2인의 매치 플레이로, 2명씩 짝을 지은 쪽은 9개의 볼을 번갈아 가며 친다. 대부분 상급자와 초보자가 한 조가 되고 중급자가 이에 대항해서 플레이한다.
Tie 타이 | 동점. 경기에서는 최소 타수의 사람이 2인 이상일 때.
Toe 토우 | 발끝. 클럽 헤드의 끝부분.
Top 톱 | 볼의 윗부분을 치는 것. 백스윙의 정상, 헤드업을 한 것.
Top of swing 톱 오브 스윙 | 백스윙의 최정점이자 다운 스윙의 시발점이 되는 일련의 동작.
Torque 토크, 회전력 | 회전력, 비틀림 모멘트라고도 한다. 어떠한 길이의 막대기 끝에 회전시키려고 하는 방향으로 힘을 가했을 때 막대기에 걸리는 회전력을 말한다. 반지름 r인 원형 단면을 가지는 회전체가 축으로 받쳐져 있는 경우 원주의 접선 방향으로 힘 F가 작용하고 있다면 회전체는 r×F의 모멘트로 회전 운동을 한다. 이때 회전축의 모멘트가 토크. 즉, 토크는 힘의 크기와 힘이 걸리는 점에서 회전 중심점까지의 길이의 곱으로 나타낸다.
Trap 트랩 | 벙커.
Trouble shot 트러블 샷 | 곤란한 타구. 치기 나쁜 러프에서 치는 것.
Turn over 턴 오버 | 클럽을 쥔 양손을 왼쪽에서 오른쪽으로 돌릴 때.

U

U.S. Open 전미 오픈 골프 선수권 | 전미 오픈 골프 선수권 경기.
U.S.G.A 미국 골프 협회 | 미국 골프 협회(United State Golf Association)의 약자.
Uncock 언 콕크 | 스윙 시 굽게 한 손목을 펴서 원 상태로 돌아가게 하는 것.
Uncoil 언 코일 | 스윙에서 틀어 돌린 상체를 다시 원 상태로 푸는 것.
Under clubbing 언더 클럽잉 | 필요로 하는 클럽보다 하위 클럽(짧은 클럽)을 사용하는 것.

Under par 언더 파 | 파보다 적은 타수.
Undulation 언듀레이션 | 코스의 높고 낮은 기복 상태를 말하는데, 변화가 업 앤 다운(up and down)보다 미묘하고 울퉁불퉁한 정도뿐일 때만 쓰인다.
Up hill lie 업 힐 라이 | 비구선에 대해 오르막 언덕 비탈에서 볼이 멎는 것.
Up right hill 업 라이트 힐 | 올라가는 비탈이 급경사인 곳.
Up right swing 업 라이트 스윙 | 스윙이 활 모양으로 직립되어 있는 스윙.
Upper blow 어퍼블로 | 드라이버로 치는 한 방법. 헤드가 스윙의 맨 밑 지점을 통과한 다음 타면의 각도가 위로 향하는 순간에서 볼을 맞히는 타법.
Upright 업라이트 | 스윙에서는 수직적인 타법이고, 클럽의 경우는 샤프트의 축이 수직에 가까운 것을 말함.

V

Vardon grip 바든 그립 | 해리 바든에 의해 창안된 그립으로 오버래핑 그립을 말함. V형 그립.

W

Waggle 왜글 | 클럽에 탄력을 붙이는 동작. 백스윙을 시작하기 전에 손목만으로 가볍게 클럽을 흔들어 굳어 있는 부분을 부드럽게 하는 것.
Water hazard 워터 해저드 | 코스 내에 있는 호수, 연못, 습지, 강 따위의 물에 관계 있는 장애물을 말함.
Wedge 웨지 | 바닥이 넓고 평탄하게 되어 있는 아이언 클럽. 피칭 웨지, 샌드 웨지 등이 있다.
Week grip 위크 그립 | 왼손으로 쥐는 모양이 얕고 오른손이 반대로 너무 깊어지게 쥐는 모양. 슬라이스 그립이라고도 함.
Weight shift 웨이트 쉬프트 | 스윙 동작에 있어 체중의 이동 상태를 말함.
Whiff 위프 | 클럽으로 볼을 가격하기 못하고 헛손질에 그치는 동작.
Wind up 와인드 업 | 백스윙과 함께 몸을 비트는 것.

Y

Yardage post 야디지 포스트 | 홀 번호. 홀까지의 거리. 1홀의 파 등을 써서 티잉 그라운드에 세워 놓은 표시판.
Yardage rating 야디지 레이팅 | 각 홀의 난이도. 흔히 코스 레이팅

120

제2부
스윙의 정석

1 그립

스윙을 하기 전에 정적인 자세인 그립을 제대로 잡아야 한다. 그립이란 운동 시 필요한 기구를 잡는 자세로, 모든 운동(테니스 · 배드민턴 · 야구 · 아이스하키 등)이 그러하듯이 매우 중요한 역할을 한다. 특히 골프에 있어서의 그립은 매우 중요하다. 클럽과 몸을 연결하는 그립을 바르게 잡아야 볼을 멀리, 정확하고 일관되게 보낼 수 있다.

> **좋은 그립의 역할**
> ① 스윙 중 임팩트의 충격에 견뎌야 한다.
> ② 스윙 중 양손의 힘이 균등하게 쓰여야 한다.
> ③ 임팩트 시 자연스럽게 클럽 페이스가 타깃에 직각이 되어야 한다.
> ④ 스윙 중 손목, 팔, 어깨 등을 지나치게 경직시키지 말아야 한다.
> ⑤ 스윙 중 자연스럽게 적절한 코킹이 이루어져야 한다.
> ⑥ 스윙 중 몸에서 만들어진 파워가 최대한 누수 없이 클럽 헤드로 전달되어야 한다.
> ⑦ 몸통의 움직임보다 손이나 팔이 먼저 클럽 헤드를 리드하지 말아야 한다.

왼손 잡기

팜 또는 핑거 그립

그립을 잡을 때는 손목을 많이 사용하여 거리를 내느냐, 손목을 적게 사용하여 방향을 얻느냐를 결정해야 한다. 손목을 많이 사용하기 위해서는 핑거 그립을, 손목을 적게 사용하기 위해서는 팜 그립을 한다.

팜 그립

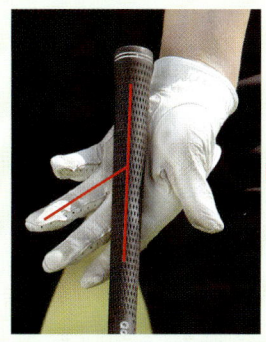

1 팜 그립은 클럽의 그립을 사진과 같이 손바닥으로 비스듬히 잡는 그립이다. 스윙 시 손목의 사용을 자제시키지만 손에 힘이 많이 들어가는 단점이 있다.

2 팜 그립을 잡고 백스윙을 하면 손목의 코킹이 자제되어 코킹이 작아진다. 따라서 비거리가 짧아지고 정확성은 높아진다.

핑거 그립

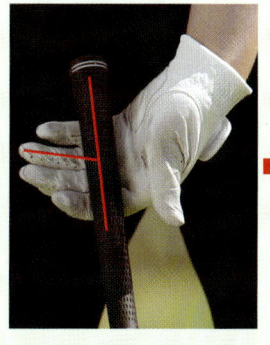

1 핑거 그립은 클럽의 그립을 사진과 같이 손가락으로 직각으로 잡는 그립이다. 스윙 시 손목의 사용을 원활하게 하지만 스윙 중 손에 힘이 빠지는 장점이 있다.

2 핑거 그립을 잡고 백스윙을 하면 손목의 코킹이 원활해져 코킹이 많아진다. 따라서 비거리가 좋아지는 반면 정확성은 떨어진다.

적절한 팜 & 핑거 그립

스윙 중 손목의 코킹이 많아 정확성이 떨어지는 골퍼는 조금 팜을 가미하여 그립하고, 반대로 백스윙에서 손목의 코킹이 작거나 손목에 힘이 많이 들어간 골퍼는 팜과 핑거 그립을 적절히 섞으면 적절한 스윙이 가능해진다.

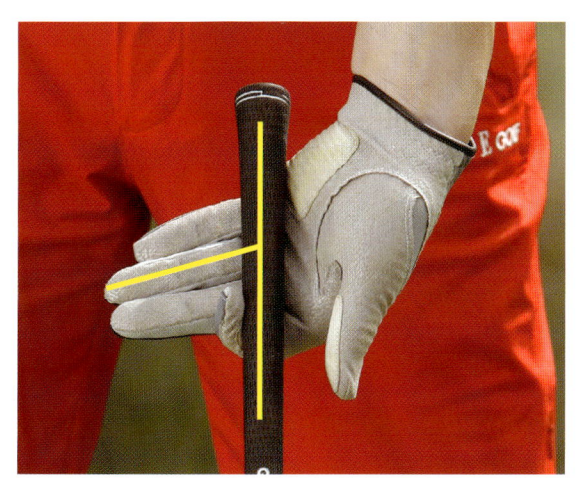

▶ 핑거 & 팜 그립은 사진과 같이 클럽을 비스듬히 검지 둘째 마디에서 새끼손가락 바로 위로 가로지르며 잡는다. 그러면 스윙 시 손목의 사용이 적절해져 코킹과 손목의 힘이 적당해진다. 따라서 비거리는 조금 떨어지지만 방향성이 좋아진다.

V홈

그립을 잡을 때 V홈은 다운스윙 시 손목의 턴을 느리게 또는 빠르게 하는 중요한 역할을 한다. 어드레스에서의 그립 시 V홈의 방향은 임팩트에서 허리의 턴을 하지 않을 경우 클럽 페이스의 방향과 일치하는데 각 골퍼의 스윙 시 허리 턴의 정도에 따라 V홈의 방향을 일치시켜야 한다.

프런트의 스윙

1 V홈의 방향이 오른쪽 어깨를 향한 과도한 스트롱 그립은 스윙 중 손에 힘을 빠지게 하는 장점이 있으며 플랫한 톱을 만든다.

2 다운 시 손목의 턴이 빨라지고 많아져서 비거리가 좋아지고 정확성은 떨어진다. 다운 시 하체의 턴이 느리면 훅류가 발생하므로 다운 시 하체의 턴이 빠른 골퍼에게 적합하다.

1 V홈의 방향이 턱을 향한 위크 그립은 스윙 중 손에 힘이 많이 들어가는 단점이 있으며 손목의 코킹이 어렵고, 업 라이트한 톱을 만든다.

2 다운 시 손목의 턴이 느려지고 적어지는 단점 있어 비거리가 떨어진다. 그러나 다운 시 하체의 턴이 빠르면 슬라이스류가 발생하기 때문에 하체의 턴이 느린 골퍼에게 적합하다.

적절한 V홈의 그립

왼손과 오른손의 V홈 방향은 스윙 중 손목의 턴과 관계가 있고 다운 시 하체의 턴에 반비례한다. 다운 시 하체의 턴이 빠른 골퍼는 V홈이 오른쪽 귀와 오른쪽 어깨를 중심으로 V홈을 오른쪽으로, 하체의 턴이 느리면 V홈을 왼쪽으로 향하면 좋은 구질이 된다.

▶ 그립의 왼손과 오른손의 V홈 방향이 오른쪽 귀와 오른쪽 어깨 사이가 되면 허리의 턴에 적절하게 V홈이 그립 되어 임팩트에서 클럽 페이스 방향이 스퀘어로 되어 구질이 좋아진다.

그립의 끝

'그립은 단단하게, 손목은 부드럽게'라는 말이 있다. 단단하게 잡으면 손목이 뻣뻣해지고 그립 압력을 약하면 그립이 단단하지 않은데 그립을 조금 짧게 잡으면 그립이 단단해져 스윙 시 힘의 누수가 줄어들어 견고한 스윙이 가능해진다.

그립 형태에 따른 종류

왼손을 잘 잡은 뒤에 오른손을 잡는데, 그립의 종류는 여러 가지다. 양손의 힘에 따라 그립을 선택해야 스윙 시 양손을 적절히 사용할 수 있어 좋은 스윙이 가능해진다.

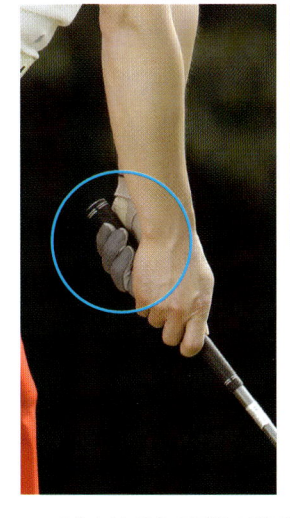
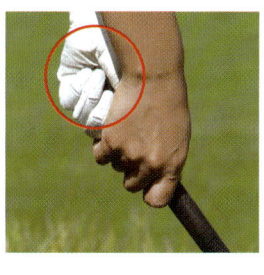

▲ 왼손이 클럽 끝보다 튀어나와 있으면 손이 튀어나온 만큼 클럽의 길이가 길어진 효과가 생겨 비거리는 좋아지지만 클럽 헤드에 전달하는 힘이 분산되어 정확성이 떨어진다.

▲ 옆에서 본 왼손 그립은 그립 끝이 왼손보다 5mm 정도는 나와 있어야 힘이 흐트러짐 없이 클럽 헤드에 전달된다. 지나치게 짧게 잡으면 정확성은 좋아지지만 비거리가 짧아진다.

그립 종류

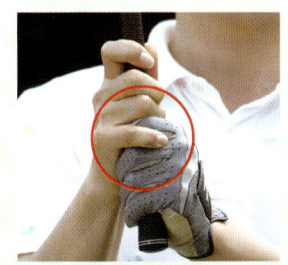

오버래핑(바든) 그립
그립을 잡았을 때 양손이 균등해지는 그립이 자신에게 맞는 그립이다. 대부분의 골퍼는 오른손잡이라 왼손보다 오른손 힘이 더 세다. 그래서 그립을 잡을 때는 왼손은 다섯 손가락 다 잡음으로써 세지고, 오른손은 네 손가락으로 잡아 약해져 양손의 힘이 비슷하게 된다. 프로들이 가장 많이 쓰는 그립이다.

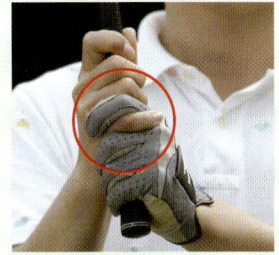

인터로킹 그립
오버래핑 그립을 약간 변형한 그립으로, 양손이 똑같이 네 손가락으로 잡고 있다. 오버래핑 그립보다 왼손이 약하게 잡혀 있으므로 왼손이 오른손보다 강한 사람이나 스윙 중 왼손이나 왼팔의 움직임이 강한 사람이 그립하면 양손의 힘이 비슷해진다. 양손의 연결이 좋은 것이 장점이다.

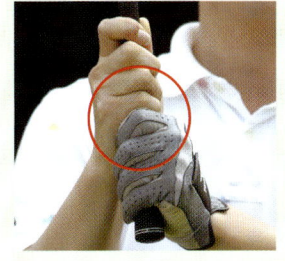

베이스볼 그립
야구할 때의 그립으로, 힘이 약한 골퍼에게 적합하다. 열 손가락을 잡고 있으므로 힘이 없어도 쉽게 백스윙할 수 있다. 또한 양손 그립이 분리되어 있어 손목 회전이 좋아지므로 거리를 낼 수도 있다. 다만 손목의 턴이 빨라져 임팩트 존이 짧아지므로 일관성이 떨어진다. (어린이, 힘이 약한 여성, 비거리가 짧은 골퍼)

오른손 잡기 - 오버래핑 그립

잘 잡은 왼손 위에 오른손 새끼손가락을 왼손 검지와 중지 사이에 부드럽게 올림 다음 약지·중지·검지를 손가락으로만 잡고, 왼손 엄지 옆으로 오른손 생명선을 붙이면서 오른손 엄지와 검지로 그립을 감싼다.

그립

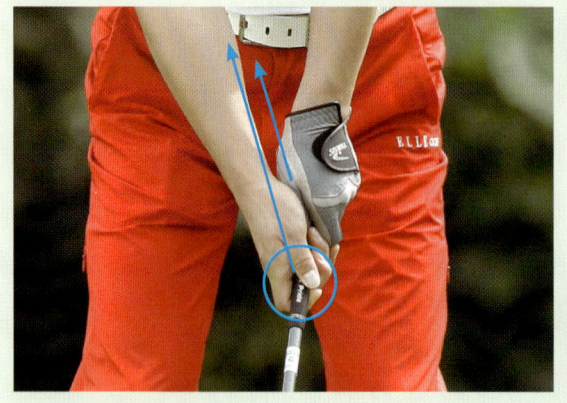
오른손 V홈은 잘 만들어져 있고 V홈 방향은 오른 귀와 오른쪽 어깨 사이를 가리키고 있다. 왼손 엄지 옆면에 오른 생명선이 옆으로 붙어 있다.

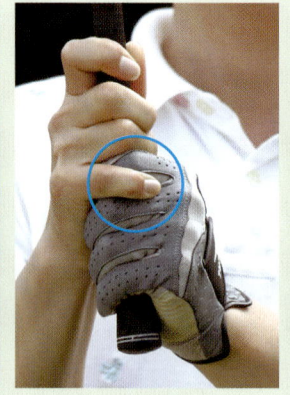
오른손 새끼손가락은 왼손 검지와 중지 사이에 부드럽게 올려져 있다.

오른손 엄지는 그립과 검지를 각각 50%씩 접촉한다.

그립의 압력

그립을 단단하게 잡으면 손목이 뻣뻣해지고 그립의 압력을 약하게 하면 그립이 단단하지 못하다.

그립의 전체적인 압력

그립의 압력은 골퍼의 능력에 따라 다르다. 일단 볼과의 충격에 견딜 수 있는 압력이어야 하고, 그러나 손목과 팔이 경직되지 않을 정도의 압력이어야 하며, 또한 너무 느슨하여 백스윙이나 다운스윙의 궤도가 흔들리지 않는 압력으로 잡아야 한다.
클럽을 위아래, 그리고 좌우로 힘들이지 않고 부드럽게 움직일 수 있는 압력이 가장 적합하다. 가장 세게 잡은 그립을 100%로 볼 때 상급 골퍼는 50~60% 정도, 초보 골퍼는 50~40% 정도의 압력이

클럽을 들고 손목으로 헤드를 내렸다 올렸다 할 수 있는 정도의 압력으로 잡아야 한다.

클럽을 들고 손목으로 좌우로 턴할 수 있는 정도의 압력으로 잡아야 한다.

적절하다. 왜냐하면 상급 및 프로 골퍼는 헤드 스피드가 빨라 볼과의 임팩트에 견디어야 하고 스윙 중 지나치게 흔들리지 않아야 일관성이 좋아지기 때문이다. 그러나 초보 골퍼들의 압력이 강해지면 팔과 어깨에도 힘이 들어가 나쁜 스윙이 되기 쉬워진다.

그립 시 압력 부위

그립을 왼손과 오른손으로 정확히 잡고 손목과 팔을 경직시키지 않은 범위 내에서 견고히 잡아 압력을 똑같이 하여 백스윙과 다운스윙 그리고 피니시에 이르기까지 두 손을 흩트리지 않고 클럽과 조화롭게 화합할 수 있는 그립이 가장 좋은 그립이라 할 수 있다.

그립의 전체적인 압력

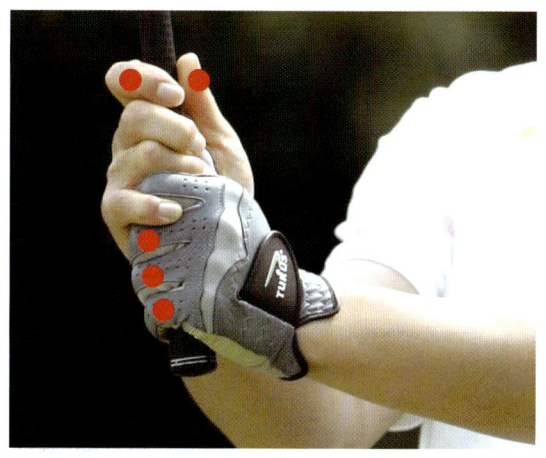

왼손의 약 50%는 새끼·약지·중지에 압력을 가하고, 오른손의 약 50% 압력은 초·중급 골퍼일 경우 약지와 중지에 가하면 되고 오른손 엄지와 검지는 그립 주변을 느슨하지 않게 감싸면 된다. 그리고 그립의 압력이 강해도 손목의 힘을 뺄 수 있는 중·상급자일 경우는 오른손 약지와 중지에 힘을 빼고 검지와 엄지에 50%의 압력을 가하면 스윙 중 흔들림이 적고 손목의 턴이 좋아진다.

✔ 가장 많은 그립의 오류

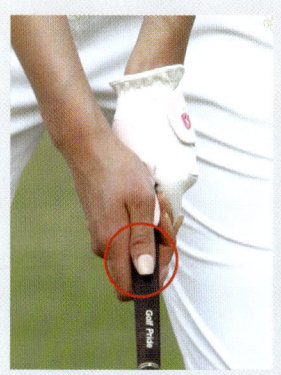 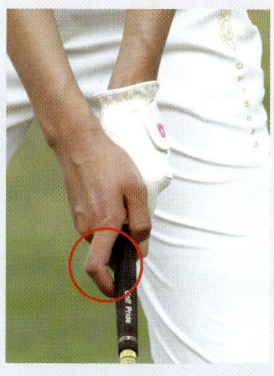 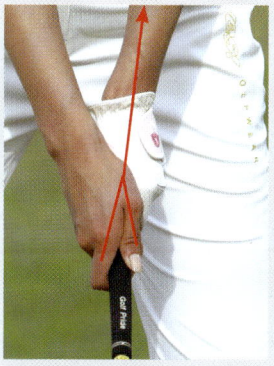 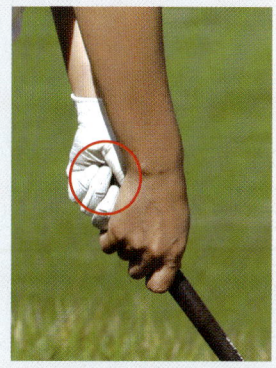

1 오른손 엄지로 그립에 직접 대고 스윙을 하면 오른손 엄지에 힘이 많이 들어가 백스윙 시 코킹이 작아지고 다운 시 코킹이 빠르게 풀려 구질과 임팩트가 나빠진다.

2 그립에 힘을 빼기 위해 오른손 엄지와 검지로 그립을 잡지 않으면 견고하지 못해 스윙 중에 흔들려 방향성과 일관성이 떨어지고 슬라이스가 쉽게 난다.

3 오른손에 힘이 들어가 오른손으로 왼손 엄지를 덮으면 스윙 중 필요 없는 힘에 의해 스윙은 점점 나빠지고 슬라이스가 많이 난다.

4 그립 끝보다 손이 밖으로 나오는 것은 클럽을 길게 잡아서 멀리 보내고 싶은 욕심 때문이다. 그러나 그립 끝이 튀어나온 만큼 힘의 전달이 어려워 일관성이 떨어진다.

✭ 그립 체크 포인트

그립 : 프런트 그립 : 백

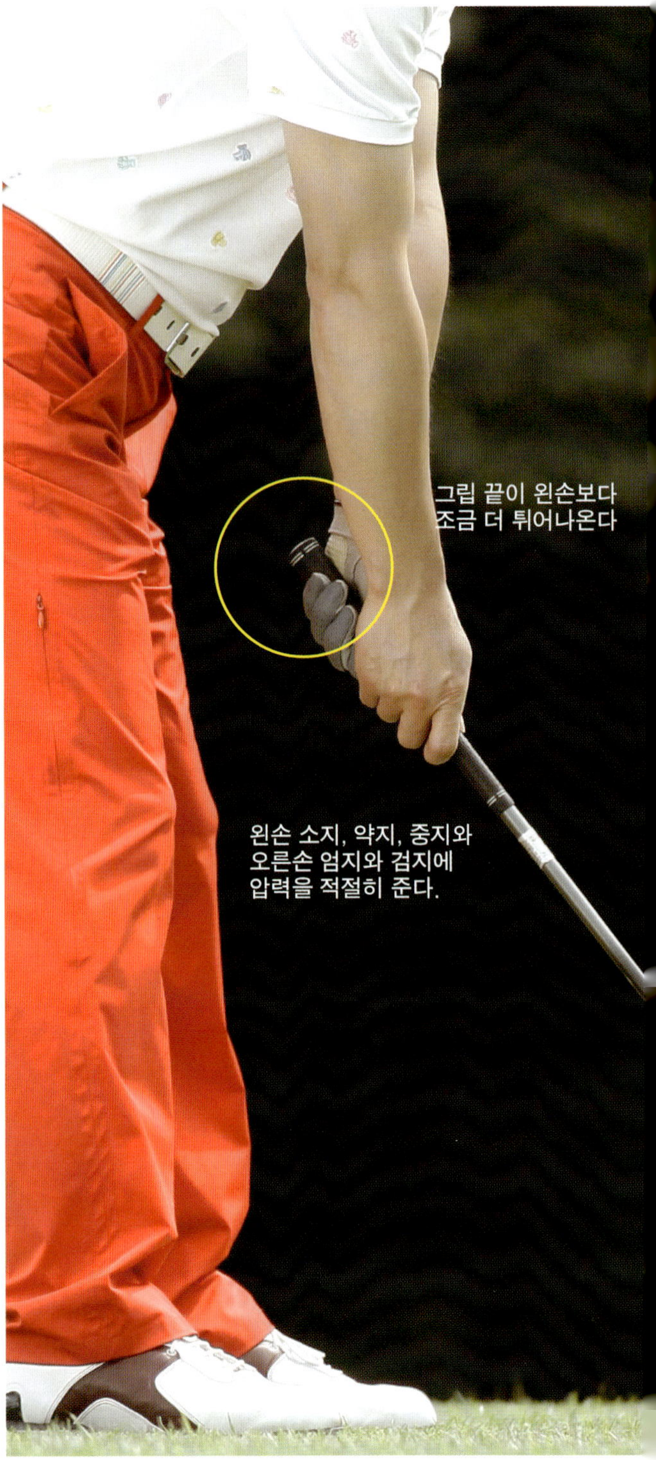

- 양손의 V홈은 오른쪽 어깨와 오른쪽 귀 사이를 가리킨다.
- V홈을 만든다 (이때 오른손 엄지를 편다)
- 왼손 엄지 옆으로 오른손 생명선을 붙인다
- 오른손 엄지와 검지에 압력을 가한다
- 그립 끝이 왼손보다 조금 더 튀어나온다
- 왼손 소지, 약지, 중지와 오른손 엄지와 검지에 압력을 적절히 준다.

2 어드레스

클럽을 잘 잡았으면 자연스런 백스윙과 다운스윙을 위해 어드레스를 잘해야 한다. 어드레스가 나쁘면 스윙 중 체중의 이동, 스윙 궤도, 몸과 팔의 움직임이 나빠져 일관성 없는 임팩트가 되어 비거리와 구질 또한 나빠진다.

> **좋은 어드레스의 조건**
> ① 스윙 시 안정감이 있고 편안하다.
> ② 스윙 시 백스윙이 자연스럽고 다운 시 왼발로 체중 이동이 쉽게 이루어진다.
> ③ 스윙 시 몸의 턴으로 인해 고속으로 움직이는 클럽 헤드의 무게를 견뎌 낸다.
> ④ 스윙 중 몸이 경직되지 않는다.

스탠스의 폭

어드레스에서 적절한 스탠스의 폭은 스윙 중 체중의 이동과 허리의 턴을 자연스레 유도하며 다운블로 또는 어퍼블로의 타법을 자연스레 만들고 고속으로 회전하는 몸을 안정적으로 중심을 잡아 주는 역할을 한다.

✔ 스탠스가 좁은 어드레스

스탠스가 좁으면 다운 시 왼발로 체중이 빠르게 이동된 뒤 허리의 턴이 되므로 클럽 헤드가 볼에 찍어 치기 쉬워진다.

✔ 스탠스가 넓은 어드레스

스탠스가 넓으면 다운 시 허리의 턴이 되며 왼발로 체중이 이동 되므로 클럽 헤드가 볼에 쓸어 치기 쉬워진다.

클럽에 따른 적절한 스탠스의 폭

스탠스의 폭은 스윙 중 균형을 잡고, 허리의 턴과 체중 이동을 원활히 할 수 있는 넓이여야 한다. 지나치게 넓어서 체중 이동이 쉽지 않거나 너무 좁아서 중심을 잡기가 어려워서는 안 된다.

미들 아이언 어드레스

스탠스의 폭은 어깨 넓이가 적절하다. 스탠스가 좁을수록 다운 시 왼발로 체중 이동이 빨라져 아이언을 다운블로로 볼이 임팩트할 수 있기 때문이다.

드라이버의 어드레스

스탠스의 폭은 어깨 넓이보다 조금 더 넓어야 한다. 스탠스가 넓을수록 다운 시 왼발로의 체중 이동이 느려지고 허리의 턴이 빨라지져 드라이버를 사이드블로로 볼이 임팩트할 수 있기 때문이다.

미들 아이언   드라이버

미들 아이언 어드레스에서 스탠스의 폭은 어깨 넓이가 적절하다.

드라이버의 어드레스에서 스탠스의 폭은 어깨 넓이보다 조금 더 넓어야 적절하다.

적절한 체중의 분배

어드레스에서 체중의 분배는 스윙 중 체중의 움직임에 관련되어 타법에 영향을 주는데 어드레스에서 왼발의 체중은 잔디에서 볼을 다운블로로, 어드레스에서 오른발의 체중은 티 위에서 볼을 사이드 또는 어퍼블로를 자연스레 구사할 수 있게 한다.

✔ 왼발에 체중 많은 어드레스

어드레스에서 왼발에 체중이 많이 있으면 다운 시 왼발로 체중 이동이 빨라져 클럽 헤드가 볼에 찍어 치기 쉬워 다운블로가 쉽게 된다.

✔ 오른발에 체중이 많은 어드레스

어드레스에서 오른발에 체중이 많이 있으면 다운 시 왼발로 체중 이동이 느려져 클럽 헤드가 볼을 쓸어 치기 쉬워 사이드블로가 쉽게 된다.

클럽에 따른 적절한 체중의 분배

체중의 위치는 다운 시 왼발로 체중의 이동 속도를 느리게 하여 쓸어 치는 사이드블로로 스윙하게 하거나 또는 빠르게 하여 찍어 치는 다운블로로 스윙하게 하는 중요한 역할을 한다.

미들 아이언의 어드레스

체중은 왼발에 약 60%가 적절하다. 체중이 왼발에 많을수록 다운 시 왼발로 체중 이동이 빨라져 아이언을 다운블로로 임팩트된다.

드라이버 어드레스

체중의 위치는 오른발에 약 60%가 적절하다. 체중이 오른발에 많을수록 다운 시 왼발로의 체중 이동이 느려지고 허리의 턴이 빨라져 드라이버를 사이드, 어퍼블로로 임팩트할 수 있다.

미들 아이언

미들 아이언의 어드레스에서 체중의 위치는 왼발에 약 60%가 적절하다.

드라이버

드라이버 어드레스에서 체중의 위치는 오른발에 약 60%가 적절하다.

스탠스에서 발의 모양

스탠스에서 양 발의 열림과 닫힘의 각도에 따라 백스윙에서 몸통이 느슨해져 어깨의 턴이 쉬워지거나 단단하여 어깨의 턴이 적게 되며, 다운스윙에서도 허리의 턴이 빨라지거나 느려진다.

오른발 똑바로, 왼발 열어 주기

유연하지 못한 골퍼가 왼발을 열면 백스윙이 적어져 다운 시 볼에 클럽 헤드가 아웃-인으로 접근하기 쉬워 구질이 나빠지고 비거리가 떨어질 수 있다. 또한 백스윙이 작아지고 다운 시 하체의 턴이 빨라지며 손목의 턴이 느려져 훅류를 교정하기 위한 스탠스로 이용되기도 한다.

오른발은 똑바로, 왼발은 15도 열려 있는 스탠스 몸이 유연하거나 빠른 하체의 턴을 원하는 골퍼에게 적합하다.

백스윙 때 몸이 유연하지 못하면 어깨 턴이 불충분해 미스가 나지만 어깨를 충분히 회전할 수 있는 골퍼라면 백스윙 때 꼬임이 강해져 볼을 멀리 보낼 수 있다.

열려 있는 왼발에 의해 다운 시 하체의 턴을 빠르게 할 수 있어 비거리를 충분히 낼 수 있다.

왼발 똑바로 오른발 열어 주기 스탠스

백스윙이 좋아지고 다운 시 하체의 턴이 느려지고 반대로 손목의 턴이 빨라져 슬라이스류를 교정하기 위한 스탠스이기도 하다.

왼발은 똑바로, 오른발은 약 15도 열려 있는 스탠스는 몸이 유연하지 못하거나 어깨 턴이 적은 골퍼에게 적합하다.

오른발이 열려 있어 유연하지 못한 골퍼도 백스윙 시 어깨의 턴이 원활해져 좋은 스윙을 기대할 수 있다.

단점은, 왼발이 닫혀 있어 다운 시 하체의 턴이 느려지며 훅류가 날 수 있고 비거리가 떨어지기도 한다.

왼발과 오른발 열어 주기

스탠스에서 오른발의 열림과 닫힘은 백스윙 시 어깨 턴에 영향을 미치고, 왼발의 열림과 닫힘은 다운 시 하체의 턴 속도에 영향을 미치므로 골퍼의 연령이나 유연성에 따라 적절히 스탠스를 취하면 스윙이 자연스러워진다.

양쪽 발을 모두 연 스탠스는 시니어 골퍼에게 적합하다.

오른발이 열려 있어 유연하지 못한 골퍼도 백스윙 시 어깨 턴이 원활해져 좋은 스윙을 기대할 수 있다.

열려 있는 왼발에 의해 다운 시 하체의 턴을 빠르게 할 수 있어 비거리를 충분히 낼 수 있다.

스탠스의 방향

스탠스의 방향은 백스윙에서 몸통을 느슨하게 하여 어깨 턴을 쉽게 하거나, 단단하여 어깨의 턴을 적게 하며, 다운스윙에서도 허리의 턴을 빠르게 하거나 느리게 한다. 따라서 구질에 영향을 준다.

오픈 스탠스

유연하지 못한 골퍼가 오픈 스탠스를 취하면 백스윙이 적어져 다운 시 볼에 클럽 헤드가 아웃-인으로 접근하기 쉬워 구질이 나빠지고 비거리가 떨어질 수도 있다. 또한 백스윙이 적어지고 다운 시 하체의 턴이 빨라지는 반면 손목의 턴이 느려져 훅류를 교정하기 위한 스탠스이기도 하다.

오픈된 스탠스에 의해 다운 시 하체의 턴을 빠르게 할 수 있어 비거리를 충분히 낼 수 있다.

타깃의 약 10도 이상 왼쪽으로 서는 것으로, 몸이 유연하거나 하체의 턴이 느려서 빠른 하체의 턴을 원하는 골퍼에게 적합하다.

백스윙 때 몸이 유연하지 못하면 어깨 턴이 불충분해 미스가 나지만 어깨를 충분히 회전할 수 있는 골퍼라면 꼬임이 강해져 볼을 더 멀리 보낼 수 있다.

클로즈 스탠스

백스윙이 쉬워지고 다운 시 하체의 턴을 자제시켜 허리의 턴이 느려지는 반면 손목의 턴이 빨라져 훅이 날 확률이 높으므로 슬라이스류를 교정하기 위한 스탠스이다.

 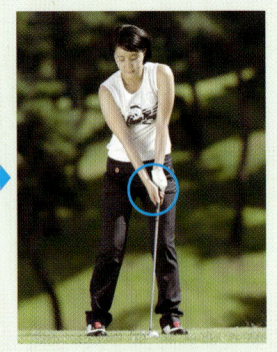

타깃의 약 10도 이상 오른쪽으로 서는 것을 말하는데 이 스탠스는 몸이 유연하지 못한 골퍼에게 적합하다.

스탠스가 클로즈되어 유연하지 못한 골퍼도 백스윙 시 어깨의 턴이 원활해져 좋은 스윙을 할 수 있다.

단점은 클로즈 된 스탠스에 의해 다운 시 하체의 턴이 느려져 훅류가 날 수 있고 비거리가 떨어지기도 한다.

스퀘어 스탠스

스탠스의 방향은 백스윙 시 어깨 턴을 쉽게 하거나 타이트 하는 역할을 하고, 다운 시 하체의 턴을 빠르게 하거나 느리게 하는 역할을 하므로 골퍼의 연령이나 유연성에 따라 적절히 스탠스를 취하면 스윙을 더 자연스럽게 할 수 있다.

가장 일반적인 스퀘어 스탠스는 앞쪽은 오픈된 왼발만큼 만 열린 느낌이 된다. 그러나 뒤꿈치는 타깃에 스퀘어가 된다.

백스윙 시 적절한 탄력으로 어깨의 턴이 되어 적절한 꼬임의 톱이 된다.

적절히 꼬인 톱에서 다운을 시작하면 하체의 턴이 적절해져 가장 일반적인 스탠스이다. 타깃에 대한 정렬이 쉽다.

볼의 위치

기본적인 스윙을 전제로 볼의 위치가 스탠스의 중앙을 기준으로 중앙과 오른발 쪽은 다운블로, 중앙에서 왼발 쪽으로는 사이드블로, 왼발 뒤꿈치는 어퍼블로 스윙이 자연스레 구사되는 위치가 된다. 또한 볼의 위치는 볼 탄도의 높낮이를 조절하는 역할을 담당한다.

만약 볼 위치가 클럽에 적절하지 않은 오른발 쪽이면 토핑과 푸시나 푸시 슬라이스의 구질이 많이 나고, 볼이 왼발 쪽이면 뒤땅과 풀이나 풀 훅이 많이 나게 된다.

미들 아이언

미들 아이언의 볼은 중앙이 적절한데 볼이 당겨지거나 뒤땅이 나는 골퍼는 중앙에서 볼 반 개 또는 한 개 오른발 쪽이 적절하다. 그래야 볼을 먼저 임팩트하고 다운블로로 스윙할 수 있다.

우드

우드의 볼은 중앙과 왼발 사이가 적절한데 볼이 당겨지거나 뒤땅이 나는 골퍼는 중앙에서 볼 한 개 왼발 쪽에 위치해야 볼을 먼저 임팩트하고 사이드블로로 스윙할 수 있다.

드라이버 티 샷

드라이버 티 샷의 볼은 왼발 뒤꿈치가 적절한데 만약 볼이 찍어 치거나 탄도가 낮거나, 푸시가 되면 왼발 뒤꿈치에서 오른발 쪽으로, 토핑이 나거나 풀 훅류가 나고 풀 슬라이스가 나면 뒤꿈치보다 왼쪽에 볼이 위치했다고 판단하면 된다.

클럽에 따른 볼의 위치

미들 아이언의 볼은 중앙이 적절하다.

우드의 볼은 중앙과 왼발 사이가 적절하다.

드라이버 티 샷의 볼은 왼발 뒤꿈치가 적절하다.

척추의 각(프런트)

기본적인 스윙을 전제로 척추의 각이 똑바로 세워지면 찍어 치는 다운블로의 스윙이 되고, 척추의 각이 오른쪽으로 기울어질수록 쓸어 치는 사이드블로가 되거나 더 심하게 기울어지면 어퍼블로 스윙이 자연스레 구사된다. 또한 척추 각의 기울기는 탄도의 높낮이를 조절하는 역할을 담당한다.

척추의 각과 스윙

척추의 각은 그립을 잡을 때 왼손보다 오른손이 밑에 있기 때문에 자연스레 일어나는 현상이다. 백스윙 시 어깨를 턴 하면 오른발로 체중을 이동시키지 않아도 상체의 체중이 오른발로 실리고, 다운 시 상체보다 하체의 턴을 먼저 유도하는, 매우 중요한 자세라 할 수 있다.

✔ 작은 척추 각의 역할

어드레스에서 척추의 각이 적으면 톱에서도 척추의 각이 작아지는데 다운 시 작은 척추의 각에 의해 왼발로 체중 이동이 빨라져 클럽 헤드가 볼에 찍어 치기 쉬워 다운블로가 쉽게 된다. 또한 탄도는 낮아진다.

✔ 큰 척추 각의 역할

어드레스에서 척추의 각이 많으면 톱에서도 척추의 각이 커지는데 다운 시 큰 척추의 각에 의해 왼발로 체중 이동이 느려져 클럽 헤드가 볼에 쓸어 치기 쉬워 어퍼블로가 쉽게 된다. 또한 탄도는 높아진다.

클럽에 따른 척추의 각

스윙 중 척추의 각은 스윙의 타법에 직접적으로 관계하며 볼의 탄도와 스윙 중 체중의 이동에도 관련이 많다. 따라서 스윙의 축인 척추의 각은 어드레스에서 가장 중요한 요소라고 말할 수 있다.

클럽별 척추의 각에 따라 다운블로 또는 사이드, 어퍼블로가 자연스레 된다.

척추의 각을 유지하고 어깨 턴과 코킹으로 톱에 이르면 왼쪽 어깨의 무게가 오른발에 실려 자연스레 오른발로 체중이 이동된다.

척추의 각이 유지된 톱에서는 왼쪽 힙이 타깃을 향해 있으므로 상체보다 빠르게 하체로 다운을 시작할 수 있다.

미들 아이언

미들 아이언에서의 척추의 각은 약 3~4도 정도 오른쪽으로 기울어지는 것이 적절한데, 쓸어 치며 뒤땅이나 토핑이 나는 골퍼는 약 2도 정도로 세우고, 지나치게 깊이 찍어 치면 약 6도 정도로 더 오른쪽으로 기울인다. 그래야 적절한 다운블로로 스윙할 수 있다.

우드

우드에서의 척추의 각은 약 4~7도 정도 오른쪽으로 기울어지는 것이 적절한데, 만약 뒤땅이나 토핑이 나는 골퍼는 약 4도 정도로 세우고, 지나치게 깊이 찍어 치면 약 7도 정도 더 오른쪽으로 기울인다. 그래야만 적절한 사이드블로 스윙을 할 수 있다.

드라이버

드라이버에서의 척추의 각은 약 6~8도 정도 오른쪽으로 기울어지는 것이 적절하다. 만약 뒤땅이나 토핑이 나는 골퍼는 약 5도 정도로 세우고 깊이 찍어 치면 약 9도 정도 더 오른쪽으로 기울인다. 그래야만 적절한 어퍼블로 스윙을 할 수 있다.

클럽에 따른 척추의 각

미들 아이언 척추의 각은 약 3~4도 정도 오른쪽으로 기울어지는 것이 적절하다.

우드 척추의 각은 약 4~7도 정도 오른쪽으로 기울어지는 것이 적절하다.

드라이버 척추의 각은 약 6~8도 정도 오른쪽으로 기울어지는 것이 적절하다.

손의 위치(프런트)

기본적인 스윙을 전제로 어드레스 시 손의 위치는 임팩트에서 클럽 페이스의 방향에 관련된다. 따라서 어드레스에서 손의 위치가 앞쪽이면 임팩트에서 클럽 페이스는 열리기 쉽고 뒤쪽에 손이 위치하면 클럽 페이스가 닫히며 임팩트되기 쉬워진다.

✔ 잘못된 손의 위치와 움직임

  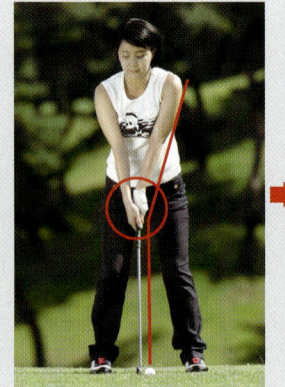 

어드레스에서 손의 위치가 너무 앞쪽에 위치하면 백스윙이 플랫해지고 다운을 하체의 턴에 의해 임팩트에서 손이 너무 앞서기 쉬워 볼은 밀리기 쉽다.

어드레스에서 손의 위치가 너무 뒤쪽에 위치하면 백스윙이 업 라이트해지고 임팩트에서 손이 지나치게 뒤에 있기 쉬워 볼을 당겨 치고 뒤땅이나 토핑이 쉽게 된다.

적절한 손의 위치

손은 어깨와 클럽 헤드를 잇는 직선상 약간 안쪽에 위치가 되는데 그 이유는 임팩트에서 허리가 열리는 만큼 어깨를 당기고 어깨는 손을 타깃으로 당기기 때문이다. 허리의 턴이 빠른 골퍼는 그만큼 어드레스 때 손을 뒤쪽으로 위치해야 하고 허리의 턴이 느린 골퍼는 선상 약간 뒤가 적절하다.

어드레스와 임팩트의 자세는 조금 다르다. 그 다른 부분은 허리의 열림인데 이 허리의 턴은 어깨를 당기게 되고 다시 이 어깨는 팔을 당기고 팔은 손을 당기게 된다. 결국 허리가 열리는 만큼 손을 앞으로 당기게 되므로 어드레스에서 손의 위치는 다운 시 허리를 쓰는 만큼이라고 볼 수 있다.

오른쪽 팔꿈치의 모양(프런트)

기본적인 스윙을 전제로 어드레스 시 오른쪽 팔꿈치의 방향은 몸 쪽을 향하고 살짝 구부러진다. 어드레스에서 이런 오른쪽 팔꿈치는 백스윙 시 오른팔이 쉽게 접히게 하며 팔에 힘을 빠지게 하여 몸과 팔의 움직임을 일체감 있게 도와주므로 스윙을 보다 쉽게 만들어 준다.

✔ 잘못된 오른쪽 팔꿈치의 모양과 움직임

어드레스에서 오른쪽 팔꿈치가 몸 바깥을 보면 스윙 시 오른팔이 몸 바깥으로 벌어져 일관성이 떨어진다.

어드레스에서 벌어진 오른팔에 의해 백스윙 시 오른팔에 힘이 많이 들어가고 톱에서 오른팔을 쉽게 벌어진다.

다운 시 벌어지고 힘이 들어간 오른팔에 의해 어깨가 쉽게 다운되어 볼에 아웃-인으로 접근하기 쉬워 구질이 나빠진다.

적절한 오른쪽 팔꿈치의 모양

어드레스에서 오른쪽 팔꿈치가 몸 안쪽을 보면 오른쪽 겨드랑이가 살짝 조여진다. 따라서 일체감 있게 테이크 백이 된다.

백스윙 중 오른쪽 팔꿈치는 몸 쪽을 보며 올라가 삼각형을 이루는 적절한 톱이 자연스레 만들어진다.

다운 시 자연스레 오른쪽 팔꿈치가 오른쪽 허리를 스치며 다운되어 쉽게 볼에 적절한 인-아웃으로 접근되어 좋은 구질이 만들어진다.

척추의 각(백)

기본적인 스윙을 전제로 했을 때 어드레스 시 척추의 각은 스윙 시 스윙의 궤도를 결정하는 중요한 요소가 된다. 어드레스에서 척추의 각이 세워지면 플랫한 스윙의 궤도가 자연스레 이루어지고, 척추의 각이 숙여지면 업 라이트한 궤도가 자연스럽게 형성된다. 또한 클럽에 따라 척추의 각은 조금씩 달라진다.

✔ 작은 척추 각의 역할

어드레스에서 척추의 각이 작으면 각만큼 플랫한 백스윙이 되고 코킹은 어려워진다. 플랫한 백스윙과 톱이 되는만큼 쓸어 치는 사이드 및 어퍼블로가 쉽게 된다. 따라서 적은 척추의 각은 롱 아이언·우드·드라이버 등의 긴 클럽 어드레스에 용이하여 플랫한 백스윙으로 사이드 또는 어퍼블로의 스윙에 적합하다.

✔ 큰 척추 각의 역할

어드레스에서 척추의 각이 크면 업 라이트한 백스윙이 되고 코킹이 쉬워져 그만큼 중력이 커짐으로써 찍어 치는 다운블로가 쉽다. 그러나 다운에서 왼발로 체중이 이동되지 못하고 임팩트가 되면 뒤땅이 발생하고 과도한 다운블로가 되기도 한다. 특히 사이드블로나 어퍼블로로 스윙해야 하는 드라이버 티 샷에서는 큰 단점이 된다.

클럽에 따른 적절한 척추의 각

어드레스 시 척추의 각은 매우 중요하다. 왜냐하면 골프는 백스윙과 다운스윙에 걸쳐 회전하는 운동이기 때문에 중심(축)이 필요하다. 그 중심이 바로 척추가 되기 때문이다.

척추의 각도는 힙에서부터 목까지 이어지는 선이 일직선이 되어야 한다. 그리고 척추의 각도는 클럽의 길이, 골퍼의 키에 따라 약간씩 달라진다.

드라이버 어드레스는 척추와 손목의 각이 아이언보다 더 세워지므로, 세워진 척추와 손목에 의해 약간은 플랫한 백스윙과 톱이 되어 자연스럽게 쓸어 치는 스윙이 된다.

아이언의 어드레스는 척추와 손목의 각이 드라이버보다 커진다. 적절한 척추에 의해 드라이버보다 약간 업 라이트한 백스윙과 톱이 되어 다운 시 자연스럽게 찍어 치는 스윙이 된다.

손목의 각(백)

어드레스에서 손목의 각은 기본적인 스윙을 전제로 스윙 시 손목의 움직임에 영향을 주고 따라서 손목의 쓰임에 따라 임팩트 존의 궤도가 달라져 찍어 치거나 쓸어 치는 스윙이 되기도 한다. 따라서 어드레스에서 손목의 각이 작으면 스윙 시 손목의 코킹과 턴이 적어지고 손목의 각이 크면 스윙 시 손목의 코킹과 턴이 많아진다.

✔ 적은 손목 각의 역할

어드레스에서 손목의 각이 작으면 손목에 힘이 들어가게 되어 백스윙 시 손목의 코킹이 느려지고 작아지며 다운 시 손목의 코킹이 빠르게 풀리는 단점이 있다. 그래서 다운블로가 어려워지고 쓸어 치는 사이드블로나 어퍼블로가 쉽게 된다. 심하면 뒤땅이나 토핑이 난다.

✔ 큰 손목 각의 역할

어드레스에서 손목의 각이 크면 손목에 힘이 빠지고 백스윙 시 손목의 코킹이 빨라지고 많아져 다운스윙 시 찍어 치는 다운블로가 쉽게 된다. 심하면 일관성이 과 방향이 떨어지고 뒤땅이 발생하기도 한다.

클럽에 따른 적절한 손목의 각

손목의 각은 클럽의 길이, 골퍼의 키에 따라 약간씩 달라지고 손목의 각은 스윙 중 손목의 쓰임에 중요한 역할을 한다.

클럽이 긴 드라이버 어드레스는 손목의 각이 아이언보다 더 세워진다. 따라서 세워진 손목에 의해 약간은 손목의 코킹이 느려지고 플랫한 백스윙과 톱이 되어 자연스럽게 쓸어 치는 스윙이 된다.

클럽이 짧은 아이언의 어드레스는 손목의 각이 드라이버보다 더 많아진다. 적절한 손목의 각에 의해 드라이버보다 약간은 업 라이트한 백스윙과 톱이 되고 따라서 다운 시 자연스럽게 찍어 치는 스윙이 된다.

손의 위치(백)

기본적인 스윙을 전제로 어드레스 시 손의 위치는 스윙 중 몸통의 일체감에 관련된다. 따라서 손의 위치가 몸과 가까우면 스윙 중 일체감이 좋아 방향성과 일관성이 좋아지는 반면 팔이 몸통의 방해를 받아 스피드가 떨어지며 팔이 몸과 멀어지면 스윙 중 일체감은 떨어지는 반면 팔이 자유로워 몸통과 팔의 스피드가 배가되어 비거리가 나는 장점이 있게 된다.

✔ 잘못된 손의 위치와 움직임

어드레스에서 몸과 손이 너무 가까우면 양 겨드랑이가 많이 붙게 되어 스윙 시 일체감이 좋아져 방향과 일관성이 좋아지고 반대로 손이 몸에 제한을 받아 자제되어 헤드 스피드가 떨어지므로 비거리가 떨어진다. 그러나 임팩트에서 몸에서 손이 떨어지면 페이스 안쪽에 임팩트되어 생크가 날 수도 있다.

어드레스에서 몸과 손이 너무 멀면 양 겨드랑이가 많이 떨어져 스윙 시 팔이 자유로워 일체감이 떨어져 방향과 일관성이 나빠지고 반대로 몸과 손을 같이 사용할 수 있어 헤드 스피드가 좋아져 비거리가 늘어난다. 그러나 임팩트에서 몸에 손이 가까워지면 페이스 바깥쪽에 임팩트 되어 생크가 날 수도 있다.

클럽에 따른 적절한 손의 위치

손의 위치는 클럽에 따라 어깨에서 자연스럽게 떨어뜨린 뒤 몸에서 약 주먹 1~3개 정도 간격이 적당하다.

일관성과 방향을 원하면 몸과 손의 간격을 가까이 하면 되고, 비거리를 원하면 좀더 거리를 두면 된다.

비거리가 중요한 드라이버 어드레스는 몸과 팔이 분리되도록 몸과 손의 간격을 자신의 주먹 약 2~3개 정도로 한다. 그러면 팔이 자유로워 스윙 시 몸과 손을 같이 사용할 수 있어 헤드 스피드가 좋아져 비거리가 늘어난다.

일관성이 중요한 아이언 어드레스는 몸과 팔이 일체가 되도록 몸과 손의 간격을 주먹 약 1~1.5개 정도로 한다. 그러면 팔이 양 겨드랑이에 적절히 붙어 스윙 시 방향이 좋아지며, 손이 몸에 의해 제한되어 헤드 스피드가 줄어 비거리가 줄어든다.

팔의 모양(백)

기본적인 스윙의 어드레스에서 양팔의 모양을 보면 왼팔은 곧게 펴지고 오른팔은 살짝 구부러진다. 그 이유는 스윙 중 왼팔은 펴지면서 방향을 잡아주는 역할을 하며, 오른팔은 클럽 헤드를 위로 올리기 위해 접히기 때문에 미리 어드레스함으로써 원활한 스윙을 위한 자세가 된다.

✔ **잘못된 팔의 모양과 움직임**

어드레스에서 두 팔이 펴지면 백스윙 시 오른팔에 필요 이상으로 힘이 들어가고 업 라이트한 톱이 된다. 따라서 다운이 가팔라져 쉽게 어깨가 덮이며 클럽 헤드가 볼에 아웃-인으로 접근하기 쉬워 구질이 나빠진다.

어드레스에서 오른팔을 너무 구부리면 백스윙 시 조여진 오른팔에 의해 플랫한 톱이 된다. 따라서 다운이 플랫해져서 클럽 헤드가 볼에 인-아웃으로 접근하기 쉬워 구질이 나빠진다.

적절한 양손의 모양

어드레스 시 왼팔은 곧게 펴지고 오른팔은 살짝 구부러진다. 이는 스윙 중 왼팔은 펴지며 올라가고 오른팔은 구부러지며 올라가기 때문에 미리 원활한 스윙을 위한 자세를 준비하는 것이다.

어드레스 시 왼팔은 곧게 펴지고 오른팔은 살짝 구부러진다.

펴진 왼팔은 스윙 시 일관된 리드를 그리고 구부러진 오른팔은 관절의 구부림을 이용해 손목의 코킹과 팔의 접힘으로 힘을 축적하는 역할로 분담된다.

체중의 위치(백)

기본적인 스윙을 전제로 어드레스 시 체중의 위치는 스윙 시 자연스레 이동이 가능한 위치여야 스윙 중 부드러운 턴이 가능하게 되어 좋은 스윙을 할 수 있다. 어드레스에서 체중의 위치는 발의 중간인 발등에 있어야 백스윙 시 양발의 앞뒤로 체중 이동되며 원활한 어깨의 턴이 되면 다운스윙에서도 톱에서의 체중이 다시 앞뒤로 이동되면 하체의 턴을 쉽게 자연스레 가능하게 한다.

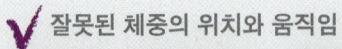
✓ 잘못된 체중의 위치와 움직임

어드레스에서 체중이 발 앞쪽에 위치하면 백스윙 시 오른발의 체중은 뒤로 이동해야 하고 왼발의 체중은 앞쪽으로 이동해야 자연스런 어깨의 턴이 이루어지는데 오른발의 체중이 앞쪽에 실려 있어 유연한 턴이 어려워진다.

어드레스에서 체중이 발 뒤쪽에 위치하면 백스윙 시 오른발의 체중은 뒤로 이동해야 하고 왼발의 체중은 앞쪽으로 이동해야 자연스런 어깨의 턴이 이루어지는데 오른발의 체중이 뒤쪽에 실려 있어 유연한 턴이 어려워진다.

적절한 체중의 위치

발 중앙에 실려 있는 체중은 백스윙 시의 어깨 턴과 다운 시의 허리 턴에 의해 앞뒤로 움직이며 더욱 자연스런 스윙을 만든다. 발바닥 체중 이동을 자제하거나 멈추면 어깨나 허리의 턴이 억제되어 부자연스런 스윙이 된다.

어드레스에서는 양 발의 체중을 발 등 위에 싣는다. 그러면 스윙 시 체중이 앞뒤로 자연스레 움직일 수 있다.

어깨 턴으로 백스윙을 하면 오른쪽 허리가 뒤로 열리고 왼쪽 허리는 앞으로 자연스레 턴 된다. 따라서 오른발 체중은 뒤로, 왼발 체중은 앞으로 이동된다.

허리의 턴으로 다운을 시작하면 왼쪽 허리가 뒤로 열리면서 왼발에 실려 있는 체중이 뒤로 이동되면서 임팩트된다. 따라서 오른쪽 허리가 앞으로 턴 되며 오른발 뒤에 있는 체중이 발 앞으로 실린다.

허리의 턴으로 피니시를 하면 왼발 앞에 실려 있는 체중이 뒤로 이동되면서 뒤꿈치에 완전히 실린다. 따라서 오른쪽 허리가 앞으로 완전히 따라가며 체중이 발끝으로 실린다.

무릎의 굽힘(백)

기본 스윙에서 척추를 축으로 하여 원을 그릴 때 무릎이 많이 구부러져 있으면 유연해져 움직임이 많은 장점이 있는 반면에 축이 많이 움직여 일관성이 떨어지기도 한다. 그리고 무릎이 작게 구부러져 있으면 몸이 뻣뻣해져 유연성이 떨어지는 단점이 있지만 축의 움직임이 적어 일관성이 좋아지기도 한다.

잘못된 무릎의 굽힘과 움직임

어드레스에서 무릎의 굽힘이 많아지면 다리에 힘이 많이 들어가고 몸의 굽힘이 많아 백스윙이 커지는 장점이 있으나 다운 시 몸과 축의 움직임이 많아져 일관성이 떨어진다.

어드레스에서 무릎의 굽힘이 적어지면 다리에 유연성이 떨어지고 몸이 펴져 백스윙이 적어지는 단점이 있다. 다운 시 탄력이 없어 비거리와 일관성이 떨어진다.

적절한 무릎의 굽힘

무릎은 부드럽고 탄력 있는 각도로 유지한다. 만약 무릎을 지나치게 펴거나 구부리면 유연성이 떨어지거나 하체의 꼬임이 나빠져 좋은 스윙을 하기가 어려워진다.

앞에서 설명한 어드레스는 가장 기본적인 것으로, 모든 골퍼에게 똑같이 통용될 수는 없으나 가장 이상적이라고 볼 수 있다. 볼을 멀리, 정확히 보내는 프로 골퍼들의 어드레스는 한결같이 부드럽고 편안하며 힘이 있어 보인다. 이것은 기본을 정확하게 숙지하고 수많은 연습과 경험을 통해 자신의 몸에 맞게 일구어 낸 결과물인 것이다.

어드레스에서 무릎의 적절하게 굽히기 위해서는 먼저 클럽을 볼에 댄 뒤에 척추의 각을 만들며 두 다리를 쭉 펴 준다.

두 다리를 쭉 편 상태에서 어드레스를 하고 무릎만 살짝 구부린다.

가장 많은 어드레스의 오류

일반적인 아마 골퍼가 가장 많이 범하는 어드레스는 아래와 같은 자세들인데 이런 자세들은 스윙 중 좋은 임팩트와 비거리, 일관성을 나쁘게 하는 자세들이라 할 수 있다.

허리가 아프다고 너무 서거나 손목의 각이 적으면 손이 몸에 과도하게 붙어 백스윙과 다운의 움직임이 나빠지고 손목의 움직임이 어려워져 비거리와 구질이 나빠진다.

몸과 손이 너무 떨어지면 스윙 중에 몸과 팔이 일체감이 없이 따로 놀아 일관성이 떨어진다. 또한 스윙 중 힘이 들어가기 쉬워 스윙이 나빠진다.

볼의 위치가 왼발쪽에 위치하고 다운 시 하체의 움직임이 적어지면 뒤땅과 토핑이 쉽게 나고 구질도 나빠진다.

아이언의 어드레스 시 오른발에 체중이 많으면 다운 시 왼발로 체중 이동이 어려워 볼을 찍어 치지 않고 쓸어 쳐서 뒤땅이나 토핑이 쉽게 난다.

⭐ 어드레스 체크 포인트

어드레스 : 백   어드레스 : 프런트

3 얼라이먼트

얼라이먼트란 볼과 골퍼의 몸, 몸과 목표와의 정확한 정렬로서, 프로 골퍼가 좋은 샷을 하고도 볼을 목표 방향으로 보내지 못하는 이유는 얼라이먼트가 잘못된 경우가 많다. 그만큼 얼라이먼트가 중요하므로 프로 골퍼들은 수시로 얼라이먼트를 점검하는 것이다.

> **얼라이먼트의 중요성**
> ① 목표에 대해 편안하고 자연스럽게 어드레스가 되어야 한다.
> ② 목표에 볼을 보낼 수 있는 확실한 자신감이 생겨야 한다.

얼라이먼트 순서

볼과 목표의 뒤쪽에서 가상의 타깃 라인을 긋고 그 선상의 특정한 마크(가랑잎, 디봇 등)를 지정한다.

클럽을 오른손으로 잡고 지정한 마크에 대해 클럽 페이스를 타깃과 직각이 되도록 놓는다.

클럽 페이스에 직각으로, 지정한 마크와 볼에 대해 평행하게 스탠스한다.

타깃에 대해 정렬된 스탠스에 평행되게 허리와 어깨를 정렬한다.

실전에서의 얼라이먼트

티잉그라운드에서는 200야드 이상 보내는 샷이므로 페어웨이 중앙을 보내고 싶다면 스탠스의 방향은 페어웨이 왼쪽으로 끝으로 (약 20야드 왼쪽) 정렬하면 볼은 페어웨이 중앙으로 날아가게 된다.

페어웨이에서는 그린으로 약 100~200야드를 보내는 샷이므로 그린의 핀으로 보내고 싶다면 스탠스의 방향은 그린 왼쪽으로 정렬하면 (약 20~10야드 왼쪽) 볼은 핀으로 날아가게 된다.

티잉 그라운드   **페어웨이**

얼라이먼트를 점검하는 방법

얼라이먼트의 잘못은 본인도 모르게 습관화되는데 적어도 일주일에 한 번은 자신의 파트너에게 확인을 요하는 것이 좋다. 그래도 교정이 필요하다면 여러 가지 방법으로 확인이 가능하다. 잘못된 느낌을 바꾸어야 하므로 반복해서 실시하고 꾸준히 감각을 익혀야 한다.

가장 확실하게 교정하는 방법

볼 뒤에 클럽을 놓고 그 뒤에 스탠스를 취하고 어드레스한다. 이때 놓은 클럽으로 다시 스윙하는 것은 벌타를 받지 않지만 시간이 많이 걸리므로 동반자들에게 피해가 되지 않도록 한다. 그리고 얼라이먼트가 적응되면 간단한 방법으로 교체한다.

얼라이먼트 점검하는 방법

얼라이먼트의 잘못을 확인하기 위해 양팔을 뻗어 보면 바로 스탠스의 방향을 확인할 수 있다. 이때 스탠스와 어깨 방향이 일치하는지 확인한다.

얼라이먼트 잘못을 확인하기 위해 클럽을 스탠스의 양발 끝 위에 평행하게 45도로 맞추고 고개를 돌려 보면 스탠스의 방향을 확인할 수 있다. 이때 스탠스와 클럽의 방향을 일치시키며 확인한다.

가장 확실하게 교정하는 방법
볼 뒤에 클럽을 놓고 그 뒤에 스탠스를 잡고 어드레스한다. 이때 놓은 클럽으로 다시 스윙하는 것은 벌타를 받지 않지만 시간이 많이 걸리므로 동반자들에게 피해가 되지 않도록 신속히 한다. 그리고 얼라이먼트가 적응이 되면 간단한 방법으로 교체한다.

⭐ 얼라이먼트 체크 포인트

스윙 전 정적인 자세인 그립과 어드레스가 아무리 좋아도 라운드 중 얼라이먼트가 잘못되어 목표 방향이 아닌 다른 곳을 향하고 좋은 스윙을 했다 하더라도 볼은 골퍼가 원하는 곳으로 보낼 수 없으므로 가장 중요한 골프의 요소라 할 수 있다.

4 스윙

우리 몸의 움직임과 과학적 요소를 근거로 한 그립과 어드레스의 원리를 알고 준비했다면 이제 스윙을 할 차례다. 원 골프의 움직임을 알아 보자.

원 골프 스윙

원 골프 스윙이란 과학적 이론을 근거로 하여 우리 몸의 근육 운동학에 접목하여 6개의 원을 하나로 만들어 몸에 무리 없이 최대한의 파워와 정확성을 갖게 하는 내추럴 스윙을 말한다.

원 골프 스윙을 또 다르게 정의한다면, 단 한 번의 교정으로 임팩트를 만드는, 쉽고 간단한 자신만의 골프라고 할 수 있다.

스윙 시 원을 만드는 목적

스윙 시 원을 만드는 목적은 클럽 헤드에 원심력을 발생시키는 데 있다. 그리고 원심력을 크게 하기 위해서는 원을 크고 빠르게 만들어야 한다.
그 예로 줄에 돌을 매달아 손으로 빙빙 돌려 보면 다음 4가지 사실을 알 수 있다.

① 축을 중심으로 한 돌에 원이 만들어진다.
② 돌에 원심력이 발생된다.
③ 원심력을 발생시키는 축과 동력이 손이다.
④ 회전하는 돌의 속도와 운동 방향 등 전체를 컨트롤하는 것도 손이다.

돌

봉 vs 쌍절곤

손이 움직여야 볼도 움직이므로 손이 동력이 된다. | 손이 앞뒤로 움직이면 볼도 앞뒤로 움직인다. | 관절이 하나면 원이 하나가 되어 스피드가 느리다. | 관절이 두 개면 원이 두 개가 되어 스피드가 빠르다.

6개의 원으로 이루어진 원 골프

이것을 골프 스윙에 적용해 보면, 여러 개의 원을 하나로 만들어 최대의 원심력을 발생시키는 축과 동력인 손은 우리의 몸통이고, 돌에 연결된 줄은 팔과 클럽, 돌은 클럽 헤드에 해당한다. 즉 스윙은 손이나 팔이 아닌, 우리 몸에서 가장 힘이 센 부분으로 동력을 발생시켜 클럽 헤드의 속도를 나게 하고 방향을 컨트롤하는 것이며, 팔이나 클럽은 힘을 전달하는 통로가 되는 것이다.

골프는 비거리와 정확성 모두 중요한데, 이 몸통의 원(회전 : 주동력)만으로는 비거리가 모자라므로 팔의 원과 손목의 원(회전 : 보조 동력)을 만들어 동시에 임팩트하면 정확성은 떨어지는 대신 비거리를 향상시킬 수 있다. 즉 골프 스윙 중 원을 최대한 많이, 크게 그리며 스윙해야만 비거리가 길어져 골프를 즐길 수 있다.

백스윙 시 3개의 원과 다운스윙 시 3개의 원, 이렇게 총 6개의 원을 하나의 원으로 일관되게 일치시키면 최대의 비거리와 정확성을 만들 수 있고 또한 6개의 원을 다양하게 접목하면 골프에 필요한 다양한 응용된 샷을 구사할 수 있다.

백스윙에서 3개의 원

백스윙은 상체의 꼬임과 손목의 코킹, 팔을 이용하여 클럽 헤드를 어깨 위로 올려놓는 원의 움직임이다.

상체의 근육을 이용해 어깨를 턴하면 클럽의 헤드를 타깃의 반대로 보낼 수 있다. 그러나 이 하나의 원만으로는 힘이 부족하다.

어깨의 턴과 손목의 코킹을 이용해 백스윙의 원을 그리며 클럽 헤드를 위로 올려 준다. 그러나 이 어깨의 턴과 손목의 코킹이 만드는 원만으로는 힘이 부족하다.

앞의 2가지 원에 팔의 근육을 이용하여 또 하나의 원을 추가하면 원의 크기가 커져 최고의 꼬임과 높이로 근육과 중력을 한꺼번에 이용할 준비가 완료된다.

다운스윙에서 3개의 원

다운스윙이란 하체의 풀림과 중력을 이용한 팔의 떨어짐 그리고 손목의 턴을 이용하여 클럽의 헤드 스피드를 최대로 만드는 원의 움직임이다.

충분히 축적된 톱에서 가장 큰 근육인 하체를 이용해 허리의 턴으로 클럽의 헤드를 자연스레 아래로 떨어뜨릴 수 있다. 그러나 이 하나의 원만으로는 힘이 부족하다.

허리의 턴과 중력을 이용해 팔의 근육으로 원을 그리며 클럽 헤드를 아래로 떨어뜨린다. 그러나 이 하체의 원과 팔이 만드는 원만으로는 힘이 부족하다.

앞의 2가지 원에 그립과 손목의 근육을 이용하여 또 하나의 원을 추가하면 원의 크기가 최대로 커져 최고의 헤드 스피드를 구사할 수 있다.

각 원의 장단점과 쓰임

어깨의 원과 허리 원(턴)의 스윙

어깨와 허리의 원은 스윙에서 매우 중요한 역할을 하지만 어깨와 허리의 원만으로는 큰 역할을 하기가 어렵다.

어깨와 허리 근육은 큰 근육이어서 힘이 좋은 반면 운동 반경이 짧고 속도가 느리다. 그래서 스윙 중 손목이나 팔의 움직임 없이 어깨와 허리의 원만으로 스윙해 보면 헤드 스피드도 느리고 원의 크기도 작아 거리를 낼 수 없다.

연습장에서 어깨와 허리만으로 볼을 쳐 보면 약 40~80야드쯤 날아가고 임팩트가 쉽다.

어깨의 턴으로만 톱

허리의 턴으로만 피니시

궤도가 완만하다

손목이나 팔을 이용하지 않고 어깨의 턴만으로 백스윙을 최대로 해 보면 원의 지름은 길고 운동 범위가 작아 원의 길이가 같이 짧아진다는 것을 알 수 있다.

작은 백스윙에서 허리의 턴으로 임팩트해 보면 운동 범위가 짧아 원의 길이가 매우 짧아져서 헤드 스피드가 느리고 피니시가 작아진다. 그러나 축으로부터 헤드까지의 지름이 길어 완만한 원에 의해 임팩트 존이 길어 정확성이 높아진다.

손목 원(코킹과 턴)의 스윙

손목의 원은 스윙에 있어서 매우 중요하지만 손목의 원만으로는 큰 역할을 하기가 어렵다. 손목 근육과 관절은 우리 몸에서 작은 근육에 속하므로 속도가 빠르고 운동 반경이 큰 반면 힘이 약하다. 그래서 스윙 중 어깨나 팔의 움직임 없이 손목의 원만으로 스윙해 보면 헤드 스피드도 느리고 원의 크기도 작아 거리를 낼 수 없다.

실제로 연습장에서 손목으로만 볼을 쳐 보면 약 30~60야드쯤 날아가고 임팩트가 어렵다.

손목의 코킹으로만 톱 / 손목의 턴으로만 피니시

궤도가 가파르다

몸통이나 팔을 이용하지 않고 손목의 코킹만으로 백스윙을 최대로 해 보면 원의 지름은 짧고 운동 범위가 어깨의 원보다 커서 원의 길이가 같이 길어진다는 것을 알 수 있다.

톱에서 중력과 손목의 동력으로 임팩트해 보면 운동 범위가 작아 원의 길이가 짧아져서 헤드 스피드가 느리고 피니시 또한 작아진다. 또한 축으로부터 헤드까지의 지름이 짧아 급격한 원에 의해 임팩트 존이 짧아 정확성이 떨어진다.

원(접고 풀기)의 스윙

원 골프의 스윙 중 팔의 원은 스윙에서 매우 중요한 역할을 하지만 팔의 원만으로는 큰 역할을 하기가 어렵다. 팔 근육은 우리 몸에서 중간 근육에 속하고 또한 운동 반경이 매우 크고 속도가 빠르다. 반대로 근육의 힘은 조금 약하다. 그래서 스윙 중 손목이나 어깨의 움직임 없이 팔의 원만으로 스윙을 해 보면 스윙은 커지지만 헤드 스피드가 느려 거리를 크게 낼 수 없다는 것을 알 수 있다.

※ 연습장에서 실제로 팔로만 볼을 쳐 보면 약 50~80야드쯤 날아가고 임팩트가 쉽다.

팔로만의 톱

손목이나 몸통을 이용하지 않고 팔만으로 백스윙을 최대로 해 보면 원의 지름은 길고 운동 범위가 크며 원의 길이가 같이 길어진다는 것을 알 수 있다.

팔로만의 피니시

큰 백스윙에서 중력과 팔로 임팩트해 보면 운동 범위가 커져 원의 길이가 매우 길어지며 헤드 스피드는 조금 빨라진다. 또한 축으로부터 헤드까지의 지름이 길어 완만한 원에 의해 임팩트 존이 길어 정확성이 높아진다.

원의 조합과 샷

백스윙에서 3가지 원(어깨, 손목, 팔)과 다운스윙에서 3가지 원(허리, 팔, 손목)으로는 큰 힘을 발휘할 수 없다.
팔과 몸통의 원(상체와 하체)이 조금 멀리 볼을 보낼 수 있고, 손목의 원은 독립적으로 사용하기에는 무리가 따른다. 하지만 이 6가지 원을 잘 조합하고 접목하면 방향과 비거리를 충분히 얻을 수 있는 장점을 갖게 된다.

2개원으로 하는 스윙(치핑 : 15야드 이내) (어깨의 원, 어깨의 원)

백스윙을 어깨의 원, 다운을 어깨의 원으로 스윙이란 어깨의 스윙으로 하는 샷을 말하는데 거리가 멀지 않은 약 15야드 안쪽의 거리감과 정확성 그리고 일관성을 위한 치핑에 좋은 효과를 발휘한다.
손목의 움직임을 자제하고 어깨의 원으로만 스윙하면 원 지름의 크기가 커 완만한 원이 그려지며 임팩트되어 짧은 거리의 치핑에 효과적이다.

2개 원으로 하는 스윙

손목이나 팔을 이용하지 않고 남은 핀과의 거리에 맞게 어깨의 턴만으로 숏, 미들 퍼팅하듯이 백스윙한다.

왼발의 축과 어깨의 동력으로 임팩트해 보면 축으로부터 헤드까지의 지름이 길어 완만한 원에 의해 임팩트 존이 길어 정확성이 높아진다.

4개 원으로 하는 스윙(피칭: 30야드 이내) (어깨와 손목의 원, 허리와 손목의 원)

백스윙을 어깨와 손목의 원, 다운을 허리와 손목의 원으로 하는 스윙이란, 몸통과 약간 손목의 스윙으로 하는 샷으로, 약 30야드 안쪽의 거리감과 정확성 그리고 일관성을 위한 피칭에 좋은 효과를 발휘한다. 어깨의 원에 손목의 원을 더하면 적은 힘으로 거리를 쉽게 낼 수 있어 거리감 좋아지고 볼을 쉽게 띄울 수 있고, 반대로 스윙 중 2개 원의 조합과 각 원의 지름이 짧아 스윙 중 원이 조금은 가팔라져서 임팩트존이 짧아져 일관성은 조금은 떨어진다. 보내야 하는 거리가 멀어지면 어깨의 원만으로는 헤드 스피드가 부족하므로 원의 지름이 큰 손목의 원을 추가시켜 적은 힘으로 헤드 스피드를 내게 하여 보다 쉽게 거리를 낼 수 있고 볼을 띄워야 하는 피칭에 효과적이다.

4개 원으로 하는 스윙

어깨 턴과 손목의 코킹으로 지면과 수평으로 백스윙한다.

허리의 동력과 손목의 풀림으로 임팩트해 보면 허리의 턴에 손목의 턴이 추가되어 쉽게 거리를 더 낼 수 있다.

4개 원과 적은 2개의 원으로 하는 스윙(피칭 : 70야드 이내) (어깨와 손목, 거리에 따른 팔의 원, 허리와 손목, 거리에 따른 팔의 원)

백스윙을 어깨와 손목과 그리고 거리에 따라 팔의 원을 추가하여 백스윙의 크기를 만들고 다운을 허리와 팔과 손목의 원으로 하는 스윙으로, 백스윙과 다운의 4개의 원에 팔의 원을 거리에 따라 추가하여 필요한 동력을 얻어 보다 쉽게 다양한 피치 샷을 만드는 데 좋은 효과를 발휘한다.

4개의 원과 필요한 거리에 따른 팔의 원을 적절히 추가하면 다양한 거리의 피치 샷을 만들 수도 있다.

4개 원과 작은 2개의 원으로 하는 스윙

어깨와 손목과 팔의 원을 부드럽게 접목시켜 필요한 거리에 맞는 크기의 원을 만든다.

허리와 팔, 그리고 손목을 동력으로 다운을 만들면 최소의 힘으로 다양한 거리를 만들 수 있다.

6개의 원으로 하는 스윙(풀 스윙) (어깨와 손목과 팔의 원, 허리와 팔과 손목의 원)

백스윙을 어깨와 손목과 팔의 원, 다운을 허리와 팔과 손목의 원으로 하는 스윙이란 스윙 중 최대한 동원할 수 있는 원을 만들어 거리를 가장 멀리 보내는 샷을 말하는데 최대의 거리를 내는 데 좋은 효과를 발휘한다.

어깨의 원에 손목과 팔의 원을 더하면 우리 몸의 원을 최대로 만들어 중력과 몸통의 꼬임을 충분히 이용할 준비가 되고 다운에서 백스윙의 비거리와 높인다.

6개 원으로 하는 스윙

어깨와 손목과 팔의 원을 부드럽게 접목시켜 크고 확실한 원을 만든다.

허리와 팔, 그리고 손목을 동력으로 다운을 만들면 최대의 거리를 만들 수 있다.

5 백스윙

백스윙은 3개의 원으로 이루어져 있는데 이 3개의 원을 하나로 만들어야 하기 때문에 백스윙 나름대로의 리듬이 필요하다. 그래서 몸통과 3개의 원을 조합하고, 각각의 원을 어떻게 만드는지 알아보자.

백스윙의 구성 요소
① 3개의 원
② 궤도
③ 체중의 움직임
④ 허리의 움직임
⑤ 축
⑥ 빠르기

백스윙 시 3개의 원

백스윙을 효과적으로 만드는 원의 순서는 ① 어깨의 원 ② 손목의 원 ③ 팔의 원순이다. 백스윙 시 원을 만드는 순서가 바뀌면 구분 동작이 되거나 과도하게 아웃이나 인으로 올라가는 백스윙 궤도가 되어 임팩트가 나빠져 비거리와 방향, 일관성이 떨어진다.

원의 순서 : 프런트

잘 준비된 어드레스에서 힘이 좋은 어깨의 턴으로 백스윙의 시동을 건다.(1 어깨의 원)

어깨의 턴으로 출발한 클럽 헤드를 손목으로 받아서 위로 꺾어 올리기 시작한다. 이때 어깨의 턴은 계속된다.(어깨의 원과 2 손목의 원의 연결)

코킹으로 클럽 헤드가 위로 올라오면 오른팔의 관절을 접으며 어깨의 턴과 손목의 코킹, 팔을 접으며 톱을 완성한다.(어깨의 원과 손목의 원 그리고 3 팔 원의 연결)

원의 순서 : 백

잘 준비된 어드레스에서 어깨의 턴으로 백스윙의 시동을 건다. 그러면 약간의 인으로 헤드가 빠진다.(1 어깨의 원)

어깨의 턴으로 출발한 클럽 헤드를 손목의 코킹으로 받아서 꺾어 위로 올리기 시작한다. 이때 어깨의 턴은 계속된다. 그러면 어깨와 손목의 조합으로 헤드는 약 45도로 올라간다.(어깨의 원과 2 손목 원의 연결)

손목의 코킹으로 클럽 헤드가 위로 올라오면 오른팔의 관절을 접으며 어깨의 턴과 손목의 코킹 그리고 팔을 접으며 톱을 완성한다. 그러면 왼팔이 오른쪽 어깨를 가리는 높이로 완성된다.(어깨의 원과 손목의 원 그리고 3 팔 원의 연결)

백스윙 시 원의 궤도

백스윙 시 원을 만드는 순서를 알았다면 이제 좋은 구질과 임팩트를 위해 3개의 원을 매끄럽게 연결시키는 좋은 클럽 헤드의 궤도를 알아보자.
어깨를 동력으로 해서 손과 팔로 클럽 헤드를 일체감 있고 부드럽게 톱으로 이동시키면 클럽 헤드의 궤도는 깨끗하고 예쁜 원이 그려지며 좋은 백스윙이 된다. 그런데 이때 허리는 의식하지 않아도 된다. 유연하지 못한 골퍼는 어깨의 움직임을 따라 바로 허리가 턴할 것이고, 유연한 골퍼는 자연스레 조금 늦게 허리가 따라 돌기 때문이다. 결국 허리는 의식해서 돌릴 필요가 없다.

하나의 원 : 프런트

어깨를 동력으로 손과 팔로 클럽 헤드를 일체감 있고 부드럽게 톱으로 이동시키면 클럽 헤드의 궤도는 깨끗하고 예쁜 원이 그려진다.

하나의 원 : 백

좋은 백스윙은 어깨가 헤드를 옆으로 보내면서 조화롭게 손과 팔이 헤드를 위로 올리는 것이다. 그러면 숙여진 척추의 각에 의해 볼에서 오른쪽 어깨로 이어지는 궤도로 클럽 헤드는 깨끗하고 예쁜 원을 그리며 톱을 만들게 된다.

프런트 원의 궤도

볼이 놓인 위치와 클럽에 따라 앞에서 보는 클럽 헤드의 궤도는 조금씩 달라져야 한다. 클럽과 볼의 위치에 따라 찍어 치거나 쓸어 치기 때문이다.

아이언의 원은 드라이버보다 작으므로, 볼에서부터 가파르게 백스윙되고 가파르게 찍어 치며 클럽 헤드가 볼에 임팩트된다.

드라이버의 원은 아이언보다 크므로, 볼에서부터 완만하게 백스윙 되고 완만하게 쓸어 치며 클럽 헤드가 볼에 임팩트된다.

드라이버와 아이언 원의 비교

아이언은 볼에서부터 가파르게 백스윙 되고 가파르게 찍어 치며 클럽 헤드가 볼에 임팩트된다.

드라이버는 볼에서부터 완만하게 백스윙 되고 완만하게 쓸어 치며 클럽 헤드가 볼에 임팩트된다.

아이언 원의 궤도

아이언의 원은 클럽이 짧을수록 원의 크기가 작아지고, 클럽이 짧은 아이언은 다운블로로 볼을 임팩트해야 하므로 백스윙의 궤도는 가파르게 클럽 헤드가 들리게 된다. 또한 볼의 위치가 거의 스탠스 중앙에 위치하고, 클럽이 짧아 어드레스에서 척추의 각이 숙여지므로 척추의 각에 의해 가파르게 백스윙의 원이 그려짐으로써 다운스윙에서도 볼에 클럽 헤드가 가파르게 접근하여 다운블로로 자연스럽게 임팩트된다.

아이언 원의 궤도

아이언은 어깨 턴을 시작하자마자 바로 손목의 코킹을 시작해야 가파른 궤도를 만들 수 있고 계속하여 어깨의 턴과 손목의 코킹을 연결하여 팔을 접으며 헤드를 어깨 위로 올려주면 자연스럽고 깨끗한 아이언 스윙에 적절한 톱이 완성된다.

잘못된 아이언 원의 궤도

백스윙의 궤도에서 어깨와 손목과 팔의 원이 일정하지 않으면 좋은 톱을 만들 수 없으며, 각각의 원의 크기 또한 지나치게 작아지거나 커져서는 안 된다.

 잘못된 아이언 원의 궤도

어깨와 팔과 손목 원의 순서로 톱을 만들면 쓸어 치며 백스윙되어 쓸어 치며 다운되어 임팩트와 일관성이 떨어진다.

손목의 원과 팔의 원 만으로 톱을 만들면 원이 가파르고 작아져 비거리와 구질이 나빠진다.

어깨와 팔의 원으로 톱을 만들면 원이 다 만들어지지 않아 비거리와 일관성이 떨어진다.

드라이버 원의 궤도

클럽이 짧을수록 원의 크기가 작아지고 클럽이 긴 만큼 원은 커진다. 또한 티 위에서 볼을 쳐야 하는 클럽이 긴 드라이버는 사이드, 어퍼블로로 볼을 임팩트해야 하므로 백스윙의 궤도는 완만하게 클럽 헤드가 들리게 된다. 또한 볼의 위치가 왼발 뒤꿈치에 위치하고, 클럽이 길어 어드레스에서 척추의 각이 약간 기울어지므로 척추의 각에 의해 완만한 백스윙의 원이 그려진다. 따라서 다운스윙에서도 볼에 클럽 헤드가 완만하게 접근하여 사이드, 어퍼블로로 자연스럽게 임팩트된다.

드라이버 원의 궤도

클럽이 긴 드라이버는 볼을 쓸어 치기 위해 완만한 궤도가 되어야 하는데 완만한 궤도를 만들려면 어깨의 원을 시작하여 클럽의 헤드가 오른발을 지나면서 손목의 코킹을 시작해야 완만한 궤도를 만들 수 있고 계속하여 어깨의 턴과 손목의 코킹을 연결하여 팔을 접으며 어깨 위로 올려 주면 자연스럽고 깨끗한 드라이버 스윙 톱이 완성된다.

잘못된 드라이버 원의 궤도

백스윙의 궤도는 어깨와 손목과 팔의 원을 어떠한 순서로 톱을 만들어야 하느냐와, 각각의 원의 크기가 얼마나 되어야 하느냐에 따라 결정된다. 특히 드라이버는 클럽의 길이가 가장 긴 클럽이므로 천천히 부드럽게 백스윙을 만들어 주어야 리듬 있게 일관되게 백스윙의 궤도가 만들어진다.

✔ 잘못된 드라이버 원의 궤도

손목의 코킹을 빠르게 하여 헤드가 바로 들리며 백스윙 되면 다운 시 가파르게 헤드가 볼에 접근하여 비거리와 방향, 일관성이 떨어진다.

손목의 원과 팔의 원만으로 톱을 만들면 다운 시 가파르게 헤드가 볼에 접근되어 비거리와 방향, 일관성이 떨어진다.

어깨와 팔의 원으로 톱을 만들면 원이 다 만들어지지 않아 비거리와 일관성이 떨어진다.

백 원의 궤도

백 원의 궤도는 클럽의 길이에 따라 척추의 각이 다르므로 옆에서 보는 클럽 헤드의 백스윙 궤도는 조금씩 달라져야 한다. 클럽에 따라 찍어 치느냐 쓸어 치느냐와, 볼에 적절한 인-투-인의 궤도로 접근하느냐가 중요하다.

아이언은 숙여진 척추의 각에 의해 드라이버보다 가파르게 백스윙된다. 따라서 가파르게 찍어 치며 클럽 헤드가 볼에 임팩트된다.

드라이버는 세워진 척추의 각에 의해 아이언보다 플랫하게 백스윙된다. 따라서 완만하게 쓸어 치며 클럽 헤드가 볼에 임팩트된다.

아이언과 드라이버의 비교

아이언은 숙여진 척추의 각에 의해 드라이버보다 가파르게 백스윙된다. 따라서 가파르게 찍어 치며 클럽 헤드가 볼에 임팩트된다.

드라이버는 세워진 척추의 각에 의해 아이언보다 플랫하게 백스윙된다. 따라서 완만하게 쓸어 치며 클럽 헤드가 볼에 임팩트된다.

아이언 원의 궤도

잔디에서 볼을 쳐야 하는 클럽이 짧은 아이언은 다운블로로 볼을 임팩트해야 하므로 백스윙의 궤도는 클럽 헤드가 가파르게 들린다. 또한 볼의 위치가 거의 스탠스 중앙에 위치하고, 클럽이 짧아 어드레스에서 척추의 각이 숙여지므로 척추의 각에 의해 가파르게 백스윙의 원이 그려진다. 따라서 다운스윙에서도 볼에 클럽 헤드가 가파르게 접근하여 다운블로로 자연스럽게 임팩트된다.

아이언 원의 궤도

아이언은 볼을 찍어 치기 위해 가파른 궤도가 되어야 하는데 가파른 궤도를 만들려면 드라이버보다 숙여진 척추의 각과 손목의 각이 필요하다.

어깨의 턴을 하자마자 바로 손목의 코킹을 시작해야 가파른 궤도를 만들 수 있다. 따라서 클럽 헤드는 허리의 위치를 지나가게 된다.

계속하여 어깨의 턴과 손목의 코킹을 연결하여 팔을 접으면 자연스레 왼팔은 오른쪽 어깨에 오게 되는 깨끗한 아이언 스윙에 적절한 톱이 완성된다.

✔ 잘못된 아이언 원의 궤도

어깨보다 손목의 코킹을 빠르게 만들면 백스윙의 궤도가 과도하게 가팔라져 다운 시 클럽 헤드를 인으로 볼에 접근시키기가 어려워 구질과 일관성이 떨어진다.

손목보다 어깨의 턴이 과도하게 많으면 백스윙의 궤도가 완만해져 다운 시 클럽 헤드가 과도한 인으로 볼에 접근해 구질과 임팩트와 일관성이 떨어진다.

손목의 코킹이 아닌 손목의 턴으로 하면 클럽 헤드가 과도한 인으로 빠지며 나쁜 톱을 만들어 다운 시 궤도가 일관성이 없어져 구질과 일관성이 떨어진다.

드라이버 원의 궤도

티 위에서 볼을 쳐야 하는 드라이버는 사이드, 어퍼블로로 볼을 임팩트해야 하므로 백스윙의 궤도는 완만하게 클럽 헤드가 들리게 된다. 또한 볼의 위치가 왼발 뒤꿈치에 위치하고, 클럽이 길어 어드레스에서 척추의 각이 세워지므로 척추의 각에 의해 완만한 백스윙의 원이 그려진다. 따라서 다운스윙에서도 볼에 클럽 헤드가 완만하게 접근하여 사이드, 어퍼블로로 자연스럽게 임팩트된다.

드라이버 원의 궤도

드라이버는 볼을 쓸어 치기 위해 완만한 궤도가 되어야 하는데 완만한 궤도를 만들려면 아이언보다 펴진 척추의 각과 손목의 각이 필요하다.

어깨의 턴을 시작하여 클럽의 헤드가 오른발을 지나면서 손목의 코킹을 시작해야 완만한 궤도를 만들 수 있다. 따라서 클럽 헤드는 허리의 위치를 지나가게 된다.

계속하여 어깨의 턴과 손목의 코킹을 연결하여 팔을 접으면 자연스레 왼팔은 오른쪽 어깨에 오게 되는 깨끗한 드라이버 스윙에 적절한 톱이 완성된다.

백스윙 궤도의 가파른 정도는 척추 각의 정도와 어깨의 원을 그리면서 언제 손목의 원을 만드느냐에 따라 그 높낮이와 궤도가 달라진다.
① 피칭과 숏 아이언은 어깨의 원을 그리며 바로 손목의 원을 그리기 시작하고
② 미들아이언은 어깨의 원을 그리며 손목의 원을 그리기 시작하며
③ 롱 아이언과 우드, 드라이버는 어깨의 원을 그리며 클럽 헤드가 오른발을 빠져나가며 손목의 원을 그리기 시작하는 느낌이 되는 것이다. 그래서 백스윙의 궤도는 어깨의 원(턴)과 손목의 원(코킹)의 시간차에 의해 궤도의 높고 낮음이 결정나므로 각 클럽에 따라 백스윙 나름대로의 리듬이 필요하다.

백스윙 시 체중의 움직임 - 프런트

백스윙의 세 번째 요소인 체중의 움직임은 스윙 중 비거리와 임팩트, 구질을 담당하는 매우 중요한 역할을 한다.

백스윙 시 오른발로 체중을 많이 옮기고 다운스윙을 하면 비거리를 얻을 수 있지만 방향과 일관성이 떨어지고 오른발로 체중을 적게 옮기고 다운스윙을 하면 비거리는 약간 떨어지는 대신 방향성과 일관성을 얻게 될 것이다.

또한 정확성을 원하는 피칭이나 숏 아이언은 백스윙 시 왼발의 체중을 오른발로 이동하지 않거나 약 10% 이하로 이동된다. 그 이유는 어드레스의 체중을 오른발로 옮겼다가 다시 왼발로 이동하는 체중의 이동이 많을수록 비거리는 얻어지지만 그와 반대로 그만큼 방향과 일관성은 떨어지기 때문이다. 결국 백스윙 시 체중의 이동이 적을수록 방향과 일관성을 동시에 얻을 수 있다.

아이언의 백스윙 시 체중의 움직임(프런트)

미들아이언은 어드레스에서 왼발에 체중을 약 60% 싣는다. 그 이유는 다운 시 왼발로 체중 이동이 빨라져 클럽 헤드가 볼을 찍어 치는 다운블로가 쉽게 되기 때문이다.

백스윙 시 어깨 턴에 의해 상체의 무게와 클럽과 팔이 오른쪽으로 움직여 자연스레 왼발 체중의 약 20%가 오른발로 이동된다. 따라서 체중은 왼발 40%, 오른발 60%가 된다.

드라이버의 백스윙 시 체중의 움직임(프런트)

드라이버는 어드레스에서 오른발에 체중을 약 60% 싣는다. 그 이유는 다운 시 왼발로 체중 이동이 느려지고 하체의 턴이 빨라져 클럽 헤드가 볼에 쓸어 치는 어퍼블로가 쉽게 되기 때문이다.

백스윙 시 어깨의 턴에 의해 상체의 무게와 클럽과 팔이 좌측으로 움직여 자연스레 왼발의 체중이 백스윙에 따라 약 20%가 오른발로 이동된다. 따라서 오른발에 체중은 약 80%가 된다.

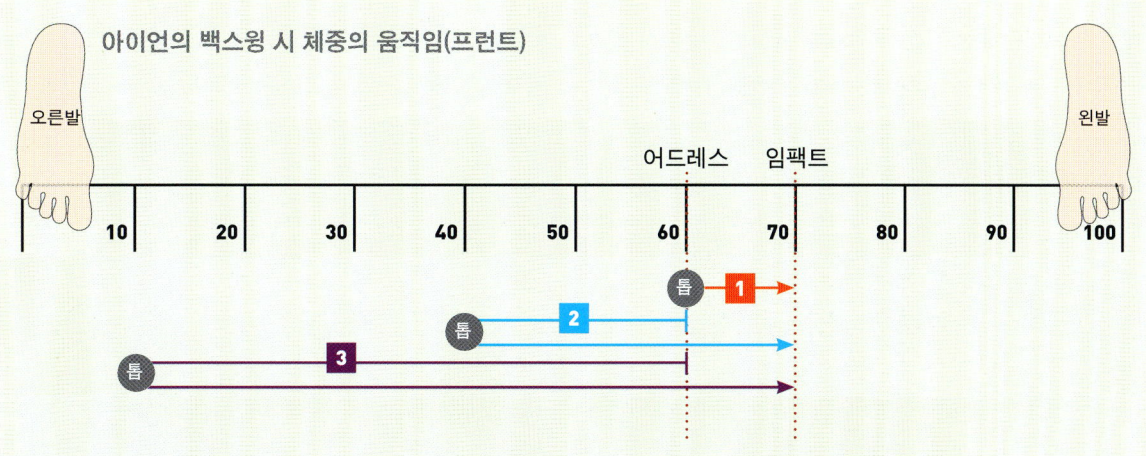

1 어드레스 시 왼발의 체중은 60%, 톱에서 왼발의 체중은 옮기지 않고 60%, 임팩트에서 왼발의 체중이 70%라면 총 10%의 체중이 이동되므로 비거리보다 정확성을 위한 체중의 이동이고,

2 어드레스 시 왼발의 체중은 60%, 톱에서 왼발의 체중은 40%, 임팩트에서 왼발의 체중이 70%라면 총 50%의 체중이 이동되므로 비거리와 정확성을 위주로 하는 체중 이동이며,

3 어드레스 시 왼발의 체중은 60%, 톱에서 왼발에 체중은 10%, 임팩트에서 왼발의 체중이 70%라면 총 110%의 체중이 이동되므로 정확성은 떨어지지만 비거리를 늘리는 체중 이동이 된다.

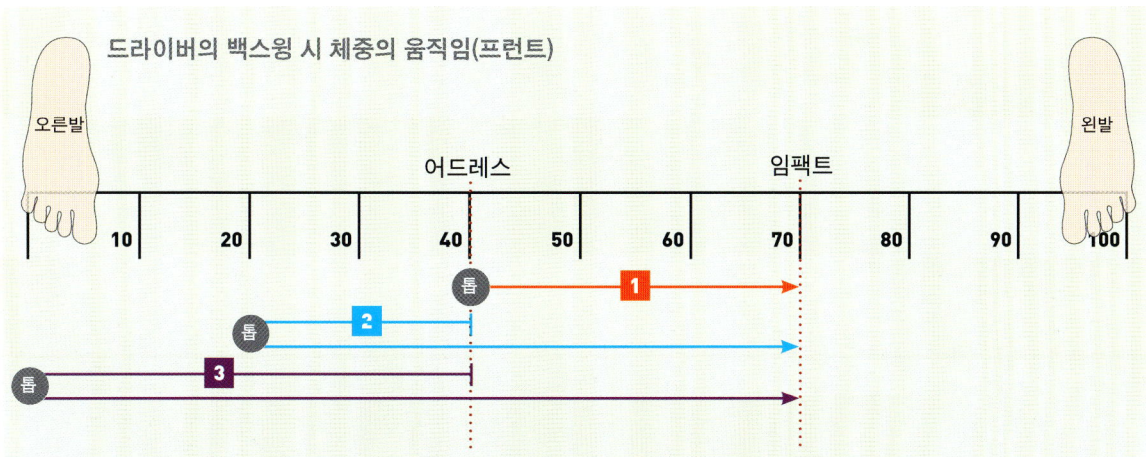

1 어드레스 시 왼발의 체중은 60%, 톱에서 왼발의 체중은 옮기지 않고 60%, 임팩트에서 왼발의 체중이 70%라면 총 30%의 체중이 이동되므로 비거리보다 정확성을 위한 체중의 이동이고,

2 어드레스 시 왼발의 체중은 60%, 톱에서 왼발의 체중은 20%, 임팩트에서 왼발의 체중이 70%라면 총 70%의 체중이 이동되므로 비거리와 정확성을 위주로 하는 체중 이동이며,

3 어드레스 시 왼발의 체중은 60%, 톱에서 왼발에 체중은 0%, 임팩트에서 왼발의 체중이 70%라면 총 110%의 체중이 이동되므로 정확성은 떨어지지만 비거리를 늘리는 체중 이동이 된다.

백스윙 시 체중의 움직임 – 백

어드레스에서 체중이 발등에 위치하는 이유는 백스윙 시 어깨 턴에 의해 허리가 턴이 되고, 그에 따라 발의 체중이 이동되어야 자연스럽기 때문이다. 만약 체중의 움직임을 제한하거나 어깨 턴을 앞질러 움직이면 몸의 꼬임이 타이트하거나 느슨해져 리듬을 잃게 된다. 백스윙 중 체중 이동이 잘못되면 깨끗한 원을 만들기 어려워지고 다운 시 왼발로의 체중 이동이 어려워 비거리는 물론 임팩트와 구질까지도 나빠져 모든 것을 잃게 된다.

어드레스에서 단단한 균형을 잡기 위해 체중의 위치는 발등이 된다.

백스윙 시 어깨 턴에 의해 어깨와 허리가 턴 되므로 오른쪽 어깨와 허리의 무게는 뒤로 실리고 왼쪽 어깨와 허리의 무게는 앞으로 실리므로 자연스레 오른발은 뒤로 왼발은 앞으로 체중이 실린다.

백스윙 시 잘못된 체중 이동

백스윙 시 오른발로의 체중 이동을 상체가 아닌 발로 하면 어깨의 턴이 원활하지 않고 다운 시 왼발로 체중 이동이 어려워 비거리와 임팩트, 구질이 나빠진다. 또한 스윙 시 오른발로의 체중 이동을 허리로 해도 마찬가지로 비거리와 임팩트, 구질이 나빠진다.

백스윙 시 허리의 움직임

백스윙 시 허리의 움직임은 스윙 중 임팩트와 구질을 결정짓는데, 어깨 턴에 의해 좌우된다. 어드레스에서 허리에 힘이 빠져 있으면 백스윙에서 머리를 축으로 어깨가 턴 되므로 허리는 옆으로 밀리지 않고 어깨 턴의 약 절반 정도가 따라 돌게 된다.

백스윙 시 허리의 움직임은 어깨의 원에 의해 자연스럽게 생기는 것으로, 허리의 원을 제한하거나 어깨의 원보다 우선시하면 자연스런 스윙 리듬이 깨져 일관성이 떨어진다. 허리의 움직임은 어깨의 턴에 맡겨 놓으면 부드럽고 자연스런 백스윙이 된다.

어드레스에서 오른쪽으로 기울어진 척추의 각에 의해 백스윙에서 어깨의 턴을 하면 허리도 어깨 턴에 딸려 자연스레 어깨의 절반 정도 턴이 된다.

백스윙 시 어깨의 턴에 의해 허리는 딸려 돌아 어드레스보다 안으로 들어가게 된다. 이것이 자연스럽게 이루어져야 좋은 임팩트를 만들 수 있다.

백스윙 시 잘못 되는 허리의 움직임

어깨의 원(턴)을 만들다 허리가 원이 아닌 옆으로 밀리면 다운 시 왼발로의 체중 이동이 어려워 임팩트와 구질이 나빠진다.

▶허리가 옆으로 밀리는 이유는 백스윙 시 거리를 내기 위해 오른발로 체중을 과도하게 옮겨서이고 백스윙을 어깨의 턴과 손목의 코킹으로 해야 하는데 팔로 클럽 헤드를 들어 올리면 그 힘에 의해 스웨이가 된다.

▶▶허리의 원을 너무 생각하여 왼발로 체중이 실리며 허리와 어깨가 왼쪽으로 과도하게 기울어지면 다운 시 하체의 원(턴)을 만들기가 어려워 임팩트와 구질, 비거리가 떨어진다.

백스윙 시 축

백스윙의 다섯 번째는 스윙 축으로, 허리 움직임과 같은 맥락에서 임팩트와 구질, 일관성을 좋게 한다. 잔디에서 볼을 다운블로로 임팩트하는 아이언은 왼발과 머리를 잇는 척추가 되고, 티 위에서 볼을 사이드와 어퍼블로로 임팩트하는 드라이버는 오른발과 머리를 잇는 척추가 되어야 한다.

어드레스에서 척추의 각은 백스윙 시 최대한 유지하며 3개의 원은 이에 영향을 받지 않아야 한다. 백스윙 중 척추는 원의 축이 되므로, 스윙 중 축이 움직이며 임팩트하면 그만큼 일관성이 떨어진다.

백스윙 시 축(프런트)

동일하다

스윙 중 척추의 각은 스윙의 축이 되므로 변형시키면 안 된다. 어드레스에서 클럽에 따라 오른쪽으로 기울어진 척추의 각이 조금씩 달라지는데 그 이유는 클럽에 따라 스윙의 타법이 다르기 때문이다.

어드레스에서 오른쪽으로 기울어진 척추의 각을 유지하며 원을 만들어 주어야 한다. 만약 축인 척추가 펴지거나 숙여지면 그만큼 방향과 일관성이 떨어진다.

백스윙 시 축(백)

동일하다

클럽에 따라 척추의 각이 조금씩 달라지는데 스윙 중 척추의 각은 스윙 축이 되므로 변형시키면 안 된다. 척추 각에 맞게 어깨 턴을 하고 팔을 위로 올릴 때 척추의 변형이 있어서는 안 된다.

어드레스에서 앞으로 기울어진 척추의 각을 유지하며 원을 만들어 주어야 한다. 만약 축인 척추가 펴지거나 숙여지면 그만큼 방향과 일관성이 떨어진다.

✔ 백스윙 시 잘못된 축의 움직임

백스윙 시 오른발로 체중을 과도하게 옮기거나 옆으로 밀려 척추가 펴지면 다운 시 왼발로의 체중 이동이 어려워 임팩트와 구질이 나빠진다.

척추의 각을 너무 신경써 머리를 오른쪽으로 보내 톱에서 과도하게 기울어지면 다운 시 왼발로의 체중 이동이 어려워 임팩트와 구질, 비거리가 나빠진다.

어깨의 턴을 잘못해서 척추가 과도하게 펴지면 스윙 중 상체의 움직임이 많아져 임팩트와 구질이 나빠진다.

어깨의 턴을 잘못해 과도하게 척추가 숙여지면 스윙 중 상체의 움직임이 많아져 임팩트와 구질이 나빠진다.

백스윙 시 클럽 헤드의 빠르기

클럽 헤드의 빠르기는 스윙 중 비거리와 임팩트, 구질을 결정하는데, 이 백스윙의 빠르기는 골퍼의 힘에 따라 조금씩 다르다. 너무 빠르면 백스윙의 가속에 의해 축이 흔들려 방향과 일관성이 떨어지고, 너무 느리면 백스윙 동안 근육이 경직되어 스윙 리듬이 나빠져 구질과 임팩트가 나빠진다. 힘이 약한 골퍼의 백스윙이 빠르다면 백스윙 시 3개의 원을 조화롭게 만들지 못하고 스윙하게 되고, 만약 반대로 힘이 좋은 골퍼가 백스윙이 느리다면 스윙 중 몸의 근육이 경직되어 그만큼 스윙이 나빠진다.

백스윙 시 3개의 원을 그린 뒤에 하나의 큰 원을 만드는데 너무 느리면 근육이 경직되고, 너무 빠르면 클럽 헤드 무게를 이기기 어렵다.

백스윙을 하면서 톱에 이르기까지 3개의 원을 자연스럽게 다 완성할 수 있는 빠르기가 적절하다. 골퍼의 힘에 따라 달라진다.

✔ 백스윙 시 잘못되는 헤드의 빠르기

백스윙 속도가 빠르면 헤드 무게에 의해 손이 먼저 백스윙이 되고 헤드가 늦게 빠지는 원의 조합이 달라지고 3개의 원을 다 만들기 어렵고 축이 흔들리기 쉬워 백스윙이 리듬이 나빠져 스윙의 일관성이 떨어진다.

백스윙 속도가 너무 느리면 클럽 헤드의 무게를 몸으로 느끼어 몸의 근육이 경직 되고 힘이 들어가 유연성이 떨어져 백스윙이 리듬이 나빠져 스윙의 일관성이 떨어진다.

백스윙 시 필요한 3개의 원 만들기

1번 원 - 어깨의 원 만들기

어깨의 원(턴)을 충분히 크게 그리며 백스윙해야 ① 다운스윙 시 비거리를 얻고 ② 어깨를 많이 사용하는 만큼 팔이나 손이 자제되어 일관성도 얻게 된다. 그러나 턴이 지나치게 커지면 볼을 보기가 어려워 볼에 대한 집중력이 떨어지기도 한다. 어깨

1단계 : 똑바로 서서 어깨의 원 만들기

골퍼는 똑바로 서서 허리를 완전히 풀고 보조자가 양 어깨를 잡고 돌려보면 오른쪽 허리는 옆으로 밀리지 않고 어깨를 따라 돌아간다. 이 때 척추의 각이 서 있으므로 어깨도 척추와 직각 되게 지면과 수평으로 원을 그리게 된다.

2단계 : 척추의 각을 주고 어깨의 원 만들기

골퍼는 척추의 각을 주고 허리를 완전히 풀고 보조자가 양 어깨를 잡고 돌려 보면 오른쪽 허리는 옆으로 밀리지 않고 어깨를 따라 돌아간다. 이때 척추의 각이 앞으로 숙여져 있으므로 어깨도 척추와 직각으로 지면에 기울어져 원을 그리게 된다.

5단계 : 실전 어깨의 원 만들기

클럽에 따라 척추의 각이 다르므로 클럽에 따른 어드레스에서 기울기를 변화시키지 않고 턴을 시작한다.

클럽에 따라 손목의 코킹이 시작되어도 손목의 원에 동요되지 않고 리듬 있게 어깨만의 턴을 만들어 나간다.

백스윙이 계속됨에 따라 손목의 코킹과 팔의 접힘이 어깨에 영향을 주어도 척추의 각을 변화시키지 않고 어깨의 턴을 완성한다.(약 100~130도 턴)

의 턴은 100~130도가 적절하다.

어깨의 원을 만들 때는 허리를 최대한 풀어 놓고 어깨의 원을 만들어야 허리의 원이 자연스럽게 따라 만들어지는 것이라고 생각하면 된다.

또한 척추의 각도에 따라 어깨를 돌려 주면 척추는 휘어지지 않고 똑바로 일관된 어깨의 원을 만들 수 있다.

3단계 : 어드레스에서 어깨의 원 만들기

골퍼는 어드레스에서와 같이 척추의 각을 앞과 약간은 오른쪽으로 기울여 보조자가 양 어깨를 잡고 돌려보면 오른쪽 허리는 옆으로 밀리지 않고 안쪽으로 어깨를 따라 돌아간다. 이때 척추의 각이 앞, 옆으로 숙여져 있으므로 어깨도 척추와 직각되게 약간은 지면에 기울어져 원을 그리게 된다.

4단계 : 왼쪽, 오른쪽 어깨로 원 만들기

골퍼는 어드레스에서와 같이 척추의 각을 만들고 두 손을 가슴에 대고 ① 오른쪽 어깨를 뒤로 열면서 왼쪽 어깨가 따라오도록 유도한다. ② 왼쪽 어깨를 오른발 끝까지 밀고 오른쪽 어깨를 열며 턴이 된다. 이때 허리는 오른쪽으로 밀리지 않고 턴 되어야 한다. 그리고 척추의 각이 앞, 옆으로 숙여진 만큼 어깨도 척추와 직각이 되게 기울어져 원을 그리게 된다.

✔ 잘못된 어깨의 원

클럽에 적절한 어드레스에서 어깨의 턴을 만들 때 척추의 각을 생각 않고 왼쪽 어깨를 옆으로 돌리면 척추의 각이 펴지고 어깨 턴의 움직임이 달라져 임팩트와 일관성이 떨어진다.

클럽에 적절한 어드레스에서 어깨의 턴을 만들 때 척추의 각을 생각하지 않고 왼쪽 어깨가 밑으로 떨어지면 척추의 각이 숙여지고 어깨 턴의 움직임이 달라져 임팩트와 일관성이 떨어진다.

2번 원 - 손목의 원 만들기

손목의 원은 어깨의 원과 연결되는데 손목의 원을 충분히 하면 ① 다운스윙 시 적은 힘으로 비거리를 얻을 수 있고, ② 손목과 어깨의 힘을 빼게 되는 장점이 있다. 그러나 과도하게 커지면 일관성이 떨어지므로 손목의 각은 90~95도가 적절하다. 특히 베이스 그립을 하고 밀고 당겨 보면 양손이 분리되어 있어 더욱 자연스럽게 손목의 원을 만들 수 있다.

원을 만들 때는 똑바로 위로 꺾어 올리는 것이 아니라 약간 옆으로 오른쪽 어깨를 향해 올려야 한다. 왜냐하면 톱에서 왼손이 오른쪽 어깨의 위치에 있어야 다운 시 볼에 클럽 헤드가 자연스럽게 적절

1단계 : 오른손 당겨 원 만들기

그립을 하고 어드레스 상태에서 왼팔을 펴고 왼손을 축으로 오른손 엄지와 검지를 단단히 잡고 헤드를 위로 올라가게 당기면 손목이 꺾이며 오른팔이 살짝 접히며 코킹이 만들어진다.

2단계 : 왼손 밀어 원 만들기

그립을 하고 어드레스 상태에서 왼팔을 펴고 오른손을 축으로 오른손 엄지와 검지를 단단히 잡고 왼손 앞으로 밀어 주면 손목이 꺾여 쉽게 헤드가 위로 올라가게 된다. 이때 손목이 꺾이며 오른팔이 살짝 접히며 코킹이 만들어진다.

5단계 : 원을 만들 때 왼 손목의 모양

위크 그립을 잡고 백스윙을 하면 왼쪽 손목이 똑바로 펴지며 톱에 이른다. 그러나 손목에 힘이 많이 들어가고, 손목의 코킹이 작아져서 비거리가 떨어진다.

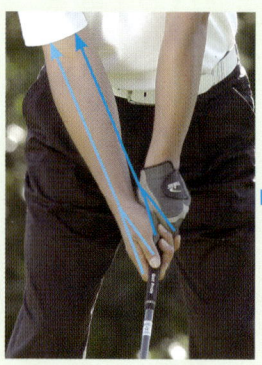 

스트롱 그립을 잡고 백스윙을 하면 스트롱하게 잡은 만큼 접힌 손목의 톱이 된다. 따라서 왼쪽 손목이 접힌 만큼 손목의 힘이 빠져 원이 커져 비거리가 좋아진다. 그러나 접힌 왼쪽 손목을 지나치게 펴려고 하면 손목에 힘이 들어가 더 나쁜 자세를 만들 수 있다.

한 인으로 접근하여 비거리와 방향을 얻기 때문이다.

그립을 잘 잡으면 톱에서 왼쪽 손목의 자세가 자연스러우며, 그립이 잡힌 대로 백스윙하면 보다 간결한 스윙이 가능해진다.

이 손목의 원은 코킹으로 만들어지는데 처음부터 코킹을 알지 못하고 잘못된 습관이 배면 교정하기가 어려워진다. 그 이유는 손목의 적절한 코킹도 교정되어야 하지만 백스윙의 전체적인 리듬에 익숙해져야 하기 때문이다.

3단계 : 왼손 밀고 오른손 당기며 원 만들기

그립을 하고 어드레스 상태에서 왼팔을 펴서 밀어 주고 오른손 엄지와 검지를 단단히 잡고 당겨 주면 밀고 당기는 힘에 의해 헤드를 가장 쉽게 위로 올리게 된다.

4단계 : 원을 만드는 방향

그립을 하고 밀고 당기며 손목의 코킹을 한다. 이때 클럽의 샤프트는 오른쪽 어깨를 가로지른다.

클럽에 따라 손목의 원을 시작하는 시점이 조금씩 다르지만 어깨의 원을 부드럽게 잘 이어 손목의 원을 그리기 시작한다.

주동력인 어깨 원의 속도에 리듬 있게 접목되어 손목의 코킹을 만들어 나간다.

백스윙이 계속됨에 따라 어깨의 원에 일치되어 손목의 코킹을 계속 만들어 나간다. 또한 손목의 코킹에 영향을 받아 자연스레 팔의 접힘을 이어 가면 세 가지 원이 동시에 연결된다.(약 90~95도의 코킹)

3원 원 - 팔의 원 만들기

팔의 원은 손목의 원과 연결되는데 팔의 원을 깨끗하게 만들어 주면 클럽 헤드를 지면에서 어깨 위로 끌어 올려 중력을 이용하여 비거리를 얻게 되지만 과도하게 높아지면 구질이 나빠진다. 그래서 오른팔의 약 90도 접힘과 왼팔의 위치는 왼팔이 오른쪽 어깨를 가로지르는 높이가 적절하다.

✔ 잘못된 손목의 원

손목의 코킹을 크게 하려고 그립을 풀면서 백스윙을 하면 스윙 중 움직임이 많아져 일관성이 떨어진다.

백스윙 시 손목의 코킹이 아니라 손목의 턴으로 손목의 원을 만들면 다운 시 다시 되돌리며 임팩트되어야 하므로 그만큼 자세가 어려워져 일관성이 떨어진다.

1단계 : 팔의 원을 만드는 방향과 높이 (프런트)

또한 이렇게 올바른 코킹을 하면 오른쪽 팔꿈치는 자연스레 몸 밖으로 빠지지 않고 몸 안쪽을 향하게 되어 자연스레 다운 시 몸과 팔의 일체감이 좋아져 비거리를 내게 하고 일관성을 높이는 중요한 역할을 한다.

그립을 하고 밀고 당기며 손목의 코킹을 만든다. 이 때 클럽의 샤프트는 오른쪽 어깨를 가로지른다.

계속하여 코킹을 하며 오른쪽 팔꿈치를 접는다. 다음 왼팔의 높이가 오른쪽 어깨에 맞게 오른쪽 팔꿈치를 조금 위로 올린다. 이때 클럽의 샤프트는 오른쪽 어깨를 가로지른다.

2단계 : 팔의 원을 만드는 방향과 높이 (백)

팔의 원은 손목의 코킹을 연결하여 오른쪽 팔꿈치를 접어 주며 필요한 만큼 위로 올리게 된다. 그러면 오른쪽 팔꿈치가 몸 뒤로 빠지지 않고 몸 안쪽에 위치하게 되어 다운 시 볼에 클럽 헤드가 적절한 인으로 접근하여 비거리와 방향을 얻을 수 있다.

그립을 하고 밀고 당기며 손목의 코킹을 만든다. 이때 클럽의 샤프트는 오른쪽 어깨를 향한다.

계속하여 코킹을 하며 오른쪽 팔꿈치를 접는다. 왼팔은 펴고 오른팔만 접힌다.

계속하여 오른쪽 팔꿈치를 접으며 왼팔의 높이가 오른쪽 어깨에 맞게 오른쪽 팔꿈치를 조금 위로 올린다. 이때 왼팔은 적절히 펴져 있다.

3단계 : 실전 팔의 원 만들기

팔의 원을 만들 때는 어깨의 원과 손목의 원을 만들 때 발생하는 가속을 이용하여 궤도에 일치되며 연결하면 자연스런 팔의 원을 만들 수 있는 백스윙의 원 중 가장 쉬운 원이라 할 수 있다.

어드레스에서 어깨의 턴을 손목으로 연결하고 다시 손목의 코킹을 팔 원의 시작인 오른쪽 팔꿈치를 접으며 원을 만들어 간다. 손목의 코킹을 부드럽게 잘 이어 팔을 접기 시작한다.

계속하여 코킹을 하며 오른쪽 팔꿈치를 접으면 클럽 헤드는 위로 올라간다. 이때 왼팔은 펴고 오른팔만 접힌다. 주동력인 어깨 턴의 속도에 리듬 있게 일치되어 손목과 팔의 원을 이어 나간다.

계속하여 오른쪽 팔꿈치를 접으며 왼팔의 높이가 오른쪽 어깨에 맞게 오른쪽 팔꿈치를 조금 위로 올린다. 이때 왼팔은 유연성에 따라 펴지기도 하고 살짝 구부러지기도 한다.(약 90도의 접힘)

✔ 잘못된 팔의 원

백스윙 시 손목의 코킹과 오른쪽 팔꿈치의 접힘이 아니라 어깨의 턴이 없이 팔을 당기며 톱을 만들면 오른쪽 팔꿈치가 뒤로 빠지는 톱이 된다. 다운 시 다시 되돌리며 임팩트되어야 하므로 그만큼 자세가 어려워진다.

손목보다 힘이 센 오른팔을 과도하게 접으면 손목의 코킹이 어려워 백스윙이 적어져 그만큼 일관성이 떨어진다.

오른쪽 겨드랑이를 너무 조이며 백스윙하면 손목의 코킹이 어려워지고 과도한 낮은 톱이 되어 임팩트가 나빠진다.

반대로 오른쪽 팔꿈치를 과도하게 들면서 백스윙하면 높은 톱이 되어 중력은 커지지만 아웃-인의 임팩트 존이 되어 구질이 나빠지기 쉽다.

⭐ 하프 백 체크 포인트

하프 백스윙 : 프런트

1 어깨의 원
2 손목의 원
3 팔의 원
척추 각의 유지
적절한 허리의 움직임
체중의 이동
각 클럽에 적절한 궤도로 올라간다

하프 백스윙: 백

샤프트는 오른쪽 어깨를 가로지른다
척추 각의 유지
체중의 이동

183

6 톱

톱은 백스윙 시 3개의 원이 만들어 낸 정점이다. 백스윙 시 얼마나 정확히 3개의 원을 접목시키고 부드럽게 연결했는가는 것은 톱을 확인해 보면 바로 알 수 있다. 결국 백스윙은 좋은 톱을 만들기 위한 수단이 되는 것이다.

톱의 구성 요소
① 어깨의 턴
② 손목의 코킹
③ 왼팔의 위치와 모양
④ 오른팔의 접힘
⑤ 체중의 위치
⑥ 허리의 위치
⑦ 척추의 각
⑧ 샤프트의 방향

톱에서 어깨의 턴

백스윙이 계속됨에 따라 손목의 원과 팔의 원이 어깨에 영향을 주어도 척추의 각을 변화시키지 않고 어깨의 턴을 완성한다. 어깨의 원을 만들 때는 허리를 풀어 놓고 어깨의 원을 만들면 허리의 원은 자연스럽게 만들어지는 것이라고 생각해야 보다 쉽게 어깨의 원이 만들어진다.

앞에서 보는 어깨의 턴은 약 100~130도가 적절하다. 어깨의 턴이 커지면 쓸어 치는 타법이 쉬워지고, 어깨의 턴이 작아지면 찍어 치는 타법이 쉬워진다.

클럽의 길이에 따라 척추의 각이 조금씩 다르지만 어드레스와 톱에서 어깨 턴의 정도에 관계없이 척추의 각은 동일하다.

톱에서 손목의 코킹

그립의 결과물인 톱에서의 왼손목의 자세는 자연스러워야 한다. 그립이 잡힌 대로 백스윙하면 보다 간결한 스윙이 가능해진다.

손목의 원을 만들 때는 어깨의 원에 접목되며 연결시키면 자연스런 손목의 원을 만들 수 있고 또한 손목의 원을 만들면서 팔의 원을 자연스레 연결시켜 백스윙 시 중간 역할을 하는 중요한 원이라 할 수 있다.

정면에서 보는 손목의 코킹은 약 90~95도의 꺾임이 적절하다. 그래야 다운 시 손목의 지연이 자연스러워져 비거리와 구질을 얻게 된다.

어드레스에서 위크 그립은 왼 손목이 톱에서 펴지고, 스트롱 그립은 스트롱 만큼 왼쪽 손목이 접힌다. 그러나 톱에서 어드레스에서의 그립과는 관계없이 왼쪽 손목을 펴려고 하면 또 다른 나쁜 자세가 만들어지기도 한다.

톱에서 왼팔의 위치와 모양

팔의 원은 손목의 원과 연결되는데 팔의 원을 깨끗하게 만들어 주면 클럽의 헤드를 지면에서 어깨 위로 끌어 올려 중력을 이용하여 비거리를 얻는 장점을 가진다. 그러나 과도하게 높아지면 중력은 커지지만 구질이 나빠지기 쉬워진다. 그래서 오른팔의 약 90도 접힘과 왼팔의 위치는 왼팔이 오른쪽 어깨를 가로지르는 높이가 적절하다.

유연성이 좋으면 왼팔이 곧게 펴지고 유연성이 부족하면 약간 구부러진다. 그러므로 억지로 톱에서 왼팔을 펴려고 힘이 들어가면 또 다른 잘못된 자세가 만들어지기도 한다.

왼팔은 오른쪽 어깨를 가로지른다. 그래야 다운 시 자연스런 하체의 턴에 의해 클럽 헤드가 볼에 적절한 인으로 접근시키는 좋은 위치가 된다.

톱에서 오른팔의 접힘

오른쪽 팔꿈치의 접힘은 약 90도(프런트)이며, 오른쪽 겨드랑이의 각은 골퍼의 팔 길이에 따라 달라진다. 왜냐하면 왼팔의 위치는 오른쪽 어깨에 고정되어 있으므로 팔의 길이가 긴 골퍼는 오른쪽 겨드랑이의 각이 작아지고(붙고), 팔이 짧은 골퍼는 겨드랑이의 각이 커(떨어지고)지게 되는 것이다. 또한 이렇게 올바른 코킹을 하면 오른쪽 팔꿈치는 자연스레 몸 바깥으로 빠지지 않고 몸 안쪽을 향하게 되어 자연스레 다운 시 몸과 팔의 일체감이 좋아져 비거리를 내게 하고 일관성을 좋게 하는 중요한 역할을 한다.

오른쪽 팔꿈치의 적절한 접힘은 약 90도가 된다. 만약 많이 접히면 손목의 코킹이 작아지게 되며 오른쪽 겨드랑이의 각은 골퍼의 팔 길이에 따라 조금씩 달라진다.

오른쪽 팔꿈치의 방향은 지면을 향하고 양팔의 간격은 어드레스에서 양 팔꿈치의 간격과 동일해야 스윙 중 임팩트 존의 궤도와 일관성이 좋아진다.

톱에서 체중의 위치

정확성을 원하는 피칭이나 숏 아이언은 백스윙 시 왼발의 체중을 오른발로 이동하지 않거나 약 10% 이하로 이동된다. 결국 백스윙 시 체중의 이동으로 거리를 얻지 않고 정확성을 얻겠다는 뜻이 되는 것이다. 만약 백스윙 중 왼발의 체중이 오른발로 많이 이동되면 다운 시 왼발로 체중 이동이 많아져 비거리를 낼 수 있으나 임팩트 또한 그만큼 움직이므로 방향과 일관성이 나빠진다.

드라이버는 톱에서 오른발에 약 80%를, 아이언은 약 60%를 싣게 된다. 그러나 비거리를 더 원하거나 정확성을 더 원할 경우 체중의 정도는 조금씩 달라지기도 한다.

백스윙 시 어깨와 허리의 턴에 의해 오른발의 중앙에 있던 체중은 뒤꿈치에 실리고 반대로 왼발의 중앙에 있던 발가락 쪽으로 이동되며 자연스런 어깨의 턴을 만들어 준다.

톱에서 허리의 위치

백스윙 시 허리의 움직임은 어깨의 원(턴)에 의해 딸려 돌며 생기는 자연스런 원이라 생각해야 한다. 일부러 허리의 원을 자제하거나 어깨의 원보다 더 우선하여 원을 만들면 몸의 자연스런 스윙을 바꾸게 되어 일관성이 떨어진다.

톱에서 어깨의 턴이 110도라면 허리는 약 50도, 그리고 양 무릎은 앞뒤로 약 20도 정도로 어깨의 턴에 의해 자연스레 따라 움직이게 되는데 만약 이러한 꼬임을 제한하거나 더 하면 몸통의 꼬임이 느슨하거나 단단해져 더 나쁜 자세를 만들 수 있다.

톱에서 척추의 각

어드레스에서 척추의 각은 백스윙 시 최대한 유지하며, 3개의 원을 만들 때 영향을 받지 않고 만들어져야 한다. 그것은 백스윙 시 척추의 움직임은 가장 중요하기 때문이다. 그 이유는 스윙 시에 척추가 원의 축이 되기 때문인데, 축이 움직이며 임팩트하면 그만큼 일관성이 떨어지기 때문이다.

어드레스에서 클럽에 따라 오른쪽으로 기울어진 척추의 각이 조금씩 다르고 톱 또한 클럽에 따라 어드레스와 같은 약 2~7도 정도 오른쪽으로 기울어진다. 그래야 각 클럽에 따른 타법을 구사할 수 있다.

클럽의 종류에 따라 척추의 각이 다르고 또한 각 골퍼의 키에 따라 어드레스의 각이 조금씩 다르므로 톱 또한 같은 기울기로 변형 없이 만들어져야 한다.

톱에서 샤프트의 방향

클럽의 샤프트는 지면과 수평을 기준으로 세워지면 비거리는 떨어지는 반면 정확성은 좋아지고, 숙여지면 정확성은 떨어지는 반면 비거리는 늘어난다. 또한 클럽의 샤프트가 왼쪽을 향하면 다운 시 원심력에 의해 볼에 아웃으로 접근하고 찍어 치며, 오른쪽을 향하면 다운 시 원심력에 의해 너무 인-아웃으로 클럽 헤드가 접근하게 되며 쓸어 치게 된다.

톱에서 샤프트의 방향은 어깨의 턴과 손목의 코킹과 관계되는데 비거리를 원하는 드라이버는 지면과 수평을, 정확성을 원하는 아이언은 수평보다 세워지면 각각의 원하는 비거리와 방향성을 얻기가 쉬워진다.

톱에서 샤프트의 방향은 타깃을 향해야 한다. 그래야 다운 시 하체의 턴에 의해 클럽 헤드가 볼에 스퀘어로 접근하기 쉬워 좋은 구질을 만들 수 있는 확률이 높아진다.

가장 많은 톱의 오류

프런트

백

결국 톱은 두 발과 머리를 축으로 하여 오른쪽으로 태엽을 감듯이 꼬아 주는 것인데 이것은 강력한 임팩트를 위해 힘을 축적하여 한꺼번에 방출하기 위한 준비 과정이다. 결국 바르게 꼬이고 타이트하게 꼬인 톱이 최대의 거리와 방향성을 보장하게 된다.

⭐ 톱 체크 포인트

톱 : 프런트  톱 : 백

7 다운스윙

다운스윙은 백스윙과 마찬가지로 3개의 원으로 이루어져 있어 이 3개의 원을 하나로 만들어야 하므로 나름대로의 리듬이 필요하다. 어떻게 몸통과 3개의 원을 조합하고, 각각의 원을 어떻게 잘 만들 수 있는지 알아보자.

다운스윙의 구성 요소

① 3개의 원
② 궤도
③ 체중의 움직임
④ 허리의 움직임
⑤ 축
⑥ 빠르기

다운스윙 시 3개의 원

다운스윙에서 원의 순서

다운스윙 시 3개의 원은 ① 허리의 원 ② 팔의 원 ③ 손목의 원순이다. 큰 근육으로 시동을 걸어 주고, 약하지만 빠른 작은 근육과 중력으로 클럽 헤드를 가속시켜 헤드 스피드를 내게 되는 것이다.

만약 다운스윙 시 원을 만드는 순서가 바뀌면 볼에 클럽 헤드가 아웃-인으로 접근하여 구질과 일관성이 나빠지거나 헤드 스피드가 느려져 비거리가 떨어진다.

다운스윙의 순서 : 프런트

잘 준비된 톱에서 왼발을 디디며 다운스윙을 시작한다. 왼쪽 다리를 딛고 펴면서 허리의 턴이 시작되는데 그에 의해 클럽 헤드는 어깨 밑으로 떨어지고 허리와 중력에 의해 떨어지는 헤드를 오른팔을 펴며 헤드를 가속시키며 떨어뜨린다.(4 허리의 원과 5팔의 원 조합)

허리의 턴과 중력, 그리고 팔의 펴짐으로 인해 헤드의 떨어짐을 받아 그립의 V홈과 손목의 턴으로 클럽 헤드를 더욱 가속시킨다.(허리와 팔의 원 그리고 6 손목의 원 조합)

결국 다운은 허리의 원- 팔의 원 - 손목의 원의 순서로 그리고 이 3가지 원을 하나로 일치시켜 볼에 전달해야 최대한의 파워와 일관성을 만들 수 있다.

다운스윙의 순서 : 백

잘 준비된 톱에서 왼쪽 다리를 펴며 허리의 턴을 유도한다. 왼쪽 다리를 이용한 허리의 턴으로 다운이 시작되면 왼발로 체중 이동에 의해 클럽 헤드는 밑으로 떨어지고 허리와 중력에 의해 떨어지는 헤드를 오른팔을 펴며 헤드를 가속시키며 떨어뜨린다.(허리의 원과 팔의 원 조합)

허리의 턴과 중력, 팔의 펴짐으로 인해 헤드의 떨어짐을 받아 손목의 턴으로 클럽 헤드를 가속시키면 헤드가 볼에 인으로 자연스레 접근한다.(허리의 원과 팔의 원, 손목의 원 조합)

✔ 다운스윙의 잘못된 순서 : 프런트

팔 - 손목 - 허리 원의 순서로 다운스윙이 되면 왼발로의 체중 이동이 어려워 임팩트와 구질이 나빠지고 주동력인 허리의 턴이 느려져 비거리가 떨어진다.

손목 - 팔 - 허리순으로 다운스윙이 되면 손목의 코킹이 풀릴 때 스피드가 나고 왼발로 체중 이동이 어려워 임팩트와 구질이 나빠지고 주동력인 허리의 턴이 느려져 비거리가 줄어든다.

다운스윙의 원인 허리, 팔, 손목이 아닌 어깨의 턴으로 시작되면 클럽 헤드가 볼에 아웃-인으로 접근되어 임팩트와 구질이 나빠진다.

3개의 원을 하나로!

다운스윙 시 3개의 원을 하나의 원으로 매끄럽게 이어 주어 헤드 스피드가 볼에서 최대가 되도록 해야 한다. 무엇이든 이음매가 나쁘면 일관성이 떨어지므로 꾸준한 연습을 통해 자신만의 리듬을 만든다.

3개의 원 : 프런트

3개의 원 : 백

다운스윙은 먼저 허리의 턴을 시작하기 위해 다리로 시작하면 다리가 허리를 당기고 허리는 어깨를 당겨 어깨가 팔과 손을 내려서 클럽 헤드를 가속시켜 볼에 떨어뜨리게 된다. 그래서 다운 시 어깨의 턴은 일부러 만들 필요가 없다. 허리의 턴에 의해 자연스레 조금 늦게 어깨가 따라 돌기 때문이다. 결국 어깨를 의식해서 돌릴 필요가 없다는 뜻이다.

톱에서 다운의 전환 과정은 톱이 완성되기 직전에 왼쪽 다리로 지면을 차는 듯 펴 주면 오른발에 있던 체중이 왼발로 이동하고 동시에 허리의 턴이 되는 것이다. 그래서 하체는 옆(횡스윙)으로 팔은 밑(종스윙)으로 중력에 의해 떨어지게 되어 클럽에 따라 찍어 치거나 쓸어 치는 스윙이 된다.

다운스윙 시 원의 궤도

다운스윙 시 원을 만드는 순서를 알았다면 이제 좋은 비거리와 구질과 임팩트를 위해 3개의 원을 매끄럽게 연결시키는 좋은 클럽 헤드의 궤도를 알아보자.

프런트 원의 궤도

볼이 놓인 위치(티 또는 잔디)에 따라 그리고 클럽의 길이에 따라 앞에서 보는 클럽 헤드의 궤도는 조금씩 달라진다. 그 이유는 클럽에 따라 찍어 치느냐, 쓸어 치느냐로 나뉘어지기 때문이다.

드라이버와 아이언의 다운 원의 비교

길이가 짧아 다운 아크가 작아진다

길이가 짧은 아이언의 원은 드라이버보다 작다. 그러므로 어드레스의 준비가 달라 볼에서부터 가파르게 백스윙되고 가파르게 찍어 치며 클럽 헤드가 볼에 임팩트된다.

길이가 길어 다운 아크가 커진다

길이가 긴 드라이버의 원은 아이언보다 크다. 그러므로 어드레스의 준비가 달라 볼에서부터 완만하게 백스윙되고 완만하게 쓸어 치며 클럽 헤드가 볼에 임팩트된다.

아이언의 다운 원의 궤도

다운스윙 시 아이언 원의 궤도는 클럽이 짧을수록 볼에 가파르게 접근하게 된다. 어드레스에서 왼발의 체중 정도, 세워진 척추의 각도, 스탠스 중앙의 볼 위치에 따라 가파른 백스윙이 되고 다운스윙 시 짧은 클럽과 빠른 왼발로 체중 이동에 의해 볼에 클럽 헤드는 가파르게 접근하게 되어 다운블로로 임팩트된다.

드라이버의 다운 원의 궤도

다운스윙 시 드라이버 원의 궤도는 클럽이 길어 볼에 완만하게 접근하여 쓸어 치게 된다. 어드레스에서 오른발의 체중 정도, 기울어진 척추의 각도, 왼발 뒤꿈치의 볼 위치에 따라 완만한 백스윙이 되고, 다운스윙 시 긴 클럽과 허리의 턴에 의해 볼에 클럽 헤드는 완만하게 접근하게 되어 사이드 또는 어퍼블로로 임팩트된다.

잘못된 다운 원의 궤도 : 프런트

클럽에 따라 찍어 치거나 쓸어 치는 다운스윙이 되어야 하는데, 짧은 아이언으로 사이드나 어퍼블로 타법을 구사하거나, 긴 클럽을 다운블로의 타법으로 찍어 임팩트하여 다운 원의 순서가 바뀌면 구질과 임팩트, 비거리까지 떨어진다.

우선 왼발로 체중을 이동시키며 허리의 턴과 중력을 이용해 팔을 밑으로 떨어뜨리는 동시에 손목 턴을 시작해야 찍어 치게 된다. 임팩트 이후 허리의 턴과 클럽 헤드의 가속에 의해 자연스런 피니시가 이루어진다.

드라이버는 허리의 턴을 시작으로 중력과 팔을 이용해 헤드를 밑으로 떨어뜨리며 다운을 시작하여 왼발로 체중 이동하고 손목의 턴을 해야 완만한 궤도가 되어 쓸어 치는 임팩트가 가능하다. 임팩트 이후 허리의 원과 클럽 헤드의 가속에 의해 자연스럽게 피니시된다.

✔ 잘못된 다운 원의 궤도 : 프런트

다운의 전환을 허리가 아닌 손목이나 팔로 시작하면 왼발로의 체중 이동이 어려워 임팩트와 구질이 나빠지고 허리의 턴이 느려져 비거리가 떨어진다.

다운스윙의 원이 아닌 어깨의 턴으로 시작되면 클럽 헤드가 볼에 아웃-인으로 접근되어 임팩트와 구질이 나빠진다.

백 원의 궤도

클럽의 길이 따라 척추의 각이 다 달라 옆에서 보는 클럽 헤드의 궤도는 클럽에 따라 조금씩 달라진다. 그러나 어떠한 클럽이든 백 뷰에서 임팩트 존의 궤도는 인 투 스퀘어 그리고 인이 되어야 일관되고 좋은 구질의 볼을 만들 수 있게 된다.

잘못된 다운 원의 궤도 : 백

프런트 뷰에는 스윙의 타법을 위해 다운스윙 궤도의 가파른 정도는 각 클럽에 따른 어드레스와 다운시 왼발로 체중 이동의 빠르기 정도에 따라 궤도가 달라진다는 것을 알 수 있다. 또한 백 뷰에서는 좋은 구질을 위해 볼에 적절한 클럽 헤드의 접근이 필요하다. 적절한 타법과 좋은 구질을 위해 다운을 허리의 원 - 팔의 원 - 손목의 원으로 잘 연결하여 매끄러운 하나의 원을 부드럽게 만들어 보자.

길이가 짧은 아이언의 원은 어드레스에서 드라이버보다 척추의 각이 숙여지므로 어드레스가 달라 볼에서부터 가파르게 백스윙되고 가파르게 찍어 치며 클럽 헤드가 볼에 임팩트된다.

길이가 긴 드라이버의 원은 어드레스에서 아이언보다 척추의 각이 세워지므로 어드레스가 달라 볼에서부터 완만하게 백스윙되고 완만하게 쓸어 치며 클럽 헤드가 볼에 임팩트된다.

✔ 잘못된 다운 원의 궤도 : 백

다운을 팔과 손으로만 하면 볼에 과도하게 인으로 헤드가 접근하여 구질이 나빠지며 왼발로 체중의 이동이 어려워 임팩트와 비거리, 일관성이 떨어진다.

다운을 3개의 원이 아닌 어깨의 턴으로 하면 클럽 헤드가 밑으로 떨어지기도 전에 어깨에 의해 앞으로 나가 아웃에서 볼에 접근해 구질과 일관성이 떨어진다.

다운스윙 시 체중의 움직임

다운스윙의 세 번째 요소인 체중의 움직임은 스윙 중 비거리와 임팩트, 구질을 결정한다. 스윙 중 체중의 움직임이 많으면 비거리는 늘어나지만 방향과 일관성이 떨어지고, 체중의 움직임이 적으면 비거리는 짧지만 방향과 일관성은 좋아진다.

아이언의 다운스윙 시 체중의 움직임(프런트)
아이언의 스윙은 비거리보다 정확성이 중요하다. 다운 시 왼발로의 체중 이동은 골퍼의 취향에 따라 조금씩 다르지만 정확성을 위해 무리하지 않고 리듬 있게 이동되는 것이 적절하다.

미들 아이언은 톱에서 체중이 오른발에 약 60% 실린다.(골퍼의 성향에 따라 조금씩 다르다.)

다운이 시작되면 골퍼에 따라 체중이 왼발로 70~90%로 옮겨지며 임팩트된다.

드라이버의 다운스윙 시 체중의 움직임(프런트)
톱에서의 오른발에 있는 체중에서 다운의 시작을 왼발로 이동하며 임팩트하는데, 비거리를 원하는 골퍼는 왼발로 많은 체중을 이동 후 임팩트할 것이고, 반대로 방향을 원하는 골퍼는 왼발로 적은 체중을 이동 후 임팩트할 것이다. 다운 시 왼발로의 체중 이동은 많든 적든 일차적으로 옮기며 다음 팔의 풀림과 손목의 턴을 해야 하는 것은 변함이 없어야 한다는 것을 명심하자.

드라이버는 톱에서 오른발에 체중이 약 80%가 된다.(골퍼의 성향에 따라 조금씩 다르다.)

다운이 시작되면 골퍼들의 성향(방향, 비거리)에 따라 왼발로 체중이 약 50~80%로 옮겨지며 임팩트된다.

아이언의 백스윙 시 체중의 움직임(프런트)

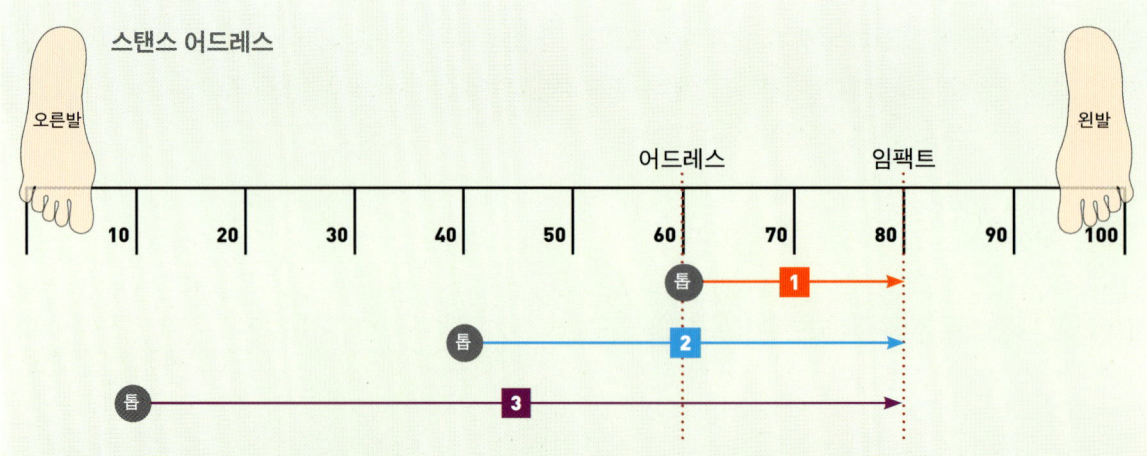

1 톱에서 왼발의 체중이 60%, 임팩트에서 왼발의 체중이 80%라면 총 20%의 체중이 왼발로 이동되므로 비거리보다 정확성 위한 체중의 이동이고,
2 톱에서 왼발의 체중은 40%, 임팩트에서 왼발의 체중이 80%라면 총 40%의 체중이 왼발로 이동되므로 적당한 비거리와 정확성 위주의 체중 이동이며,
3 톱에서 왼발에 체중은 10%, 임팩트에서 왼발의 체중이 70%라면 총 60%의 체중이 왼발로 이동되므로 정확성은 떨어지지만 비거리를 위한 체중 이동이 된다.

드라이버의 백스윙 시 체중의 움직임(프런트)

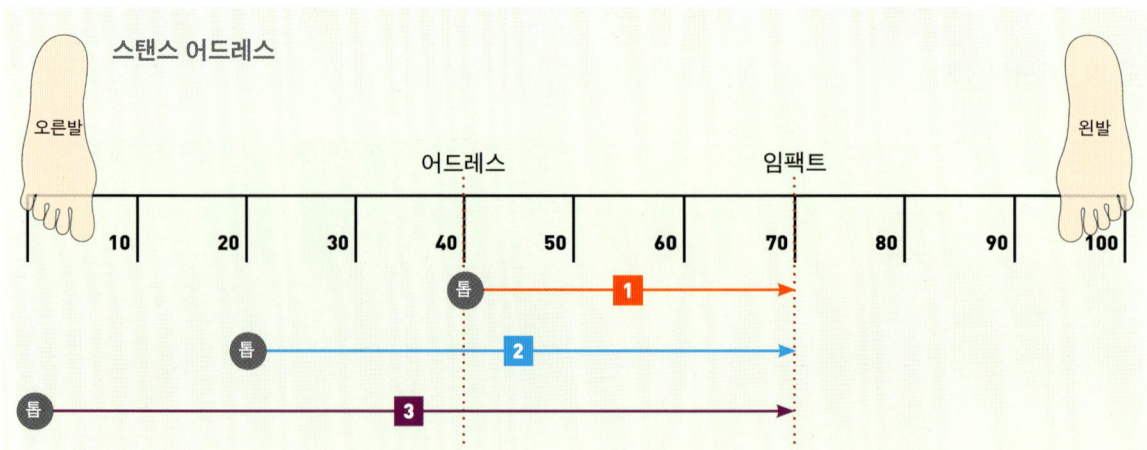

1 톱에서 왼발의 체중이 40%, 임팩트에서 왼발의 체중이 70%라면 총 30%의 체중이 왼발로 이동되므로 비거리보다 정확성 위한 체중의 이동이고,
2 톱에서 왼발의 체중은 20%, 임팩트에서 왼발의 체중이 70%라면 총 50%의 체중이 왼발로 이동되므로 적당한 비거리와 정확성 위주의 체중 이동이며,
3 톱에서 왼발에 체중은 0%, 임팩트에서 왼발의 체중이 70%라면 총 70%의 체중이 왼발로 이동되므로 정확성은 떨어지지만 비거리를 위한 체중 이동이 된다.

다운스윙 시 체중의 움직임(백)

톱에서 체중이 오른발 뒤와 왼발 앞에 위치하는 이유는 백스윙 시 어깨 턴에 의해 허리가 턴 되며 그에 따라 발바닥 체중이 이동되었기 때문이다. 만약 체중의 움직임을 자제하거나 어깨의 허리의 턴을 앞질러 움직이면 몸의 꼬임이 타이트하거나 느슨하여 리듬 있는 스윙이 어려워진다. 그러므로 발바닥 체중의 움직임은 어깨와 허리의 턴에 맡겨 놓으면 편안하고 자연스런 스윙이 될 것이다.

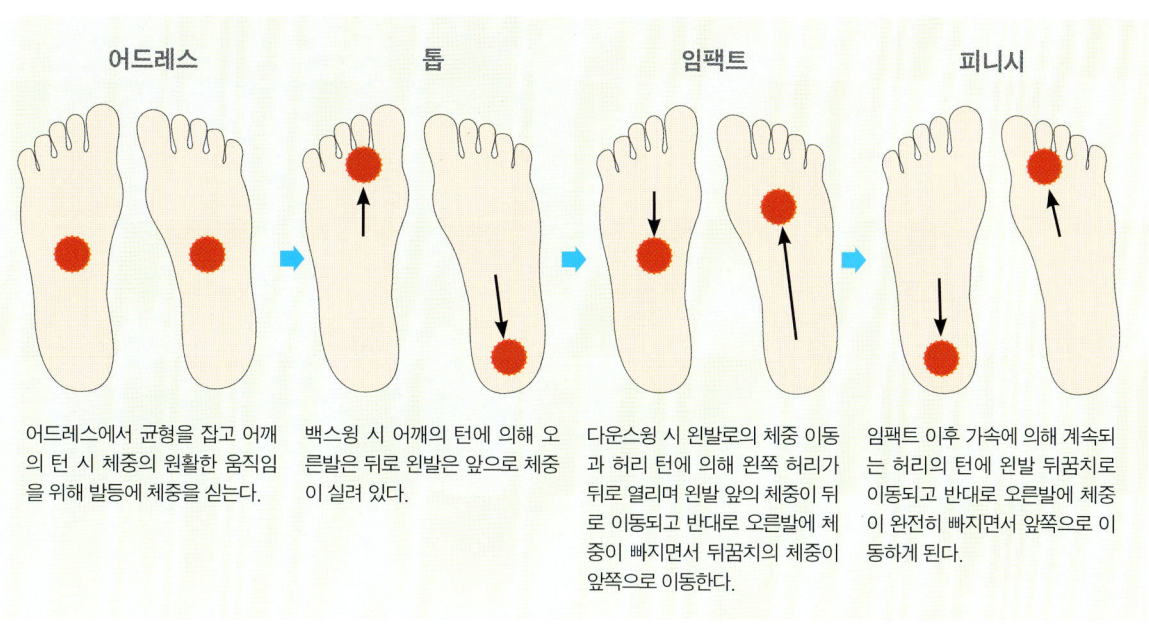

잘못되는 체중의 이동

다운 시 왼발로 체중을 옮기려고 상체를 타깃으로 보내면 클럽 헤드가 볼에 아웃에서 접근하게 되어 구질이 나빠진다.

스윙 시 볼을 띄우려고 하면 왼발로 체중 이동이 어려워 비거리와 함께 구질과 임팩트가 나빠진다.

다운스윙을 어깨나 팔로만 하면 원심력이 몸의 위쪽에서 생기게 되어 앞으로 딸려나가 임팩트와 구질이 나빠진다.

다운스윙 시 어깨의 움직임

다운스윙에서 네 번째인 어깨의 움직임은 스윙 중 구질을 담당하는 역할을 하는데 스윙 시 어깨의 움직임은 백스윙에서 어깨의 턴으로 몸통의 꼬임을 최대화하여 힘을 축적하고 다운에서 하체의 턴으로 꼬인 어깨를 턴 시켜 상체의 힘을 최대로 풀어내는 중간 역할을 하게 된다. 그래서 다운에서는 어깨의 자발적인 턴은 없지만 하체의 추가적인 역할을 수행하게 된다.

다운스윙 시 어깨의 움직임

다운스윙 시 어깨의 움직임은 체중의 이동과 허리의 원에 의해 딸려 돌며 생기는 자연스런 원이라 생각해야 한다. 일부러 어깨의 원을 제한하거나 허리의 원보다 우선하여 원을 만들면 몸의 자연스런 스윙을 바꾸게 되어 일관성이 떨어진다.

약 120도 정도 턴된 톱에서 다운의 시작을 왼쪽 다리와 허리의 턴으로 시작하면 왼발로 체중 이동과 허리의 턴에 의해 어깨는 자연스레 따라 움직이게 된다.

또한 다운의 시작을 왼쪽 다리와 허리로 시작하면 척추의 각이 더 커지며 오른쪽 어깨는 약간 밑으로 떨어지며 허리 턴에 의해 따라 돌게 된다. 이것이 자연스럽게 이루어져야 좋은 임팩트를 만들 수 있다.

다운스윙 시 잘못 되는 어깨의 움직임

✓ 다운스윙 시 잘못 되는 어깨의 움직임

다운 시 허리의 턴을 만들다 어깨에 힘이 들어가 어깨로 다운이 되면 볼에 클럽 헤드가 아웃에서 접근하게 되어 구질이 나빠진다.

다운 시 오른쪽 어깨가 밑으로 떨어진다고 하여 허리의 턴에 의한 어깨의 움직임이 아닌 어깨 자체로 다운하다 어깨가 밑으로 떨어지면 임팩트와 구질, 비거리가 떨어진다.

다운스윙 시 축

다운스윙의 다섯 번째가 축인데 다운스윙 중 올바른 축은 임팩트와 구질을 좋게 하는 역할을 하는데 다운 시 이 축은 왼발과 머리를 잇는 척추가 되고 그 축의 기울기는 다운블로해야 하는 잔디 위의 볼은 머리가 볼 위나 약간은 앞쪽에 위치 해야 하며 티 위에서 볼을 사이드, 어퍼블로로 임팩트해야 하는 드라이버의 경우는 머리가 볼 뒤에 위치해야 자연스런 타법이 구사된다.

다운스윙 시 축의 움직임(프런트)

스윙 중 척추의 각은 탄도와 타법에 관련하여 톱에서 클럽에 따라 오른쪽으로 기울기가 달라지는데 그 이유는 클럽에 따라 스윙의 타법이 다르기 때문이다.

톱의 척추 각에서 다운 시 왼발로 체중 이동과 허리의 턴에 의해 톱의 척추 각보다 더 커진다. 이때 머리의 위치는 볼 위나 약간 앞이다.

드라이버는 사이드블로를 위해 오른쪽으로 더 기울어지며 머리의 위치는 볼 뒤쪽이 된다.

다운스윙 시 축의 메커니즘

다운 시 물리적인 자연스러운 현상에 의해 방향성과 거리에 영향을 주는 중요한 한 가지는 축(머리)의 고정이다. 같은 속도의 회전이라도 스윙 중 축의 움직임이 적으면 헤드 스피드는 빨라지고, 축의 움직임이 커지면 움직임만큼 헤드 스피드는 느려진다. 만약 임팩트 때 축(머리)이 앞뒤, 좌우로 움직이면 다운의 궤도가 이탈되어 방향성과 일관성이 떨어지며 임팩트 때 축(머리)이 볼을 멀리 보내려는 욕심에 의해 몸의 움직임이 커져 축(머리)이 타깃 방향으로 움직이면 원심력이 약해져 팔의 움직임은 빨라지고 헤드의 스피드가 줄어 거리가 떨어진다.

다운 시 머리를 축으로 하여 고정시키며 팔과 클럽 헤드가 회전 되면 원심력이 커져 헤드 스피드가 빨라진다.

다운 시 머리를 타깃으로 나가며 임팩트하면 원심력이 약해져 헤드 스피드가 느려지고 축이 타깃으로 나가므로 어깨가 덮여 구질까지 나빠진다.

다운스윙 시 축의 움직임(백)

어드레스에서 톱까지는 3개의 원에 관계없이 척추의 각을 잘 유지시켜야 하고 톱에서 임팩트까지의 척추의 각은 프런트 뷰에서는 더 기울어지고 백 뷰에서는 더 세워져 결국 같은 높이로 스윙을 가능하게 하는 메커니즘으로 움직이게 되는 것이다.

다운스윙 시 잘못되는 축의 움직임

스윙 시 척추의 각은 매우 중요한데 특히 상체에 필요 이상의 힘이 들어가면 스윙 중 볼을 놓칠 정도의 잘못 된 스윙이 되어 척추의 움직임은 더욱 더 심하게 움직이게 하여 구질 및 일관성까지 잃어버리게 된다.

스윙 중 척추의 각은 타법에 관련하는데 톱에서 척추의 각은 클럽에 따라 세워지거나 숙여지며 조금씩 달라지는데 그 이유는 클럽의 길이와 스윙의 타법이 다르기 때문이다.

톱의 척추 각에서 다운 시 왼발의 펴짐과 허리의 턴에 의해 톱의 척추 각보다 더 펴지게 되고 반대로 오른쪽 어깨는 떨어지고 손목이 풀리게 되어 정확한 임팩트가 가능해진다.

✔ 다운스윙 시 잘못 되는 축의 움직임

다운스윙 시 어깨 턴이나 어깨에 힘이 들어가 머리가 타깃으로 나가면 클럽 헤드가 볼에 아웃으로 접근하게 되어 구질이 나빠진다.

다운 시 구질을 확인하기 위해 고개를 들거나 팔을 볼에 펴 주지 못하고 당기며 스윙을 하면 척추가 펴져 비거리가 떨어지고 임팩트가 나빠진다.

이해를 돕는 골프 격언

● 좋은 골퍼의 소질은 인내심 강한 사람에게만 깃들인다. — 잭 니클로스

다운스윙 시 클럽 헤드의 빠르기

다운스윙에서 클럽 헤드의 빠르기는 스윙 중 비거리와 임팩트, 구질을 결정한다. 다운스윙 시 헤드 스피드가 빠를수록 비거리는 증가되지만 스피드에 따른 몸의 움직임이 많아져 방향과 일관성은 떨어지고, 헤드 스피드가 느릴수록 비거리는 떨어지지만 몸의 움직임이 적어져 방향과 일관성은 좋아진다.

다운스윙 시 클럽 헤드의 빠르기(프런트)

다운스윙 시 클럽 헤드의 빠르기는 골퍼의 힘에 따라 조금씩 달라진다. 3가지 원을 다 만들며 할 수 있는 빠르기가 적절한데, 힘이 좋은 골퍼는 다운스윙의 속도가 조금은 빨라질 것이고, 힘이 약한 여성이나 어린이, 시니어 골퍼는 스윙 속도가 좀 느려질 것이다. 결국 스윙에서 자신의 몸에 맞지 않게 속도가 빠르면 허리, 팔, 손목의 원 가운데 하나 만들기도 급급하고, 너무 느려지면 3개의 원을 정확히 조합하면서 스윙하기가 어려워진다.

다운스윙 시 헤드의 빠르기(프런트)

톱에서 다운을 시작하면 허리 턴과 팔, 손목을 풀면서 임팩트를 해야 하는데 허리는 옆으로 턴을, 팔과 손은 밑으로 떨어뜨려야 하므로 다운의 속도가 지나치게 빠르면 2가지를 수행하기가 어려워진다.

다운스윙 중 허리 - 팔 - 손목의 원을 다 그릴 수 있는 빠르기가 적절하다. 그러나 한 부분만 빠르면 비거리와 구질 임팩트를 모두 잃어버릴 수도 있다.

다운스윙 시 잘못 되는 빠르기

허리의 턴이 빨라 토핑과 슬라이스류가 많이 나는 골퍼는 허리의 턴은 잘 살리면서 팔을 뻗어 볼에 떨어뜨리는 연습을 많이 해야 하고, 반대로 허리의 턴이 느리고 팔의 떨어짐이 빨라 뒤땅과 훅류가 많이 나는 골퍼는 팔의 떨어뜨림을 잘 살리면서 허리를 빠르게 턴 하는 연습을 많이 해야 한다. 스윙 속도는 골퍼 개개인의 하체나 팔의 힘에 따라 조금씩 달라지므로 스윙 중 빠르기를 규정하기는 어렵다. 하지만 각각의 스윙의 빠르기는 백스윙의 속도가 1이라면 다운스윙의 속도는 클럽에 따라 2~3 정도가 적절하다고 할 수 있다.

✓ 다운스윙 시 잘못 되는 빠르기

다운스윙의 시작에서 체중 이동과 허리의 턴이 너무 빠르면 팔과 손목의 의해 헤드가 밑으로 떨어지기도 전에 임팩트되므로 토핑과 슬라이스류가 쉽게 난다.

다운스윙의 시작에서 체중 이동과 허리의 턴이 너무 느리고 반대로 팔과 손목이 빠르게 떨어지면 헤드가 체중 이동과 허리의 턴으로 당겨지지 못해 볼 뒤에 임팩트 되어 뒤땅과 훅류가 쉽게 난다.

다운 시 필요한 3개의 원 만들기

4번 원 주동력인 허리의 원 만들기

골퍼들의 체격과 힘에 따라 조금씩 다르지만 허리의 원(턴)을 빠르게, 크게 그리며 스윙하는 것이 ① 비거리를 얻고 ② 허리를 많이 사용하는 만큼 팔이나 손이 자제되어 방향과 일관성도 얻게 되는 것이다. 그러나 과도하게 턴이 빨라지면 축이 움직이기 쉬워 일관성이 나빠지고 볼을 보기가 어려워져 볼에 대한 집중력이 떨어진다.

원동기와 마찬가지로 다리가 피스톤이 되고 허리는 바퀴가 되어 턴이 되며 강력한 동력을 얻게 되는 것이다. 결국 우리는 허리의 강력한 원을 만들기 위해 다리를 이용해야 한다는 사실을 알 수 있다. 먼저 그 예로 다른 운동을 살펴보자.

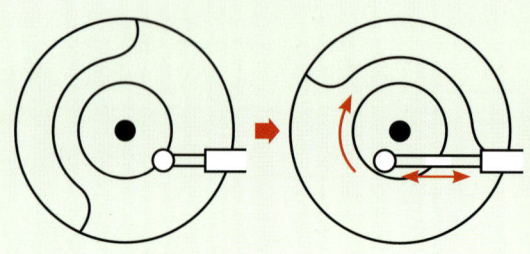

허리의 이해(원동기의 메커니즘)

피스톤이 밀면 바퀴는 회전한다

증기 기관차의 바퀴가 회전하려면 피스톤의 왕복 운동이 필요하다. 따라서 피스톤이 왕복 운동을 하면 바퀴는 회전을 하여 기차가 굴러가는 것이다. 이렇게 왕복 운동을 회전 운동으로 바꾸어 주는 장치가 모든 원동기의 엔진으로 쓰인다.

야구 / 테니스

모든 운동에서 스피드를 낼 때의 메커니즘은 우리 몸의 근육을 최대한 많이 그 운동에 동원해야 한다는 것이다. 특히 그 시작은 지면에 가장 가까운 다리로부터 발단이 되는 것이다.

모든 운동이 그러하듯이 우리 몸에서 가장 강력한 다리의 근육을 이용해 허리를 회전시켜 강력한 힘을 볼에 전달하고 있는 것이다. 그러나 다리를 이용하지 않고 허리만 돌려 보면 허리의 턴이 매우 느리다는 것을 알 수 있는데, 이러한 이유로 보면 "골프 프로는 다리가 튼튼해야 볼을 잘 친다."라는 말이 빈말이 아닌 것이다.

톱에서 다운의 전환은 톱이 완성되기 바로 직전에 먼저 발을 이용하여 하체의 다운이 시작되어야 한다. 그것은 볼의 일관성에 관한 것으로, 상체보다 하체가 먼저 다운을 시작한다는 것은 하체의 큰 근육으로 허리, 어깨 등 몸통의 큰 근육을 잡아당기고, 그 다음 작은 근육인 팔을 당기고, 다음 클럽을 당긴다는 뜻이다. 이것은 힘센 큰 근육이 약한 작은 근육을 잡아당기면 보다 쉽게, 무리 없이 일정하게 반복할 수 있기 때문에 비거리와 일관성이 좋아진다. 이는 힘이 센 트럭이 작은 승용차를 무리 없이 쉽게 끌고 다닐 수 있지만 작은 승용차는 트럭을 끌기 힘든 이치와 같다.

관절의 매커니즘

어드레스에서 두 무릎을 구부리는 것은 다리의 움직임을 준비하는 것이다.

어깨, 손목, 팔의 원으로 톱을 만들면 어드레스 때보다 오른쪽 무릎은 살짝 펴지고 왼쪽 무릎은 더 구부러져 충분히 왼쪽 다리를 펼 수 있도록 준비한다. 이때 두 무릎의 움직임에 의해 허리는 어깨를 따라 조금 턴 된다.

톱에서 충분히 구부러진 왼쪽 무릎은 일정한 리듬과 반동을 이용하여 지면을 차듯이 펴 준다. 그러면 무릎이 펴지며 허리를 돌리게(열게) 되고 이후 팔과 손목의 움직임에 의해 임팩트 된다.(이때 왼쪽 무릎은 조금 덜 펴진 상태임)

또한 왼쪽 무릎을 펴고 반대로 오른쪽 무릎은 구부러지는 상황에 허리의 턴은 빨라지며 그 가속으로 왼쪽 다리는 곧게 펴지는 피니시된다. 결국 오른쪽 다리는 구부러지고 왼쪽 다리가 펴지는 중에 임팩트된다는 것이다.

근육의 메커니즘

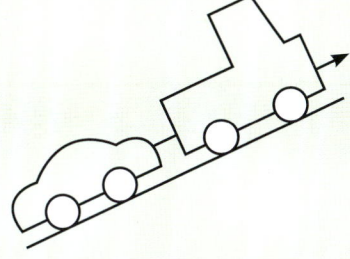 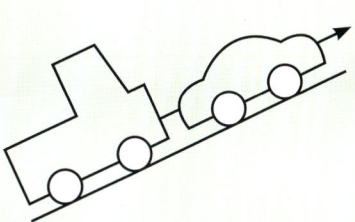

힘이 센 트럭이 가벼운 승용차를 끌면 쉽게 빠르게 끌고 다닐 수 있다.

힘이 약한 승용차가 무거운 트럭을 끌면 어렵고 느려진다.

또한 지면으로부터 가까운 하체 즉 발 그리고 다리로부터 다운을 시작하므로 다운스윙 중 발생하는 원심력을 단단한 지면에 의해 균형을 잡을 수 있어 일관성이 좋아진다.

만약 이와 반대로 작은 근육인 손이나 팔로 볼을 임팩트시키면 큰 근육인 다리와 몸통을 스윙 중에 적게 사용하게 되어 손과 팔의 감각에 의존하며, 움직임의 중심이 상체에 있어 불안정한 공중에서 팔만의 감각으로 볼을 임팩트해야 하므로 그만큼 일관성이 떨어진다.

백스윙은 상체로, 다운스윙은 백스윙과는 반대로 하체가 어깨와 손을 당기고, 손은 클럽 헤드를 당기는 순서로 다운되어야 하므로 톱 바로 이전에 다리가 출발해야만 다리부터 손까지 근육을 타이트하게 당길 수 있다.

다운스윙

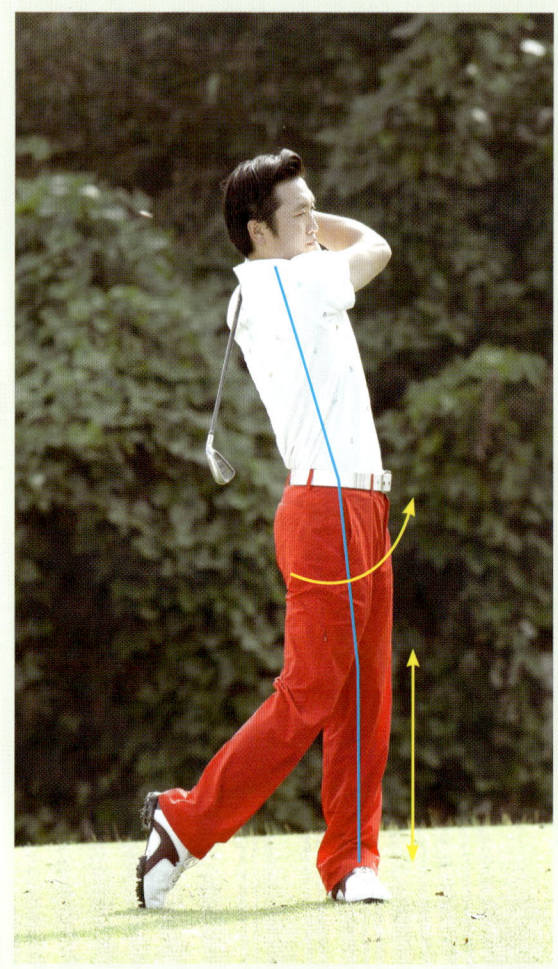

다운스윙을 하체로 하면 지면에서 가까운 곳에서 원(회전)이 그려지므로 고속으로 움직여도 안정감이 있다. 그래서 하체로 스윙하면 피니시에서 균형이 잡힌다.

반대로 다운스윙을 상체로 하면 지면에서 높은 곳에서 원(회전)이 그려지므로 고속의 움직임에 안정감이 떨어진다. 그래서 상체로 스윙하면 피니시에서 균형을 잡기가 어려워진다.

원과 축

원을 그릴 때 중심축이 흔들리면 원이 깨끗하고 일관되게 만들어지지 않는다. 이 원리를 다운스윙 시 가장 중요한 원인 허리의 턴에 대입해 보자. 축은 움직이지 않을 때는 힘이 없지만, 원을 그리며 돌면 견고하며 무너지지 않는다. 스윙도 마찬가지다. 어드레스에서 없었던 축도 이렇게 다운 시 허리의 원에 의해 생기게 되어 일관성과 허리의 턴에 의한 비거리를 덤으로 얻게 되는 것이다.

동전을 세우기는 쉽지 않으며, 세웠다 하더라도 조그만 움직임에도 동전은 쓰러진다. 이것은 단단한 축이 없기 때문이다.

세워 놓은 동전을 손가락으로 튕겨 돌려 보면 동전이 도는 한 축이 생긴다. 돌고 있는 동전은 축이 생겨 넘어지지 않는다.

다운스윙

다운을 허리의 턴으로 하지 않고 상체나 팔로만 하면 위의 동전과 같이 축이 쉽게 무너지고 스윙 중 중심을 잡기가 어려워진다.

다운을 허리의 턴으로 하면 턴을 하는 동안 축이 생겨서 흔들리지 않고 스피드와 함께 일관성이 생긴다.

허리의 원 그리기

양 무릎을 구부리고 펴며 허리를 좌우로 실룩거려 보면 다리가 허리를 움직인다는 것을 쉽게 알 수 있다. 다리가 허리를 움직인다는 것을 이해하면, 두 번째로 다리가 펴질 때 왼쪽 허리가 왼쪽으로 밀리는 것이 아니라 열어(왼쪽으로 턴) 준다. 이때 왼쪽 다리가 펴지면서 왼쪽 허리를 여는 타이밍과 부드럽고 파워 있게 여는 것이 중요하다. 또한 왼쪽 다리가 펴질 때 오른발 뒤꿈치를 들어 주면 허리의 턴은 더 빨라진다.

다시 왼쪽 무릎을 구부리고 오른발을 바로 하며 무릎을 어드레스와 같이 적절히 구부린다. 그리고 마주 잡은 손에 의해 허리는 열려도 어깨는 스퀘어가 된다. 결국 다운 시 다리를 이용해 허리를 열어야

1단계 : 두 무릎으로 허리 삐쭉거리기

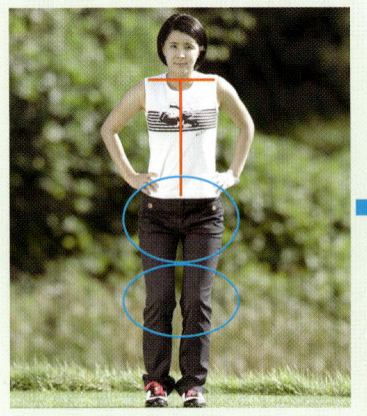

두 발을 좁게 서고 무릎을 구부린다.

땅을 차듯이 왼발에 힘(100%)을 주며 왼쪽 무릎을 펴며 왼쪽 허리를 왼쪽으로 삐쭉 내민다. 이때 오른쪽 무릎을 구부린다.

다시 왼쪽 무릎을 구부리고 오른쪽 무릎을 어드레스와 같이 적절히 구부린다.

3단계 : 어드레스에서 허리 열기

어드레스를 취하고 두 손은 상대의 손바닥에 맞댄다.

지면을 차듯이 왼발에 힘(100%)을 주며 왼쪽 무릎을 펴며 왼쪽 허리를 왼쪽으로 열어 준다. 오른쪽 무릎을 구부리며 오른발 뒤꿈치를 들어 준다. 이때 어드레스보다 척추의 각이 더 커진다.

하고 그에 의해 어깨가 당겨지며 몸통의 회전이 일어나는 것이다.

그러나 다운 시 어깨는 허리에 딸려 다니는 것이지 일부러 어깨의 턴을 제한하거나 허리의 턴보다 더 우선하여 턴을 시키면 자연스런 스윙을 바꾸게 되어 구질과 일관성이 떨어진다.

어드레스 시 스탠스의 폭과 체중의 분배, 척추의 각에 따라 동일하게 다운의 시작을 왼발로 지면을 차주면 허리의 움직임은 조금씩 달라진다. 그래서 이러한 원리를 이용하여 필요에 따라 찍어 치거나 쓸어 치는 타법을 구사하는 것이다. 다운스윙 시 3개의 원 중 가장 중요한 주동력인 허리의 원은 모든 운동에도 동일하게 적용되므로 그 중요성은 두말할 나위가 없다.

2단계 : 두 무릎으로 허리 열기

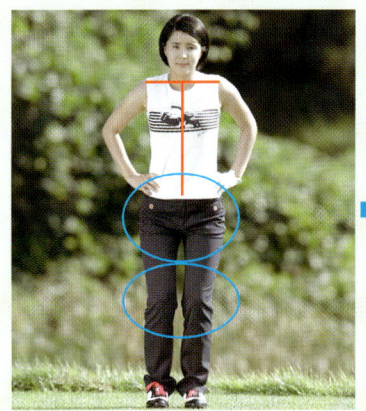
두 발을 좁게 서고 무릎을 구부린다.

지면을 차듯이 왼발에 힘(100%)을 주며 왼쪽 무릎을 펴며 왼쪽 허리를 왼쪽으로 열어 준다. 이때 오른쪽 무릎을 구부리며 오른발 뒤꿈치를 들어 준다.

다시 왼쪽 무릎을 구부리고 오른발을 바로 하며 무릎을 어드레스와 같이 적절히 구부린다.

4단계 : 허리의 움직임

스탠스가 좁은 아이언의 톱에서 다운의 시작을 왼발로 지면을 차는(딛는) 것으로 시작한다.(이때 볼을 보며)

다운의 시작에서 왼발로 지면을 차면서 왼쪽 다리를 펴면 자연스레 오른발의 체중은 왼발로 옮겨지며(이때 허리는 타깃으로 슬라이딩) 허리의 턴이 된다.(다운블로가 좋아진다.)

스탠스가 넓은 드라이버의 톱에서 다운의 시작을 왼발로 지면을 차는(딛는) 것으로 시작한다.(이때 볼을 보며)

다운의 시작에서 왼발로 지면을 차면서 왼쪽 다리를 펴면 스탠스가 넓어 자연스레 허리가 턴되며 동시에 오른발의 체중은 왼발로 옮겨진다.(어퍼블로가 좋아진다.)

5단계 : 실전 허리의 원 만들기

잘 만들어진 톱은 충분한 어깨의 턴과 손목의 코킹, 완전한 팔의 위치를 만들기 바로 전 다운의 시작을 왼발로 지면을 차는(딛는) 것으로 시작한다.(이때 볼을 본다.)

다운의 시작을 왼발로 지면을 차면서 왼쪽 다리를 펴면 자연스레 오른발의 체중은 왼발로 옮겨지고 척추의 각이 더 커지며 그에 의해 오른쪽 어깨와 클럽이 밑으로 떨어진다.(이때 볼을 보며)

왼쪽 다리가 펴지면 왼쪽 허리를 열게 되고 따라서 클럽의 떨어지는 헤드를 팔이 더욱 가속시키며 떨어뜨린다. 또한 그립의 V홈과 손목의 턴으로 임팩트한다.

또한 허리와 팔, 손목의 원에 의한 가속으로 팔로우를 거쳐 물 흐르듯 자연스럽게 피니시된다.

✓ 잘못된 허리의 원

톱에서 오른발로 옮겨진 체중을 왼발로 전혀 이동하지 않고 허리의 턴이 되면 쓸어 치거나 퍼올리는 스윙이 되어 임팩트와 일관성이 떨어진다.

톱에서 하체의 턴이 아닌 어깨의 턴이 되면 클럽 헤드가 앞으로 떨어져 볼에 아웃에서 접근하여 구질이 나빠진다.

5번 원 팔과 손목의 원 만들기

팔과 손목의 원은 다운의 시작에서 첫 번째로 그려지는 허리의 원에 연결되는데 팔과 손목의 원은 클럽 헤드가 허리의 원에 의해 떨어지는 가속과 중력을 이용하여 연결을 매끄럽게 이어 나가면 헤드의 가속을 더할 수 있다. 그래서 왼팔이 펴진 상태에서 방향을 잡으며 다운된다면 오른팔은 구부러진 팔꿈치를 펴고 손목의 턴에 의해 파워를 더하여 헤드에 가속을 실어 주게 된다.

왼팔과 오른팔의 힘

어드레스에서 펴진 왼팔은 톱까지 올라가고 다시 다운되어 임팩트까지 펴져 움직이고 손목의 턴에 의해 팔로우에서 구부러지며 피니시에 접히게 된다. 그래서 이러한 움직임에서 보듯이 펴서 움직이는 왼팔의 할 일은 힘을 쓰는 것이 아니라 방향키 역할을 하는 것을 알았을 것이다. 또한 다운스윙 중 왼팔은 펴 주며 스윙한다는 것이다. 만약 반대로 다운 시 왼팔을 구부리면 그만큼 다운 스윙은 나빠지게 된다.

어드레스에서 펴진 오른팔은 접으며 톱까지 클럽 헤드를 올리고 다시 접힌 오른팔을 펴며 손목 턴을 하여 클럽 헤드를 중력과 함께 임팩트까지 가속시키며 손목의 턴에 의해 피니시에서 접히게 된다. 그래서 이러한 움직임에서 보듯이 오른팔의 할 일은 접었다 펴며 손목 턴을 하여 헤드 스피드를 내는 역할을 하는 것을 알았을 것이다. 또한 다운스윙 중 접힌 오른팔은 펴 주며 스윙한다는 것이다. 만약 반대로 다운 시 덜 펴지면 그만큼 다운 스윙은 나빠지게 됨을 명심하자.

왼팔의 힘

왼팔로 클럽을 잡고 톱에서 피니시까지 팔을 쭉 펴서 손목의 턴을 하며 휘둘러 보면 톱에서 임팩트까지는 전혀 힘을 쓸 수 없고 임팩트 이후부터 손목의 턴에 의해 왼팔에 힘이 들어간다는 것을 느낄 수 있을 것이다.

오른팔의 힘

오른팔로 클럽을 잡고 톱에서 피니시까지 접힌 오른팔을 쭉 펴면서 손목의 턴을 하며 휘둘러 보면 톱에서 임팩트까지 오른팔이 펴지면서 클럽 헤드에 스피드를 낼 수 있고 임팩트 이후부터는 오른팔에 힘이 거의 없음을 느낄 수 있을 것이다.

왼팔과 오른팔의 움직임

왼팔의 움직임

다운의 전환이 시작되면 왼쪽 다리의 움직임에 의해 클럽 헤드는 떨어지고 그 가속에 의해 왼팔은 펴지며 떨어진다.	왼팔은 가이드 역할을 하면서 떨어지고 다음 그립의 V홈과 손목의 턴으로 헤드를 더욱 더 가속시킨다.	손목의 턴이 이루어지고 왼팔은 반대로 구부러지기 시작한다.(이때 허리는 다리에 의해 턴 되고 있다.)	손목의 턴이 이루어지고 왼팔은 반대로 구부러지며 피니시 된다.

오른팔의 움직임

다운의 전환이 시작되면 왼쪽 다리의 움직임에 의해 클럽 헤드는 떨어지고, 이때 오른팔을 펴며 더욱 가속시킨다.	오른팔을 펴면서 다음 그립의 V홈과 손목의 턴으로 헤드를 더욱 더 가속시킨다.	손목의 턴이 이루어지고 오른팔은 완전히 펴진다.(이때 허리는 다리에 의해 턴 되고 있다.)	손목의 턴이 이루어지고 오른팔은 완전히 펴지고 손목은 구부러지며 피니시된다.

실전 - 팔과 손목의 원 만들기

다운스윙은 양팔을 펴면서 손목 턴을 하면 자연스레 클럽 헤드가 가속되고 피니시로 연결된다. 특히 손목 턴은 어드레스 시 그립의 V홈 오른쪽을 향할수록 빨라지고, V홈이 왼쪽을 향할수록 느려진다. 그리고 허리의 턴이 느리고 손목의 턴이 빠르면 훅류가, 반대로 허리의 턴이 빠르고 손목의 턴이 느리면 슬라이스류의 구질이 된다. 다운스윙은 3개의 원이 하나의 스윙으로 만들어지는데 특히 크게 나누어 몸통의 원(허리의 원)과 팔의 원(팔과 손목의 원)을 나누어 생각하면 된다. 허리의 원과 팔의 원이 일치되지 않으면 훅류나 슬라이스류가 난다.

프린트

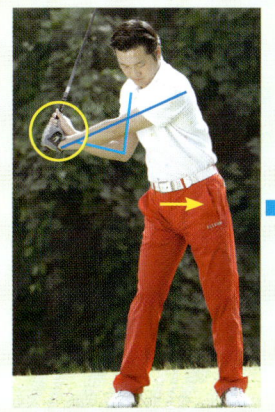   

다운의 전환이 시작되면 왼쪽 다리의 움직임에 의해 클럽 헤드는 떨어지고, 이때 오른팔을 펴며 더욱 가속시킨다.

왼팔은 가이드 역할을, 오른팔은 펴면서 그립의 V홈과 손목의 턴으로 헤드를 더욱 가속시킨다. 이때 계속하여 다리는 펴지며 허리 턴을 유도한다.

손목의 턴이 이루어지고 오른팔은 완전히 펴진다. 반대로 왼팔은 구부러지기 시작한다. 이때 허리는 다리에 의해 완전히 열린다.

손목의 턴이 이루어지고 오른팔은 완전히 펴지고 왼팔은 반대로 구부러지며 피니시된다.

백

다운의 전환이 시작되면 왼쪽 다리의 움직임에 의해 클럽 헤드는 밑으로 떨어진다. 헤드가 떨어지는 가속을 접힌 팔을 펴며 헤드에 가속을 더한다. 왼팔은 가이드 역할을, 오른팔은 펴면서 다운을 유도하면 클럽 헤드는 볼에 인으로 접근한다. 다음 그립의 V홈과 손목의 턴으로 헤드를 더욱 가속시킨다.

손목의 턴이 이루어지고 오른팔은 완전히 펴지고 반대로 왼팔은 구부러지기 시작한다. 이때 허리는 다리에 의해 완전히 열린다.

손목의 턴에 의해 클럽 헤드는 인으로 돌아 목을 감으며 피니시된다.

6번 원 손목 원의 메커니즘

톱에서부터 딥 다운까지는 허리의 원 그리고 팔의 원으로 내리고 손목의 코킹을 유지하며 클럽 헤드를 끌어내려야 한다. 그 이유는 손목의 원이 거리를 내는 데 중요한 역할을 하기 때문이다.

손목 풀림의 지연

볼에 허리의 원, 팔의 원 그리고 손목의 원을 한꺼번에 같이 풀어 주어야 헤드 스피드가 빨라지고 볼에 모아져 비거리를 얻게 되는데 미리 볼 이전에 손목의 원을 소모해 버리면 2개의 원으로만 임팩트해야 하므로 그만큼 비거리가 떨어진다.

손목의 풀림

손의 위치가 같은 상황에서 클럽 헤드의 위치가 다르다면 볼에서 먼 헤드가 스피드를 더 내게 되는 단순한 원리가 적용되기 때문인데 손의 인위적인 조작이 없는 한 자연스런 현상으로 우리의 인체 중 손목의 관절을 이용하여 한꺼번에 헤드로 힘을 전달하는 중요한 기술이다. 그래서 딥 다운까지 손목의 코킹이 유지되고, 그 다음 손목 턴이 이루어져야 하는 것이다.

손목 풀림의 지연

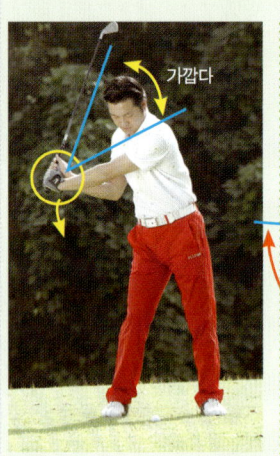

손목의 풀림

팔의 풀림보다 빨리 손목을 풀면 어깨부터 헤드까지의 길이가 길어지고 손목을 풀 때의 반작용과 무게 중심이 축에서 멀리 떨어져 팔의 떨어짐이 느려진다.

손목을 풀지 않고 팔을 풀어 떨어뜨리면 어깨로 부터 헤드까지의 거리가 짧아지고 무게 중심이 축에서 가까워 팔의 움직임이 쉬워져 팔이 빠르게 떨어진다.

손의 위치보다 헤드가 볼에 멀수록 임팩트에서 손목의 풀림이 작아져 헤드 스피드는 빨라진다.

손의 위치보다 헤드가 볼에 가까울수록 임팩트에서 헤드 스피드는 느려진다.

손목의 움직임

다운 시 손목의 원은 허리의 원 - 팔의 원 다음으로 만들게 되는 중요한 원이다. 이것이 허리의 원과 일체감을 느끼게 되면 비거리, 방향, 일관성을 다 얻을 수 있다. 이때 손목 턴이 허리 턴보다 빠르면 훅류가 발생하고, 허리 턴보다 느리면 슬라이스류가 발생한다.(구질은 허리 턴과 손목 턴의 적절한 조합이다.)

딥 다운에서 팔로 스루까지는 손목의 턴이 이루어져야 거리가 난다. 스윙 중 손목은 축(머리)이 고정되어 있는 한 자연스럽게 턴 되는 이유는 그립을 잡은 손의 위치 때문이다. 왼손은 그립 위를 잡고 오른손은 그립 밑을 잡고 있으므로 축이 고정되어 있는 한 몸에 힘을 뺀 상태에서는 자연스레 턴이 되는 것이다.

손목의 움직임 : 프런트

다운 시 다리를 이용한 허리의 턴과 중력과 팔의 풀림으로 딥 다운까지 오면 부드럽게 연결하여 (클럽 헤드를 백스윙에서 꺾은 손목의 코킹을 푸는 것이 아니라) 그립 시 V홈의 방향을 이용해 손목의 턴으로 팔로까지 자연스레 돌아가게 된다. 클럽 페이스는 어깨가 아닌 손목 턴으로 돌리는 것이다. 이때 허리의 턴은 계속되어야 한다.

손목의 움직임 : 백

허리 턴과 중력, 팔의 풀림으로 딥 다운까지 오면 볼에 인으로 접근할 준비가 되는데 이를 부드럽게 연결하여 그립 시 V홈의 방향을 이용해 손목의 턴으로 팔로까지 자연스럽게 돌아가게 된다. 그러면 임팩트 이후 볼 앞을 클럽 헤드가 스퀘어로 빠져나가고 손목 턴에 의해 다시 인으로 돌아들어 피니시된다. 이때 허리의 턴은 계속되어야 한다.

✔ 잘못된 팔과 손목의 원

허리나 팔보다 먼저 손목의 코킹이 풀리면서 스피드가 나므로 진작 임팩트에서는 스피드가 떨어지고 임팩트와 구질이 나빠진다.

왼팔에 힘이 들어가 접히며 임팩트되면 토핑이 나고 구질이 나빠진다.

다운 시 코킹을 너무 유지하거나 왼팔에 힘이 많으면 손목의 턴이 어려워 임팩트와 구질이 나빠진다.

다운 시 오른팔에 힘이 많이 들어가면 오른팔이 펴지지 않고 허리의 턴에 딸려 볼에 아웃에서 접근하기 쉬워 구질이 나빠진다.

손목의 원과 상관관계

다운 시 3개의 원이 적절히 배합돼야 구질이 좋아지는데, 허리 턴과 손목 턴은 반비례한다.

훅이 나는 골퍼는 '허리를 열면 페이스가 열린다'는 점을, 슬라이스가 나는 골퍼는 '손목의 턴을 빨리한다'는 점을 생각하면 좋은 볼을 기대할 수 있다.

다운 시 3개의 원이 아닌, 딸려 다녀야 되는 어깨의 턴이 빨라지면 허리와 손목의 턴은 더 느려진다. 다운스윙 시 손목 턴을 빨리하면 어깨 턴이 느려지고, 팔로우까지 볼을 보며 스윙하면 턱이 어깨 턴을 자제시키게 되어 손목 턴을 빠르게 한다.

스윙 중 양 팔꿈치는 어드레스에서 간격이 유지되며 움직여야 한다. 그래야 스윙 중 손목의 움직임이 좋아진다.

허리 턴과 손목 턴

발로 클럽 페이스를 가리고 허리를 돌려 보면 허리 턴에 의해 어깨가 열리고, 어깨는 손을 타깃으로 당기게 되어 임팩트에서 클럽 페이스가 열린다. 임팩트에서 허리가 열린 만큼 페이스가 열리는 것이다.

✔ 어깨 턴과 손목 턴

다운 시 허리가 아닌 어깨가 턴이 빨라지는 만큼 허리와 손목의 턴도 느려지며 또한 클럽 헤드가 볼에 아웃에서 접근하기 쉬워 구질이 더 나빠진다.

손목 턴과 양 팔꿈치의 간격

양 팔꿈치의 간격을 벌리고 손목을 움직여 보면 손목의 움직임이 적어진다.

양 팔꿈치의 간격을 좁히고 손목을 움직여 보면 손목의 움직임이 좋아진다.

스윙 중 양 팔꿈치의 간격은 어드레스에서의 간격과 같아야 한다. 특히 톱에서 양 팔꿈치가 벌어지면 다운스윙 궤도가 나빠지고 임팩트 이후 양 팔꿈치가 벌어지면 손목 턴이 어려워 구질이 나빠진다.

✦ 딥 다운 체크 포인트

딥 다운 : 프런트

5 팔의 원
척추 각 유지
손목의 유지
4 허리의 원
시선의 고정
각 클럽에 적절한 체중의 이동

딥 다운 : 백

척추 각 유지
오른쪽 다리는 구부러진다
각 클럽에 적절한 체중의 이동

⭐ 임팩트 체크 포인트

임팩트 : 프런트 **임팩트 : 백**

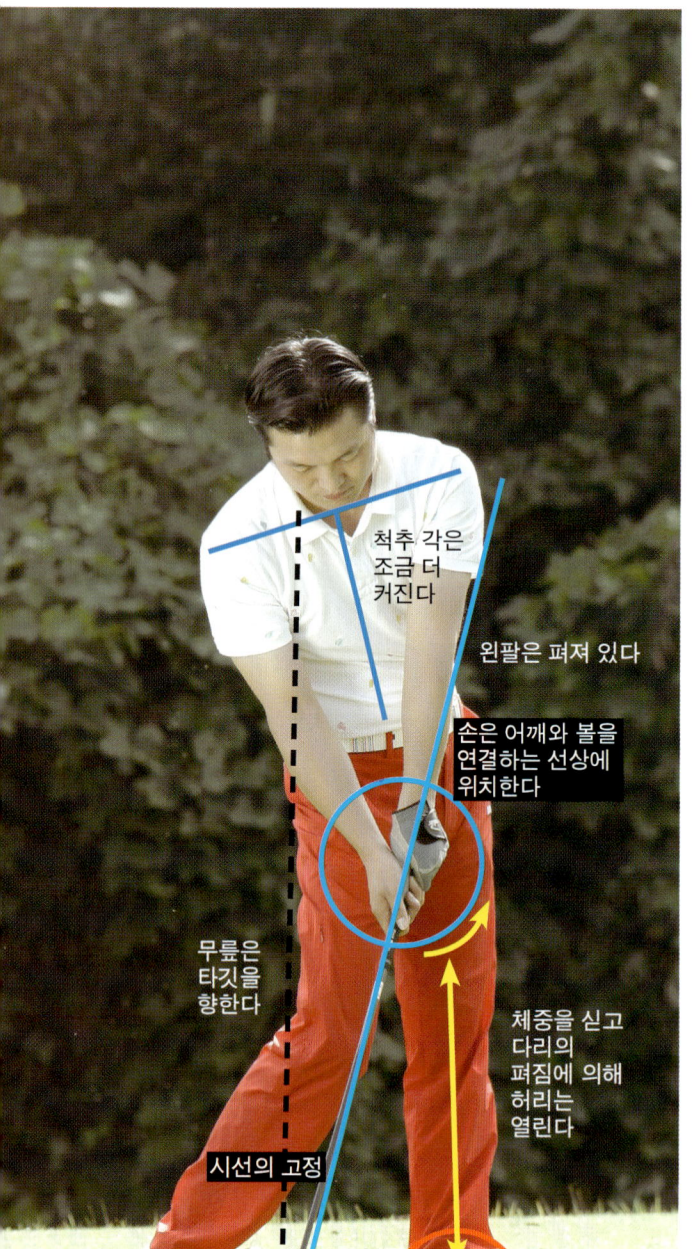

✦ 팔로우 체크 포인트

팔로우: 프런트

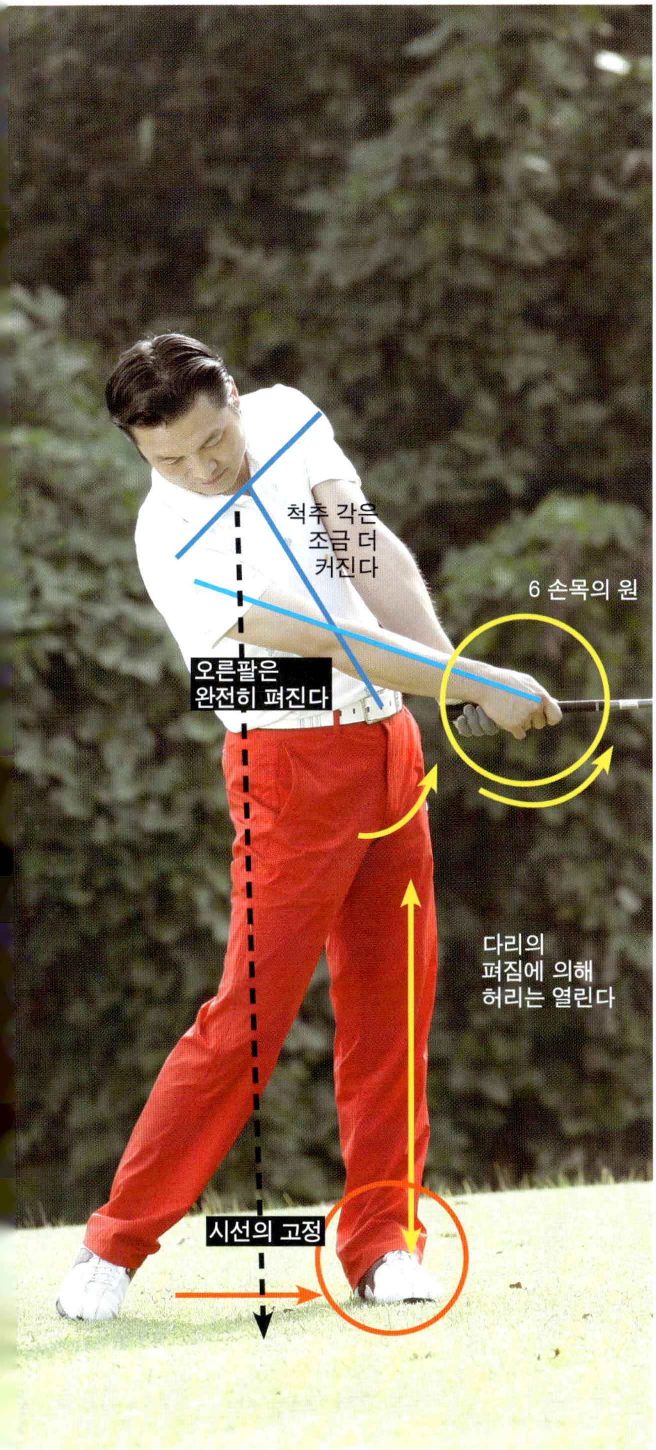

척추 각은 조금 더 커진다

6 손목의 원

오른팔은 완전히 펴진다

다리의 펴짐에 의해 허리는 열린다

시선의 고정

팔로우 : 백

척추 각은 조금 펴진다

손의 턴에 의해 페이스는 닫힌다

무릎은 완전히 구부러진다

오른발은 옆으로 떨어진다

8 피니시

피니시는 다운 시 3개의 원이 만들어 낸 정점을 말한다. 다운스윙 시 얼마나 정확히 3개의 원을 접목시키고 부드럽게 연결했는가 하는 것은 피니시를 확인해 보면 바로 알 수 있다. 결국 멋있고 안정된 피니시는 좋은 다운스윙의 결과물이라고 할 수 있다.

> **피니시의 구성 요소**
> ① 양팔의 모양
> ② 체중의 위치
> ③ 허리의 위치
> ④ 척추의 각
> ⑤ 샤프트의 방향

피니시에서 양팔의 모양

피니시는 임팩트 후 가속의 힘이 다했을 때 정지된 상태를 말하는데 이 피니시 형태를 보면 어떤 과정을 거쳐 왔는지, 무엇이 빠졌는지, 필요 없는 무엇이 더해졌는지를 알 수 있다.
좋은 피니시는 균형이 잡혀 편안해야 하며, 쓸데없이 양팔에 힘이 들어 있지 않고 편안하게 서 있어야 한다.

- 손목의 힘이 완전히 빠져 접혀 있다.
- 왼 손목과 팔꿈치와 겨드랑이의 접힘은 약 90도가 된다.
- 양 팔꿈치의 간격은 어드레스와 동일하다.

피니시에서 체중의 위치

다운 시 허리의 지속적인 턴에 의해 왼발 앞쪽의 체중은 뒤꿈치로 이동되고 반대로 오른발 뒤꿈치의 체중은 발가락 쪽으로 완전히 이동된다. 만약 이와 반대로 왼발로 체중이 옮겨지지 않거나 양발 앞뒤로 체중이 옮겨지지 않는다면 허리의 턴이 느려지거나 작아졌다는 것을 알 수 있다.

- 피니시에서 왼발에 체중은 100% 이동되어야 한다.
- 피니시에서 왼발 뒤꿈치 쪽에 실려야 한다.

피니시에서 허리의 위치

골퍼에 따라 다리의 힘이 다르므로 허리의 빠르기에 따라 피니시는 조금씩 달라지는데 피니시는 팔의 힘으로 만들어지는 것이 아니라 하체 턴의 가속으로 만들어진다.

피니시에서 왼쪽 다리는 다운의 시작에 의해 펴지고 오른쪽 다리는 구부러져 있어야 하며 허리의 방향은 허리 턴의 빠르기에 따라 조금씩 다르지만 타깃을 보거나 타깃의 약간은 왼쪽을 향해야 한다.

피니시에서 척추의 각

만약 프런트 뷰 피니시에서 허리보다 상체가 타깃으로 나가 있거나 백 뷰 피니시에서 너무 기울어지거나 세워지면 임팩트와 구질이 나빠지는데 그 이유는 다운스윙 시 하체의 턴보다 상체의 턴이 빠르고 강했기 때문이므로 그 원심력에 딸려 나갔기 때문이다.

- 프런트 뷰 어드레스에서 척추의 각보다 조금 세워진다. 그러나 어깨보다 허리가 타깃으로 더 나가 있어야 한다.
- 백 뷰 어드레스에서 척추의 각보다 조금 세워진다. 어깨의 높낮이를 보면 알 수 있다.

피니시에서 샤프트의 방향

임팩트 이후 손목의 턴의 가속에 의해 약 45도로 팔로우되고 따라서 양팔에 힘이 빠져 있는 한 약 45도로 등뒤에 샤프트가 걸치게 된다. 그러나 다운시 왼팔이나 오른팔에 힘이 많으면 헤드의 방향이 바뀌어 구질이 나빠진다.

피니시 : 백
바르고 타이트하게 꼬인 톱에서 허리, 팔, 손목의 원을 가속시키면 최대의 거리와 방향성이 보장된다.

피니시에서 샤프트가 등뒤 45도 방향으로 걸쳐지면 임팩트 이후 팔로우를 거쳐 팔의 힘으로 헤드 방향을 바꾸지 않았다는 증거다.

✔ 가장 많이 잘못 되는 피니시 : 프런트

허리보다 어깨가 타깃으로 나감 | 체중이 오른발에 남아 있음 | 허리의 턴이 덜 되어 낮음

✔ 가장 많이 잘못 되는 피니시 : 백

체중이 왼쪽 발가락에 실림 | 오른쪽 어깨가 왼쪽 어깨보다 높음 | 그립의 압력을 푼 피니시

✦ 피니시 체크 포인트

피니시 : 프런트

- 어깨보다 허리가 조금 더 타깃으로 나와 있다
- 척추 각을 유지한다
- 왼쪽 다리는 펴지고 오른쪽 다리는 구부러진다
- 왼발에 체중이 위치한다

피니시 : 백

- 그립의 압력은 어드레스와 동일하다
- 왼쪽 손목은 뒤로 접혀 있다
- 왼팔은 90°이다
- 척추 각은 조금 펴진다
- 샤프트는 45°
- 오른쪽 허리는 타깃을 향한다
- 체중은 뒤꿈치에

9 풀 스윙

풀 스윙 : 프런트

풀 스윙 : 프런트

1 클럽에 따른 그립과 어드레스에서 힘이 좋은 어깨의 턴으로 백스윙의 시동을 건다.(어깨의 원)

2 어깨의 턴으로 출발한 클럽 헤드를 손목으로 받아서 위로 꺾어 올리기 시작한다. 이때 어깨의 턴은 계속된다.(어깨의 원과 손목의 원의 연결)

3 어깨의 턴과 손목의 코킹으로 클럽 헤드가 위로 올라오면 오른팔의 관절을 접으며 어깨 위로 헤드를 올린다.(어깨의 원과 손목의 원, 팔 원의 연결)

4 어깨의 턴-손목의 코킹- 팔의 접음으로 인해 클럽 헤드는 최고의 원을 그리며 근육과 중력을 한꺼번에 이용할 준비가 된다.

5 잘 준비된 톱에서 왼발을 디디며 다운스윙을 시작한다. 왼쪽 다리를 딛고 펴면서 허리의 턴이 시작되는데 그로 인해 클럽 헤드는 어깨 밑으로 떨어진다.(허리의 원)

6 다운 시 왼쪽 다리와 허리의 턴으로 헤드가 밑으로 떨어지면 중력에 추가하여 오른팔을 펴며 헤드를 가속시키며 떨어뜨린다.(허리의 원에 연결하여 팔의 원을 연결)

7 허리의 턴과 중력, 그리고 팔의 펴짐으로 인한 헤드의 떨어짐을 받아 그립의 V홈과 손목의 턴으로 클럽 헤드를 가속시킨다.(허리와 팔의 원 그리고 손목의 원의 연결)

8 클럽은 허리의 턴과 중력, 팔의 펴짐 그리고 손목 턴의 가속에 의해 왼발과 머리를 축으로 자연스럽게 피니시된다.

6개의 원을 하나로 부드럽게 이어 주는 것이 중요한데 앞에서 말한 것만 제대로 이해하면 의외로 간단히 깨끗한 원의 개념으로 이루어지는 원 스윙을 만들 수 있다.

풀 스윙 : 백

풀 스윙 : 백

1 클럽에 따라 잘 준비된 그립과 어드레스에서 힘이 좋은 어깨의 턴으로 백스윙을 시작한다.(어깨의 원)

2 클럽에 따라 적절한 손목의 코킹을 시작하여 적절한 궤도를 만든다. 따라서 클럽 헤드는 허리의 위치를 지나가게 된다.(어깨의 원과 손목의 원의 연결)

3 계속하여 어깨의 턴과 손목의 코킹을 연결하여 팔을 접으면 약 45도의 기울어진 궤도로 왼팔은 오른쪽 어깨를 향해 올라간다.(어깨의 원과 손목의 원, 팔 원의 연결)

4 어깨 턴 - 손목 코킹 - 팔의 접힘으로 인해 클럽 헤드는 적절히 기울어진 궤도가 되며 왼팔은 오른쪽 어깨에 위치한다.

5 톱에서 왼발을 디디면 왼쪽 다리와 허리의 턴에 움직임에 의해 헤드는 밑으로 떨어진다.(허리의 원)

6 접혀진 오른팔을 펴며 헤드를 가속시킨다. 왼팔은 가이드 역할을, 오른팔은 펴면서 헤드의 다운을 유도한다.(허리의 원과 팔의 원을 연결)

7 허리의 턴과 중력, 그리고 팔의 펴짐으로 헤드를 떨어뜨리며 그립의 V홈과 손목 턴으로 가속시킨다.(허리와 팔의 원 그리고 손목의 원의 연결)

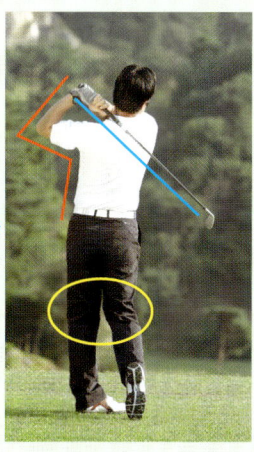

8 손목 턴의 가속에 의해 왼발과 머리를 축으로 자연스럽게 피니시된다.

풀 스윙의 정리

앞에서 많은 자세에 대한 설명했다. 각각의 세밀한 원리를 알아야 스스로 자세를 만들 수 있으므로 제대로 이해하는 것이 무엇보다 중요하다 할 수 있다. 하지만 라운드에서는 자신에게 꼭 필요한 한두 가지만 생각하고 스윙을 해야 좋은 샷을 기대할 수 있다.

> **원 골프 스윙 매뉴얼 간단 정리**
> ① 그립과 어드레스, 얼라이먼트를 클럽에 맞게 적절히 준비한다.
> ② 3개의 원을 하나로 연결시켜 톱을 만든다.
> ③ 다운을 3개의 원을 하나로 연결하여 볼에 임팩트를 주며 피니시한다.

원 골프 스윙을 완전히 이해했다면 이제 간결하게 정리하라!
"돌리고 - 꺾고 - 접고 -- 딛고 - 펴며 - 열고 - 턴을 해 보자."
이왕이면 리듬 있게! 생동감 있게! 힘차게!!
그리고 라운드에서는 가장 안 되는 부분 또는 현재 연습하는 부분만 생각하자.
"꺾고 - 딛기" 또는 "돌리고 - 열기" 또는 딛고 - 펴기"로······.

10 체형에 따른 원 골프 스윙

골프의 정석은 하나라고 해도 프로나 아마 골퍼들의 스윙은 가지각색이다. 또한 하나의 정석으로 골프 입문자 100명을 가르치고 5년 후에 스윙을 보면 같은 스윙을 하나도 찾아보기가 힘들다. 그 이유는 하나의 스윙의 정석으로 가르치지만 받아들이는 골퍼들의 몸은 각각 다르므로, 스윙의 정석을 마음으로는 이해하면서도 몸이 따라 주지 못하는 부분은 각 골퍼의 몸에 맞게 채우기 때문에 골퍼들의 스윙은 자신에게 맞는 쉬운 스윙으로 만들어지기 때문이다.

백스윙에 따른 스윙의 종류

백스윙 시 3개의 원을 충분히 그리기가 어렵다면 골퍼의 몸에 맞게 ① 3개의 원을 반씩 그리거나 ② 2개의 원을 충분히 그리고 약점을 보완하면 쉽고 재미있게 골프를 즐길 수 있다.

1+ 2+ 3 반 원의 조합(어깨의 턴과 손목의 코킹과 팔) - 쓰리 쿼트의 스윙

어깨의 턴과 손목의 크기가 적어 손목에 힘이 들어가 다운 시 빠르게 풀어지기 쉬우므로 주의하고,

클럽에 따라 잘 준비된 그립과 어드레스에서 힘이 좋은 어깨의 턴으로 백스윙의 시동을 건다.(어깨의 원)

어깨의 턴과 손목의 코킹으로 클럽 헤드가 위로 올라오면 오른팔의 관절이 살짝 접힌다.(반원으로 이루어진 어깨의 원과 손목의 원 그리고 팔 원의 연결)

백스윙의 크기가 작아 간결한 스윙이 되어 방향과 일관성이 좋아지며 반대로 비거리는 약간 떨어진다.

몸이 전체적으로 유연성이 없는 골프가 사용하면 전체적인 스윙이 적어져 백스윙이 쉬워지고 다운에 힘을 보탤 수 있으므로 스윙이 간결해진다.

특히 크기가 작은 반원인 어깨의 턴과 손목의 코킹과 팔의 접힘은 톱에서 왼팔이 업라이트하기 쉬우므로 약간은 인으로 백스윙하여 필수적으로 약간은 플랫한 톱을 만들어야 스윙의 크기는 작아도 좋은 구질의 볼을 구사할 수 있게 된다.

클럽에 따라 잘 준비된 그립과 어드레스에서 힘이 좋은 어깨의 턴으로 백스윙의 시동을 건다.(어깨의 원)

클럽에 따라 적절한 손목의 코킹을 시작하여 적절한 궤도를 만든다. 어깨의 턴이 작아지므로 헤드의 궤도가 아웃으로 빠지지 않도록 주의한다.(어깨의 원과 손목의 원의 연결)

2+3원의 조합(손목의 코킹과 팔의 접힘) - 어깨의 턴은 생각하지 않은 스윙

이같은 백스윙은 찍어 치는 아이언 스윙은 쉬운데 어깨 턴이 작아 드라이버의 쓸어 치기가 어려우므로 드라이버 스윙 시 기본적인 어드레스보다 척추의 각을 1~2도 더 주고 스윙하면 쓸어 치는 스윙도 가능해 두 마리 토끼를 다 잡을 수 있다. 그러나 어깨의 턴이 적어 비거리가 떨어지므로 손목의 코킹을 충분히 하고, 또한 일관성도 떨어지므로 다운 시 허리의 턴을 충분히 하면 팔이 자제되어 일관성을 보충된다.

체형상 또는 유연성이 적어 어깨의 턴이 어려운 골

클럽에 따라 잘 준비된 그립과 어드레스에서 손목의 코킹으로 시동을 건다.(손목의 원)

손목의 코킹으로 출발한 클럽 헤드를 팔로 받아 위로 접으며 꺾어 올리기 시작한다. 또한 어깨의 턴이 작아 쉽게 스웨이 되므로 주의한다.(손목의 원과 팔의 원 연결)

퍼가 사용하면 무리한 스윙을 하지 않아 스윙이 쉬워진다.

어깨의 턴이 적어 헤드가 아웃으로 빠지기 업라이트한 톱이 쉽고, 스웨이가 쉽게 되므로 각별히 평소의 백스윙 궤도보다 인으로 백스윙해야 하며 스웨이가 되지 않도록 주의한다. 또한 다운 시 어깨를 빠르게 당겨 덮이기 쉬우므로 약간 플랫한 톱이 되어야 한다. 특히 오른쪽 팔꿈치가 몸 밖으로 빠지는 단점이 있으므로 손목의 코킹에 신경을 써야 한다.

클럽에 따라 잘 준비된 그립과 어드레스에서 손목의 코킹으로 시동을 건다. 또한 어깨의 턴이 없이 손목의 코킹으로 시작하므로 아웃으로 빠지지 않도록 주의한다.(손목의 원)

손목의 코킹으로 출발한 클럽 헤드를 팔로 받아서 위로 접으며 꺾어 올리기 시작한다. 또한 어깨의 턴 없이 손목 코킹으로 시작하므로 아웃으로 빠지지 않도록 주의한다.(손목의 원과 팔의 원 연결)

1+2원의 조합(어깨의 턴과 손목의 코킹) - 팔을 너무 올리지 않는 스윙

어깨의 턴과 손목의 코킹이 충분하면 굳이 팔을 올리지 않아 낮은 톱이 되어도 비거리가 크게 떨어지지 않고 백스윙의 크기가 작아 간결한 스윙이 되어 방향과 일관성이 좋아진다.

힘이 좋아 큰 백스윙이 필요치 않은 골퍼가 사용하면 간결하여 일관성이 좋아지며, 팔 힘이 없어 팔을 위로 올리기 어려운 골퍼는 백스윙에 힘의 소모가 줄어들어 스윙이 쉬워지고 다운에 힘을 보탤 수 있으므로 스윙이 간결해진다.

그리고 백스윙의 궤도가 너무 플랫해지면 다운스

클럽에 맞게 적절한 그립을 하고 어드레스에서 힘이 좋은 어깨로 백스윙을 시작한다.(어깨의 원)

어깨의 턴과 손목의 코킹으로 클럽 헤드가 위로 올라오면 오른팔의 관절이 살짝 접힌다.(어깨의 원과 손목의 원 그리고 약간의 팔 원의 연결)

윙에서 볼에 과도한 인으로 접근하기 쉬우므로 약간 업라이트한 톱을 만든다.

클럽에 맞게 적절한 그립을 하고 어드레스에서 힘이 좋은 어깨로 백스윙을 시작한다.(어깨의 원)

어깨의 턴과 코킹으로 클럽 헤드가 위로 올라오면 오른팔의 관절이 살짝 접힌다.(어깨의 원과 손목의 원, 약간의 팔 원의 연결)

1+3원의 조합(어깨의 턴과 팔의 접힘) - 손목의 코킹을 생각하지 않는 스윙

이같은 백스윙은 쓸어 치는 드라이버 스윙은 쉬운데 손목의 코킹이 없어 아이언의 찍어 치기가 어려우므로 아이언 스윙 시 기본적인 어드레스의 체중보다 왼발에 10~20% 정도 더 싣고 스윙하면 찍어 치는 스윙도 가능해 두 마리 토끼를 다 잡을 수 있다. 그러나 손목의 코킹이 작아 비거리가 떨어지므로 어깨의 턴을 충분히 하여 비거리를 보충해야 한다. 그리고 스윙 중 손목의 사용이 적어 방향이 좋

클럽에 맞게 적절한 그립을 하고 어드레스에서 힘이 좋은 어깨로 백스윙을 시작한다.(어깨의 원)

어깨의 턴과 오른팔의 접힘으로 클럽 헤드가 위로 올라오면 손목은 살짝 접힌다.(어깨의 원과 팔의 원 그리고 약간의 손목의 원 연결)

아진다.

손목의 힘이 없거나 손목의 유연성이 떨어져 코킹이 어렵고 버거운 골퍼가 사용하면 백스윙에 힘의 소모가 적어져 스윙이 쉬워지고 다운에 힘을 보탤 수 있으므로 스윙이 좋아진다. 또한 손목의 코킹이 작아 손목에 힘이 많이 들어가 다운 시 코킹이 빠르게 풀리기 쉬우므로 주의한다.

클럽에 맞게 적절한 그립을 하고 어드레스에서 힘이 좋은 어깨로 백스윙을 시작한다.(어깨의 원)

어깨의 턴과 오른팔의 접힘으로 클럽 헤드가 위로 올라오면 손목의 코킹은 살짝 접힌다.(어깨의 원과 팔의 원 그리고 약간의 손목의 원 연결)

다운스윙에 따른 스윙의 종류

다운은 두 가지의 종류만 존재한다. ① 허리의 원과 팔과 손목의 원으로 다운하느냐, ② 팔과 손목의 원으로 다운하느냐이다. ①의 경우는 앞쪽에서 자세히 설명하였으므로 ②의 경우를 살펴보자.

5+6원의 조합(팔의 풀림과 손목의 턴의 조합) - 허리의 턴을 생각하지 않는 스윙

이 같은 다운스윙은 허리의 쓰임이 적어 비거리는 약간 떨어지고 허리의 움직임이 적은 만큼 팔이나

톱에서 왼발을 디디며 다운스윙의 시동을 건다. 중력에 추가하여 오른팔을 펴며 헤드를 가속시키며 떨어뜨린다.(팔의 원)

다운 시 왼쪽 다리와 팔의 풀림으로 헤드가 밑으로 떨어지면 그립의 V홈과 손목의 턴으로 클럽 헤드를 더욱 가속시킨다.(팔의 원 그리고 손목의 원의 연결)

왼쪽 다리의 체중 이동, 중력, 팔의 펴짐 그리고 손목의 턴의 가속에 의해 왼팔과 머리를 축으로 왼발로 허리가 따라 돌아간다. 따라서 자연스레 클럽은 목을 휘어 감는다.

손이 많이 사용되므로 자신만의 리듬으로 스윙을 구축해야 한다. 또한 왼발에 체중을 싣고 다운을 하면 찍어 치게 되고 오른발이나 두 발의 중앙에서 임팩트를 하면 쓸어 치는 스윙이 되므로 잘 이용해야 드라이버와 아이언의 모두 잘할 수 있다.

체형상 또는 허리의 문제로 다운 시 허리의 사용이 어려운 골퍼가 사용하면 무리한 스윙을 하지 않아 스윙이 더 쉬워진다.

다운 시 톱에서 바로 팔과 손으로 떨어뜨리므로 과도한 인의 궤도가 되기 쉽다. 인이 심한 골퍼는 톱에서 왼팔을 약간 높이면 적절한 다운의 궤도를 만들 수 있고 중력이 커져 비거리를 크게 잃지 않는

톱에서 왼발을 디디며 다운스윙의 시동을 건다. 중력에 추가하여 오른팔을 펴며 헤드를 가속시키며 떨어뜨린다. 톱에서 팔을 바로 떨어뜨리므로 과도한 인의 궤도가 되지 않도록 주의한다.(팔의 원)

다운 시 왼쪽 다리와 왼팔은 가이드 역할을, 오른팔은 펴면서 헤드의 다운을 유도 한다. 그리고 그립의 V홈과 손목의 턴으로 클럽 헤드를 더욱 가속시킨다.(팔의 원 그리고 손목의 원의 연결)

왼쪽 다리의 체중 이동, 중력, 팔의 펴짐 그리고 손목의 턴의 가속에 의해 왼발과 머리를 축으로 왼발로 허리를 따라 돌린다. 따라서 자연스레 클럽은 목을 휘어 감는다.

스윙이 된다. 특히 다운 시 허리의 턴이 느려 손목의 턴이 빨라지므로 워크 그립이 이상적이다.

스윙은 좋고 나쁘다는 것은 없다! 스윙은 옳고 그런 것도 없다! 다만 비거리에 좋은 자세와 정확성에 좋은 자세가 있을 뿐이다.

어떠한 자세가 무조건 다 단점만 있는 것도 아니고 장점만 있는 것도 아니다 그 이유는 골프가 비거리의 자세와 반대되는 자세인 방향성이 같이 공존해야 하기 때문이다. 그래서 스윙은 흑과 백이 아니다.

이렇게 스윙의 정석대로 충분한 어깨, 손목, 팔의 원을 만들 수 있으면 좋겠지만 각 골퍼의 몸과 운동 신경은 다 다르므로 자신의 ① 몸에 맞는 원의 크기를 만들고 ② 내가 할 수 있는 필요한 원을 만들며 ③ 모자라는 부분을 원리에 맞게 보충해 주면 누구나 내 몸이 쉬운 나만의 스윙을 만들 수 있다.

몸이 유연한 어린 시절부터 골프를 시작하지 않았다면 그만큼 욕심을 버리고 내 몸이 허락할 수 있는 원을 쉽게 만들며 익히면 누구나 재미있고 즐거운 골프를 즐길 수 있다.